U0059223

# 歷史
# 北京

郗志群　著

崧燁文化

# 目　　錄

# 前言

　　北京是中國歷史名都，也是世界歷史文化名城。北京的歷史可謂淵遠流長，若從周口店「北京猿人」揭開北京歷史的第一頁算起，迄今已有50多萬年，是公認的人類文明的發祥地之一；若以琉璃河商周古城作為北京建城歷史的起點，至今也已有3000多年，在中國著名的七大古都之中也是名列前茅的。

　　縱觀北京歷史演變的進程，一方面與中華民族的形成和發展同步，另一方面也有其自身鮮明的地方特徵，即歷史悠久、脈絡清晰、綿延連貫、地位不斷遞升。具體地說，在遠古時期，北京就是「北京猿人」、「山頂洞人」等先民生息的地方，至今還留下了系統完整的遺跡。

　　進入階級社會後，北京大體上是沿著諸侯領地中心、北方重要城市、全國政治中心的軌跡發展的。這裡曾經是「戰國七雄」之一燕國的統治中心，築黃金台勵精圖治的燕昭王、慷慨悲歌刺秦王的荊軻都曾是北京的居民；秦漢到五代，北京成為了中國北方重鎮，長城內外中華各族兒女以這裡為中心，時而金戈鐵馬，時而百年和局，演繹出一幅民族融合發展絢麗多彩的歷史長卷；遼、金、元、明、清北京五為帝都，時間長達近千年，這時期北京的歷史已不僅僅是地方史，更是中國史、世界史中不可缺少的，十分精彩的一頁，對中國乃至世界歷史都曾產生過重要影響。現在，北京作為中華人民共和國的首都，更是以現代化大都市的嶄新形象融入世界大潮之中，日新月異地發展、前進。

　　截至目前，中國已有30個景點列入聯合國「世界自然與文化遺產」名錄，其中就包括北京的「故宮」、「周口店北京猿人遺

址」、「天壇」、「頤和園」、「長城」、「明十三陵」。因此，我們完全可以這樣說，北京的歷史是中華民族5000年歷史文化最集中而典型的體現，北京的歷史無疑是燦爛輝煌的。

# 「左環滄海，右擁太行」——北京地理環境概說

關河令

李三太子奮乾坤，苦海換幽州。萬年滄海，何知曾難渡。玉珠忽落人間，但渤灣、太行相護。天設地造，仙人獨眷顧。

地理環境指的是作為人類物質生產與生活依託的自然界。人類生活的地理環境是在不斷發展變化之中的，在這種變化中，既有自然界本身的作用，如地震引起的地裂、地陷，火山噴發引起的地形變化，也有因為人的活動而引起的周圍地理環境的變化。

「燕山運動」

北京民間一直流傳著一個「苦海幽州」的傳說，說的是不知道是在多少萬年前，那時候，北京是一片苦海，人們都管它叫「苦海幽州」。老百姓沒法子，只好住在西面和北面的山上，把這片苦海讓給了龍王。於是，龍王和龍母就帶著兒子、兒媳婦、孫子和孫女占據了苦海。也不知道過了多少年代，苦海幽州來了一個穿著紅襖短褲的小孩，名字叫哪吒。哪吒一到，就跟龍王、龍子打起來了。整整打了九九八十一天，最後哪吒拿住了龍王、龍母，放跑了龍子、龍孫。這龍王、龍母被拿住以後，水就平下去了，慢慢地露出了陸地。接著哪吒又封閉了各處的海眼，把龍王、龍母關在一處大的海眼裡，上面砌了一座大白塔，叫龍王、龍母永久地看守白塔。從此，這個地方就不叫「苦海」，叫「幽州」了。

這個古老的傳說，我們當然不能把它作為真實的地質歷史來看待，但這中間也不能不說約略反映出我們的先輩對北京古地質演變

的一種想像和演繹，而且用現代地質學的成果來檢驗的話，更能顯現出這一傳說的「合理核心」。

現代地質學的研究表明，北京地區的地質歷史可以追溯到23億～24億年前或更早。從岩相和地質構造等方面看，在北京地質發展前期，以巨大、急劇的沉降為主，整個地區浸泡在茫茫的海水之中。其間由於大量的沉積物及大量火山噴發物的堆積，使得海底不斷地抬升。到了發展後期，北京地質的演變則以顯著的地殼隆起占優勢，伴隨著沉積物遭受強烈的褶皺和斷裂以及大規模的岩漿侵入活動，海底隆起抬升為陸地。這之後，北京地區又經歷了具有節奏性和差異性的下降和上升，全區大部分處在海水時進時退的海陸交互運動之中。

大約1億多年前，即地質學上所謂的中生代晚期，以中國東部為主發生了一次強烈的地殼構造運動，火山噴發，大規模岩漿侵入岩體，劇烈的地震引起地殼強烈的褶皺、斷裂，山地隆起。由於這次地質變動在河北燕山一帶表現最為明顯，故被命名為「燕山運動」。這次地質構造變動後，中國東部形成了許多北東—南西向的山脈和斷裂，從而出現了大大小小的山間盆地和斷陷盆地，北京就是其中的一部分。具體地講，在燕山運動的作用下，太行山以西的山地抬升，太行山以東的平原下降，也使得北京地區西部和北部隆起為山，東南部下沉形成平原，奠定了北京地貌發育的雛形。之後，又經過長期的地殼斷裂升降運動，形成了今日北京地區獨特的地貌特徵。

北京灣

北京位於華北大平原北端，地處東經115°25′～117°30′、北緯39°28′～41°05′之間的中緯地帶，總面積為16807.8平方公里。

北京總的地勢是西北高，東南低。西部山地屬太行山餘脈，被稱為西山；北部和東北部山地屬燕山山脈，與西山相環接的一段叫

做軍都山；中部、南部和東部為平原，向東南開擴，面向渤海。山地丘陵自西、北和東北三面環抱著北京城所在的小平原，整個地形就像一個臨海的港灣，故人們形象地叫它「北京灣」，又稱為「北京小平原」。

翻開地圖，我們可以清楚地看到，北京小平原北以燕山山地與內蒙古高原接壤，西以太行山與山西高原毗連，東北經山海關隘口與松遼大平原相通，東南一馬平川直達渤海，往南與黃淮海平原連片，地理位置恰好居於中原與蒙古高原和東北平原三大地理區域的交接地帶，自古即為南北交通的樞紐。對此，古人早有過生動的描述：「幽州之地，左環滄海，右擁太行，北枕居庸，南襟河濟，誠天府之國。」（《日下舊聞考》卷五《形勝》引《讀書一得》）

北京灣裡有許多條古老的河流，如永定河、拒馬河、潮白河等。

這些河流大都發源於西北山地或蒙古高原，依地勢向東南首先穿越崇山峻嶺，形成山澗河谷地帶；隨後沖出山口，蜿蜒於平地之上，河水裡挾的泥沙不斷沉積，又形成向東南傾斜的廣闊洪沖積扇平原；最後流入海河，匯入渤海。

北京的平原面積為6390.3平方公里，占區域總面積的38%，海拔大都在30～50公尺左右，地勢平坦，土地肥沃，河湖廣布，具有發展農、林、牧等多種經營的優良條件。山地面積為10417.5平方公里，占區域總面積的62%。與平原相連接的低山丘陵一般海拔在200～500公尺之間，山地高度則在800～1500公尺左右，其中東靈山海拔達到2303公尺，是北京地區的最高峰。

由於北京地處中緯地帶，加之傍山面海，腹地遼闊的地勢，使得北京地區氣候具有明顯的暖溫帶半濕潤大陸性季風氣候特點，四季明顯，年平均氣溫為10℃～12℃。相關研究資料表明，在更新世早期，距今200萬年左右，北京地區的氣候溫暖濕潤，植物生長

茂盛。山區有茂密的森林，平原有寬闊的草原，這樣的氣候環境為生物的生存及繁衍提供了合適的條件。考古顯示，北京地區已經發現不少更新世哺乳動物化石。創立著名進化論學說的英國學者達爾文曾在《人類原始論》一書中說過：「人類和其他各類哺乳動物的身體，在結構上具有相類似的共同類型或者模式。」這也就是說，從生物演化的進程來看，哺乳動物的發展意味著距離人類的出現已為時不遠了。

掀開北京歷史第一頁的先民們

卜運算元

京師西南望，仙蹤處處有。龍骨山中藏洞府，似盤古曾住。憑殘燼餘骨，斷人祖何處。

滄桑閱盡人間異，任千載悠悠。

考古學上把人類歷史的最初階段稱為石器時代，這是因為當時人類是以石器作為主要的勞動工具。石器又分打製石器和磨製石器，以打製石器為標誌的時代叫舊石器時代，以磨製石器為標誌的時代叫新石器時代。石器時代在人類社會發展階段屬於原始社會時期，共經歷了二三百萬年。

周口店的古人類「北京人」

北京的歷史淵遠流長。目前考古發掘顯示，至少在50多萬年前這裡就出現了原始人類勞動、生息、繁衍的身影，活動的區域就在房山區周口店鎮一帶。

周口店距今北京城區西南約50公里，位置正處於西山山地向平原過渡的山麓丘陵地帶。這一地帶有一些低平小山，海拔一般在150～160公尺左右，地質成分主要為石灰岩。由於石灰岩易於被

水溶解，經過千百萬年的溶蝕，這些小山中逐漸發育成許多溶洞和裂隙，其中一座叫龍骨山的小丘上就有5個大小不一的洞穴。1920年代，在龍骨山東北坡最大的一個洞穴中發現了原始人類的牙齒和骸骨化石，這種原始人類就是著名的「北京猿人」，在人類學上的正式名稱叫「北京直立人」，俗稱「北京人」，這個洞穴後來被稱為「猿人洞」，又稱為「周口店第一地點」。

「北京人」的發現與稍早甲骨文的發現有類似之處，就是都從首先注意「龍骨」開始的。所謂「龍骨」實際上就是古生物化石，尤其指哺乳動物的化石，很長時間是作為一味中藥使用的。很早以來，周口店地區的居民在鑿山採石，燒製石灰的過程中，經常會在石灰岩的洞穴和裂隙的堆積物中發現「龍骨」，龍骨山之名應當也是由此得來。

1921年，奧地利古生物學家師丹斯基（O.Zdansky）與瑞典地質學家安特生（Andersson JohnGunnar）在當地百姓的指引下，開始對龍骨山「周口店第一地點」進行發掘。到1923年已發掘出大量的哺乳動物化石，包括腫骨鹿、犀牛、劍齒虎等，還在堆積物中找到一些白色帶刃的脈石英碎片。經過研究鑑定，1926年由安特生正式對外宣布，在化石中發現了兩枚古人類的牙齒。由於當時在世界範圍內發現的古人類化石還十分罕見，因而這個消息公布後，震動了中外學術界。當時由著名的地質學家翁文灝主持的中國地質調查所與協和醫學院達成協議，決定於1927年正式對周口店遺址進行發掘，這一計畫還得到了美國洛克菲勒基金會的資助。在這以後的兩年間，在周口店出土了大量古脊椎動物化石以及古人類的下頜骨和牙齒化石。

1929年12月2日，這是周口店遺址發掘中最值得紀念的一天。這天的傍晚，在中國古人類學家裴文中主持下，在猿人洞的「E地點」發現了第一個完整的北京猿人頭蓋骨化石，掀開北京歷史第一

頁的先民終於露出了神祕的面容。猿人頭蓋骨出土的消息一經公布，周口店就成為世界矚目的地點。後來的事實證明，龍骨山的確是一處揭開人類起源歷史的重要遺址。

對「北京人遺址」的發掘，解放前延續到1937年。隨著抗日戰爭爆發，不但發掘工作完全停止，更為嚴重的損失是，1941年12月7日太平洋戰爭爆發前後，一直存放在協和醫學院的所有人類化石標本（包括「山頂洞人」）在裝箱轉運途中遺失，至今下落不明。新中國成立後，又開展了系統的發掘工作，直到1978年現場發掘工作基本結束。

在「北京人遺址」的整個發掘過程中，共發現了屬於40多個不同年齡、性別的猿人化石，估計有完整和比較完整的頭蓋骨6個，頭蓋碎骨和面骨12件，下頜骨15件，牙齒157顆，股骨斷片7件，脛骨1件，肱骨3件，鎖骨1件，掌骨1件。1989年，科學家採用先進的電子自旋共振法測定，「北京人」化石年代距今有57.8萬年。

關於北京人的年代以往還有一種說法：「北京人」生活在距今70多萬年前至20萬年前之間。

北京猿人遺址一共發掘了13層，猿人化石從第10層開始出現。經過測定，第13層堆積物（包括古老的動物化石、極少的石器）距今70萬年；第10層的猿人化石距今50萬年左右；第1~3層的堆積物（包括較新的動物化石和石器）距今20萬年左右。所以若以出土的北京人化石為準的話，則距今50萬年已有古人類在此生活。若以出土的最早的石器作為古人類活動的標誌，則距今70萬年左右即有人類在此活動。若以遺址的文化堆積而論，則北京人從70萬年前到20萬年前就已生活在這裡，持續時間達50多萬年。

根據研究，「北京人」身材比現代人矮小，男性約為156公分，女性約為144公分。「北京人」的頭蓋骨低平，頭骨較厚，腦

容量為1088毫升，約為現代人的80%，是猿的2倍多。從復原後的面貌看還保留有近似猿的特徵，如眉骨粗壯，而且向前極為突出。鼻骨較寬，鼻樑較為扁平，上頜骨明顯向前突出，下頜骨比現代人粗大而且後縮。但是從「北京人」肢骨顯示，手足已經分工，從股骨特徵證明已能直立行走，但股骨較短，略微向前彎曲，仍顯示原始性質。「北京人」上肢進化較快，已和現代人的上肢差不多，這無疑與長期勞動有著緊密聯繫。

「北京人」在改造自然的鬥爭中使用的是經過簡單打製的石器。從「北京人遺址」出土了約近10萬件石器材料，其中有一些是經過人工打製的石器，包括刮削器、尖狀器、砍砸器等。可以製作工具，從事勞動，具有同自然界作鬥爭的能力，這是人和動物的根本區別。

在「北京人遺址」中還發現了豐富的用火遺跡，其中有的灰燼層最厚的地方可達6公尺，而且從灰燼層中出土了大量的燒骨、燒石和燒過的野果果核。這不僅說明「北京人」主要以採集和狩獵為生，更為重要的是，他們已經具有使用火和控制火的能力。火的使用，使人類做到可以熟食，還可以照明、取暖、助獵、驅逐兇猛的野獸，提高了人類同大自然鬥爭的能力。

恩格斯曾對於火在人類早期發展史上的作用給予很高的評價，他說：「就世界性的解放作用而言……摩擦生火第一次使人支配了一種自然力，從而最終把人同動物界分開。」

相關研究表明，「北京人」已經有了簡單的思維和語言表達能力。由於剛剛脫離動物界，他們的婚姻關係還處在亂婚雜交階段，這是人類最原始的婚姻形態。

「北京人」生活的時代，從人類發展史上講屬於舊石器時代初期。他們的出現揭開了北京地區人類歷史的序幕，使北京成為世界上最早進入人類社會的地區之一，對於人類起源和早期社會發展史

的研究具有重要意義。

「新洞人」

周口店地區的洞穴中還居住過舊石器時代中期的原始人類，被稱為「新洞人」。之所以稱為「新洞人」，是因為這種原始人類是在距「北京人」居住的洞穴約70公尺的另一個新的洞穴內發現的。而且這個洞穴與北京人遺址「第四地點」相通，洞內堆積物也沒有差別，屬同一文化層位，因此把這個洞穴和「第四地點」統稱為「新洞」。

1973年，考古工作者在這裡發現了一顆男性左上第一前臼齒化石。經過測定，牙齒形態比「北京人」進步，生活年代約距今20萬～10萬年左右，是介於「北京人」和「山頂洞人」之間的原始人類。

在「新洞」遺址中發現了數十件石器和較厚的灰燼層，還有大量哺乳動物化石和一顆樸樹籽。這說明「新洞人」與「北京人」一樣，不但仍過著穴居生活，而且還是以狩獵、採集為生。但從動物燒骨中存有一些大型哺乳動物化石看，「新洞人」比「北京人」的狩獵技術要高，而且以肉食和熟食為主。

「新洞人」屬於舊石器時代中期的原始人類，從社會發展階段上講，這個時期已屬於原始群的晚期，正當原始群向母系氏族過渡的時期。

「山頂洞人」

繼「新洞人」之後，生活在北京地區的古代人類還有著名的「山頂洞人」。

之所以稱為「山頂洞人」，是因為其遺址位於龍骨山的山頂，正處於「北京人」居住的「猿人洞」的頂部之上，故名。這個遺址

是1930年發現的，1933～1934年進行了兩次發掘，發現了重要的古人類化石和文化遺存。

「山頂洞」洞口朝北，高約4公尺，下寬約5公尺，遺址分為洞口、上室、下室、下窨四部分，古人類化石和文化遺物主要出土於上室和下室。上室地面中間有灰燼層，石壁上還有燒炙過的痕跡，還發現了骨針和裝飾品，這裡應該是山頂洞人的居住地。下室中發現3具完整的頭骨和一些體骨化石，分屬於8個或10個不同個體。人骨周圍散布有赤鐵礦粉和陪葬品，說明這裡是墓葬地。

經過測定，「山頂洞人」生活年代距今約2.7萬年前，屬於舊石器時代晚期的原始人類。他們前額高起，腦容量達1300～1500毫升，鼻樑和下頜突出，牙齒細小，股骨與現代人一致，推算男子身高約174公分，女子身高約159公分。總之，「山頂洞人」的骨骼形態與現代人類已沒有太大差別。

「山頂洞人」遺址中發現的石器很少，只有25件，與「北京人」的石器相比也沒有明顯的進步，但洞中發現的各類骨角器和裝飾品卻是頗為豐富。骨角器中有一根骨針，長82公釐，針身微彎，刮磨光滑，針尖圓銳，另一端挖有針孔，直徑為3.1公釐，可惜已殘缺。這件骨器不但顯示出「山頂洞人」製造工具的技術水準，而且也證明他們已經開始用獸皮縫製衣服，禦寒遮體，告別了赤身露體的時代。

裝飾品中有不少是用獸牙、魚骨、蚌殼磨製而成，上面多被鑽孔，有的孔道因佩戴已被磨得很光滑，有的表面還因塗了赤鐵礦粉而呈紅色。很顯然，當時「山頂洞人」是把這些磨光的裝飾品穿聯起來，做成「項鍊」，裝扮美化自己。這說明他們已經具有了原始的審美意識。

更值得注意的是，在「山頂洞人」墓地遺骨化石的周圍散布有赤鐵礦粉，表明當時人們在埋葬死者時，可能實行撒赤鐵礦粉的原

始宗教儀式。這意味著「山頂洞人」已經有了原始的宗教信仰，甚至可能存在著「靈魂不死」的觀念。

「山頂洞人」屬於舊石器時代晚期的原始人類。從社會發展進程上看，這時人類的社會組織已進入母系氏族公社時期。

「田園洞人」

田園洞位於房山區周口店田園林場內，北距周口店古人類遺址約5公里，地理座標為北緯39°39′31″，東經115°52′19″。2001年春季，林場的承包者在尋找水源的過程中發現此洞。2001年6月在洞中挖土找水時出土了一些骨頭化石，經中國科學院古脊椎動物與古人類研究所鑑定，這些破碎的化石中有鹿、豪豬、獼猴等動物化石，年代比較久遠。隨後，考古工作者對田園洞進行實驗性發掘，確認洞內有不少哺乳動物化石。2003年6月16日正式發掘開始。發掘過程中，考古工作者陸續發現了一批古動物化石，目前已鑑定出哺乳動物化石26種，其中以鹿類化石為主，並有大量的豪豬化石。該地點的哺乳動物群與在周口店山頂洞發現的有些一致，有63%的物種曾出現於山頂洞動物群中；而田園洞中出現的獼猴、豬獾、原麝等是山頂洞動物群中所缺乏的。少量化石上有黑褐色斑塊，疑為火燒所致。

最為珍貴的是，考古工作者還在地層中發現了人類的遺骸。這些遺骸多呈破碎狀態，骨塊彼此多不連接，有一定的石化。目前所發現人類化石的解剖部位包括：下頜骨（附多枚牙齒）、鎖骨、肱骨、橈骨、脊椎骨、股骨、腓骨、跟骨、趾骨，據初步研究判斷「這些人骨應為一成年男性個體，其身高應有160公分」。此外，還發現了幾枚零散的牙齒，似屬另外個體，到目前為止尚未發現頭蓋骨化石。

據測定，這些人骨化石距今約2.5萬年，與北京山頂洞人處於同一時期，屬於舊石器時代晚期的智人化石，這一發現為北京地區

的古人類研究提供了寶貴的實物資料，極具科學研究和學術價值。

2003年8月17日，北京市政府和中國科學院共同正式命名此地點為「周口店北京人遺址第27地點（田園洞）」。有關的發掘和研究正在進行中。

「北京人」、「新洞人」、「山頂洞人」反映了北京地區舊石器時代早、中、晚三個不同發展階段人類進化和文化演進的概貌，是北京地區舊石器文化遺存的代表。

王府井的古人類文化遺址

1996年底，考古工作者在王府井南口東方廣場工地發現了一處古人類活動遺址。遺跡處於距地面11～12餘公尺的河湖地層中，發掘面積892平方公尺，出土了2000多件石製品、骨製品和哺乳動物化石，還發現了木炭、灰燼等用火遺跡，說明曾有一定規模的古人類在此活動過，但沒有發現古人類的遺骨化石。石製品有石核、石片、石錘、石鑽、刮削器和雕刻器等，原料以燧石為主。骨製品包括骨核、骨片、骨器，有些骨片上還有人工砸擊和刻畫的痕跡。一些骨製品和石製品上附著赤鐵礦粉。哺乳動物化石有原始牛、斑鹿、蒙古草兔、鴕鳥、魚等。據測定，遺址文化年代距今2.4萬年左右，屬於舊石器時代晚期的文化遺存。

這處遺址是目前北京城區發現的最古老的一處古人類文化遺存，就世界範圍而言，在一個國際大都市的中心地帶發現如此古老的古人類遺址，也是十分罕見的。它表明北京先民的活動已不僅僅局限於山區，開始逐漸向平原遷徙。不過考慮到在遺址中沒有發現墓地和人類的骨骼化石等因素，學術界一般認為這是古人類在遷徙途中的一處臨時生活地點。它的發現對研究北京先民從洞穴生活到平原生活的變遷提供了重要的科學依據。

1999年，北京市有關部門決定在東方廣場地下修建博物館，

對這處古人類活動地點遺跡作永久性保存。2001年12月28日，
「北京王府井古人類文化遺址博物館」建成並正式對外開放，現代
文明與古老文化在王府井這座舉世聞名的金街上下輝映，分外奪目
燦爛。

清水河畔的「東胡林人」

距今約1萬年到4000年以前，人類社會處於新石器時代。這時
人們已經開始從事原始農業和畜牧業，還進行製陶、織麻等原始手
工業生產，並且已普遍使用磨製石器。北京地區新石器時代的文化
遺址都是解放以後發現的，其特點是分布廣，遍及大多數區縣；數
量較多，達到40餘處。這說明這一時期北京地區的居民增多了，
活動範圍也比以前擴大了，已經從靠近山區的丘陵地帶轉向平原台
地定居。

北京地區新石器時代早期代表性的文化遺址是門頭溝區清水河
畔的「東胡林人」墓葬。清水河是永定河的支流，相對永定河流經
的高的山峽而言，清水河沿岸卻是一條較寬的河谷，稱為齋堂川，
東胡林村就位於河北岸一片低矮的黃土台地上。1966年，在東胡
林村西側發現一座古人類墓葬遺址。這是一座三人合葬墓，包括兩
名成年男子和一名年約16歲的少女，其中女性遺骨保存較多，有
顱骨、股骨、髖骨、脛骨等，他們被命名為「東胡林人」。據測
定，「東胡林人」生活的時代距今約1萬年左右，相當於新石器時
代的早期階段，他們的體質形態已與現代人基本一致。從合葬情況
看，家庭組織有可能已經出現了。

「東胡林人」的文化遺物主要是裝飾品。在少女遺骨的頸部周
圍，發現有50多枚已穿過孔的蜓螺殼，大小均勻，顯然是少女佩
戴的一副項鍊。另外，在少女腕部周圍，還發現7枚用牛肋骨截斷
磨製而成的骨管，長短接近，相間排列，這應該是戴在少女手腕上
的一副骨鐲。少女身上的這些飾物，不僅僅起美化作用，還應該是

當時尊重女性的一種表示，而以女性為中心則是母系氏族公社的典型特徵。還有，這些比較精美裝飾品的出土，說明當時社會生產力已經有了較大提高，「東胡林人」已不需要整天為維持生命而奔波，可以有時間和精力製作這些裝飾品美化自己的生活。而社會生產力的提高與這時的人類離開山洞來到河谷黃土台地居住，勞動生活環境有了較大改善也是密切相關的。

據《北京晚報》等報導，2003年初北京大學考古文博學院和北京市文物研究所聯合組成考古隊對遺址又進行了試掘。此次試掘面積70餘平方公尺，出土了石器、骨器、陶片、殘存人骨、動物骨骼等多種文化遺物，其中石器數量最多，包括石磨盤、石磨棒以及石片、石核等，還有數量較多的殘斷的礫石塊，以打製石器為主。發現的陶片多為紅褐色，均為夾砂陶，質地疏鬆，火候不勻，除個別附加堆紋外，均為素面陶，從斷面分析似為泥片貼築法製成。此外還發現了早期人類燒火的遺跡多處。10月19日遺址中又出土了一具保存完好的古人類骨骼化石，高約160公分。根據初步推斷，在約1萬年前，這裡可能是東胡林人的季節性營地，但不一定是他們長期居住的地方。

東胡林遺址新的考古發現，填補了自山頂洞人以來北京地區人類發展史上的一段空白，為研究華北地區新石器時代早期人類及其文化提供了重要的資料。目前古人類骨骼化石和文化遺物已運到北京大學考古文博學院進行更深入的研究。

另外，新中國成立後，考古工作者在懷柔區寶山寺鄉轉年村西、白河岸邊的黃土台地上發現了一處新石器時代早期人類文化遺存，被稱為「轉年遺址」。該遺址雖然沒有發現古人類遺骨化石，但出土了打製石器、細石器、磨製石器、陶器等1.8萬餘件，其中夾砂黑陶盂是迄今北京地區發現的最早的黑陶。學術界認為轉年遺址應是一處早期人類製造石器和生活的場所，豐富了北京新石器時

代早期文化的內容。

平谷盆地的上宅文化

由於更新世初期的地質構造運動，北京山區的邊緣地帶形成了一系列的山前斷陷盆地，位於北京東北的平谷盆地就是其中之一。1980年代中期，考古工作者在平谷盆地發現了主要代表新石器時代中期文化的上宅遺址和北塾頭遺址，統稱「上宅文化」。

上宅遺址位於平谷盆地東部韓莊鄉上宅村西北的一塊台地上，北靠燕山，南臨河。遺址的文化堆積層分布在一條天然沖溝裡，共分為8層，最下面4層構成了上宅文化的主體。遺址中出土的新石器時代遺物十分豐富，包括石器、陶器共3000多件，可分為生產工具、生活用具、裝飾藝術品三大類。

生產工具以石器為主，多數是打製或磨製石器，有斧、鑿、鏟、磨棒、磨盤、砧石、石球、石鏃、網墜等。細石器有柳葉形石刀、複合刃器等，但數量很少。從這些工具的用途分析，當時上宅居民主要從事的是農業生產，兼有狩獵和捕魚。

生活用具則多為陶器，可分為夾砂陶和泥質陶兩大類，器形主要有罐、碗、缽、杯、勺等，用於炊煮食物或放置物品。這些器物外表多數有紋飾，有抹壓條紋、壓「之」字紋、葉脈紋、篦點紋等20多種。陶器用分片貼築法和泥條盤築法製成，由於在露天燒製，火候難以把握，造成器物表面顏色不均，以紅褐色為主。

裝飾藝術品有石質和陶質品，包括石龜形飾件、石猴形飾件、石形飾件、陶豬頭、陶羊頭、空心響球等。這些作品可以說件件精美生動，兼具藝術性和實用性，顯現出上宅居民的技藝力和創造力都達到了較高水準。

另外，在遺址中還出土了一件陶質鳥首形鏤空器。該器物圓形平頂，前出一鳥喙，鳥喙兩側各有一眼。下部逐漸變粗呈圓筒形，

開有四道豎長條鏤孔。頂部和下部有羽狀交叉劃線紋飾。其功能推測是用於圖騰崇拜或祭祀。

據測定，上宅遺址的絕對年代距今約7000～6000年間，屬新石器時代中期的文化。在此之前，北京地區缺少新石器時代中期文化的分期序列，上宅遺址的發現填補了這個空白，並為研究北京地區新石器時代中期的歷史文化提供了豐富的實物資料。同時，從出土器物的形制、紋飾和製作方法上看，上宅文化與東北的興隆窪文化、趙寶溝文化以及中原的磁山文化既有相近之處，又有差別。因此，有學者認為，上宅文化是處於中原與北方兩大原始文化之間接觸帶上的一種地方類型文化。它的發現，表明在距今7000年左右，北京小平原就已顯出地理位置的重要性，開始了不同文化的融合。

與上宅遺址屬同一文化時期的還有北埝頭遺址。遺址位於平谷區大興鄉北埝頭村西崗上台地上，東南距縣城7.5公里。這處遺址最主要的發現是找到10座半地穴式居住房址，補充了上宅遺址沒找到確切居址的不足。房址平面多呈不規則的橢圓形，直徑一般4公尺以上，室內沒有明顯的門道痕跡，但在地面周邊有柱穴遺跡，穴內尚殘留朽木灰痕。地面中部附近埋有深腹陶罐，罐口露出地面，罐內還存有木炭渣和灰燼土，周圍地面也有紅燒土的碎塊，這些陶罐應是保存火種的灶膛。可以想像，當時的居民首先在山前靠近河流的地方挖一個淺地穴，然後四周立木為柱，支撐住用樹枝、樹葉搭成的屋頂，地穴一面供出入，其他三面堆土為牆，這就是六七千年前我們祖先居住的房屋。

北埝頭房址遺跡的發現，對研究北京地區原始聚落的形成及規模具有重要意義，也為研究新石器時代中期北京居民的生產力發展水準、生活習俗以及社會關係提供了有價值的實物資料。

軍都山旁的雪山文化遺址

軍都山位於北京城的西北方向，屬燕山山脈的西段，聞名中外的八達嶺和居庸關都坐落在這裡。燕山運動中，由於山地的隆起，在山前形成斷陷盆地的同時，也形成一些地壘式的台地，昌平區南口一帶就是軍都山前的一處著名的台地。1961年，考古工作者首次在南口台地上的雪山村發現了一種重要的新石器時代文化遺存，被稱為「雪山文化」。1981年，再次對遺址進行了調查和鑽探工作。確認雪山遺址的文化堆積從上至下包含戰國、西周、夏家店下層和新石器時代四個文化時期，其中新石器文化遺存又分為一、二兩期。

雪山一期文化距今約在6000～5000年之間，屬新石器時代中期文化。出土的陶器以夾砂褐陶為主，還有摻貝粉的泥質紅陶。器形以雙耳罐最多，另有缽、壺、盆等，還發現了用於紡織的陶質紡輪。石器有磨製的石斧、石刀、石鏃、磨棒等。從文化因素考察，雪山一期文化和東北的紅山文化比較接近，與中原的仰韶文化也有相似之處，這表明中原與北方文化繼續對北京地區文化產生著影響，其中北方文化的影響還要大些。

雪山二期文化距今約4000多年，屬新石器時代晚期文化。主要的文化遺存，包括半地穴式房址三座以及數量較多的陶器和石器。發掘顯示，房址地基為橢圓形，東南向開有斜坡門道。

室內地面上保留有柱洞、紅燒土圈、木炭渣等遺跡。陶器中第一次出現了泥質黑陶，有罐、鼎、淺腹盆等。這些黑陶製作工藝採用較先進的輪製法，使得器壁很薄，和蛋殼厚度相差無幾，故有「蛋殼陶」之稱。石器以磨製為主，其中數量最多的是石斧，也有鏃、刮削器一類的細石器。

從出土陶器的製作、紋飾、器形以及石器種類分析，雪山二期文化與中原地區的龍山文化有一定關係，因為黑陶和磨製石器是龍山文化的典型器物。這表明這一時期北京地區的原始文化越來越受

到中原原始文化的影響。龍山文化是新石器時代晚期的代表性文化，由於生產力水準的提高，當時人們的經濟生活已經以農業為主，畜牧業也有了較大發展。農業的發達，提高了男人的社會地位，並最終導致父系氏族社會取代了母系氏族社會，人類社會發展進入到原始社會的末期。

北京灣裡誕生的早期國家和城市

浣溪紗

春風吹罷燕薊現，北京灣裡好種田，幾處宮闕成殘垣。英武奈何日月去，車馬喧囂終成土，但留於後人說古。

原始社會晚期，隨著生產力的提高，引起社會的分工與交換，促進了私有制的出現，人類也由此開始了一段從原始社會向奴隸制社會過渡的漫長時期。各個氏族部落首領不但地位高於普通氏族成員，而且占有更多的公共財產。他們為了保護已經取得的社會財富，為了防範鄰近部落的侵襲和敵對勢力的反抗，在住地周圍築起城郭溝池等防禦設施，早期城市的雛形誕生了。隨著私有制的發展，以城市為中心形成了奴隸制時代早期的城邦國家。

古帝傳說與早期的青銅文化

由於那時候還沒有文字，人類的活動只能靠世代口耳相傳，其中不免參雜許多不夠真實的傳說，故史稱這一時期為「古史傳說」時代，又由於這些傳說主要圍繞著當時氏族部落聯盟的首領人物「五帝」（「五帝」一般是指黃帝、顓頊、帝嚳、唐堯、虞舜）展開的，因此也稱作「古帝傳說」時代。

「阪泉」之戰和「涿鹿」之戰

古帝傳說中，約距今5000～4000年，黃帝、炎帝、蚩尤等氏

族部落都曾經在北京附近地區活動過，其中黃帝及其部落是這段歷史的主角。據《史記五帝本紀》記載，先是黃帝部落與炎帝部落大戰於「阪泉之野」，傳說中這場戰爭打得十分激烈，甚至說黃帝驅使熊、羆、虎等參戰，經過三次激戰，最終打敗了炎帝。後來蚩尤又作亂，不聽號令，於是黃帝率部眾聯合其他「諸侯」與蚩尤部落在「涿鹿之野」大戰，最終擒殺蚩尤，取得了勝利。黃帝被擁戴為部落聯盟首領，在「涿鹿之阿」建立都邑，即部落聯盟的中心，這是有關北京附近出現都邑的最早傳說。黃帝戰勝炎帝和蚩尤，消除了不安定的因素，第一次實現了大聯盟，這對於中華民族的形成及發展應該說意義重大。

　　至於「阪泉」和「涿鹿」的具體地點相當於今天的什麼地方，由於缺乏可靠依據，特別是沒有考古資料印證，現在還無法得出明確的結論。有觀點認為，阪泉大體在今北京延慶縣西部和河北省懷來縣東部一帶，因為在延慶張山營鎮至今還有一山叫阪山，山前有上阪泉、下阪泉二村，附近有泉名阪泉。涿鹿應位於今河北涿鹿縣，當地不但有涿鹿山，還有涿鹿城、黃帝陵、蚩尤城等古跡。從地圖上我們可以清楚地看到，涿鹿、懷來與相鄰的北京延慶、昌平、門頭溝可謂山相連屬，水亦流貫，這些區縣不但在地域上連成一片，而且後來在行政區劃上也都同屬古代的上谷郡管轄。「阪泉」、「涿鹿」應當就在這一區域之內。當然也有學者認為，涿鹿不是一個簡單的山名，在當時具有代指北方的象徵性（《北京城市歷史地理》第二章）。

　　黃帝之後，他的第三代繼承人顓頊控制的地域「北至幽陵」，顓頊還曾到「幽陵」祭祀過黃帝，今北京平谷區的漁子山上就有一處史稱「黃帝陵」、「軒轅廟」的遺址。到了堯舜時代，史書記載，堯派一個叫和叔的人居於「幽都」之地，負責治理北方；舜時把心術不正的共工流放到了「幽州」。需要說明的是，傳說中的「幽陵」、「幽都」、「幽州」不應該是一個確切的地點，一般認

為泛指包括今北京在內的北方地區和都邑。「州」或指一個區域，「都」則可能是一種人們集聚的地方，總之這些名稱及內涵與後來正式的行政建置是不同的。

上述這些古帝傳說雖然不能當作信史對待，但也並不是完全荒誕不經，其中約略反映了中國原始社會晚期以及由氏族制向奴隸制過渡時期的歷史情況。特別是結合北京地區新石器時代考古資料，如昌平雪山二期文化可以明顯看出受到中原原始文化的影響，而這時期大致與黃帝打敗炎帝、蚩尤，建立都邑的時代相疊錯，正處於父系氏族社會的歷史階段。到了堯舜時代，北京可能已經開始向奴隸社會過渡了。

劉家河墓葬遺址

根據「夏商周斷代工程」的最新研究，西元前2070年到西元前1046年，中國處於夏、商奴隸制王朝時期，北京地區也在這一時期步入奴隸制社會，並且創造了獨具特點的早期青銅文化，這種青銅文化屬於「夏家店下層文化」範疇內的「燕南類型」。

夏家店是個地名，位於內蒙古赤峰市境內，1960年考古工作者在這裡發現一處文化遺址。出土遺物顯示，遺址包含上、下兩層不同的文化遺存，上層文化所代表的時代相當於西周和春秋時期；下層文化則相當於夏、商時期。

夏家店下層文化分布範圍很廣，在內蒙古東南部、遼寧西部、河北北部以及京津地區發現同類型遺址達數百處，其中北京地區具有代表性的遺址有昌平雪山三期文化、密雲鳳凰山墓葬遺址、房山劉李店墓葬遺址和鎮江營、塔照遺址、平谷劉家河商代中期墓葬遺址等。尤其是劉家河墓葬遺址出土了青銅器、金器、玉器等隨葬品40多件，為研究北京地區金屬鑄造技術和青銅文化提供了重要的實物依據。

遺址中出土的青銅器最多，共有16件，包括鼎、鬲、爵、卣、、瓿、盤等器型，其中「三羊銅」和「鳥柱龜魚紋銅盤」堪稱青銅器傑作。三羊銅高26.8公分，斂口，短頸，折肩，深腹。頸部有二道凸棱，肩飾雲目雷紋，腹飾對稱饕餮紋，圈足飾對角雲雷紋。器身有三道齒狀扉棱，肩部浮雕三個形象逼真的羊頭，羊角盤旋，角尖翹起，造型極為生動。銅盤高20.5公分，口徑38.8公分。寬沿外折，沿上鑄有兩隻對稱的小鳥，仿佛水鳥佇立池邊。盤的內壁呈凹圓形，盤底正中刻有一隻小龜，烏龜周圍有三條魚形圖案。將清水注入盤中時，水波中龜、魚如在遊動，岸上水鳥窺視，似在尋機覓食，一動一靜，情趣盎然。

　　青銅器中還有一件「鐵刃銅鉞」也十分罕見。鉞是古代的一種兵器，也是象徵軍權的儀仗之一。形狀大體為扁長方形，前端為刃部，多呈弧形，後部逐漸增厚收成兩肩，肩兩側各有一穿，兩肩之間向後凸出部分稱為「內」，內上有一穿孔，用來裝木柄。劉家河遺址中出土的這件鉞不同於一般的青銅鉞，因為它的刃部是先用天然隕鐵鍛製成形，再與青銅鉞身澆鑄在一起，所以稱為「鐵刃銅鉞」。這件鐵刃銅鉞與河北槁城台西遺址出土的鐵刃銅鉞在形制上基本相同，只是略小，二者很可能同出一源。因此，劉家河的這件是本地鑄造還是傳自中原，尚難以判定。但至少說明遠在3000多年前的商代中期，北京地區的居民已經開始使用鐵器。

　　劉家河遺址中出土的金器也很精美，包括耳環、臂釧和髮笄。金耳環一端為扁喇叭形，底部有一溝槽，似原有鑲嵌物；另一端呈尖錐形，彎曲成鉤狀，重量為6.8克。金臂釧一對，是用直徑約0.3公分的金條彎製而成，兩端呈扇面狀。經測定，這些金器的含金量為85%左右。類似的裝飾品在北京其他夏家店下層文化遺址中也有發現，如雪山三期文化中就出土了金耳環和銅耳環，劉李店墓葬中也出土了銅耳環和銅指環。這反映出當時北京地區手工業已經達到比較高的水準。

總之，北京地區早期的青銅文化既具有典型的北方夏家店下層文化的特點，同時也可以看出中原商文化的影響，二者同時並存，構成了這一時期北京歷史文化的主體。

　　燕國和薊國

　　「古燕國」和薊國從文獻記載看，在夏、商王朝統治時期，北京及以北地區同時有幾個部族存在，包括孤竹、燕亳、山戎、肅慎等，其中孤竹、燕亳等部族後來建立了奴隸制國家，成為商王朝北方的附屬國，這中間的燕國可算是北京地區最早形成的國家之一。但需要說明的是，這個燕國與後來西周分封的燕國並不是同一政權，它是一個在本地自然發展建立起來的奴隸制國家，因此，史學界通常稱之為「古燕國」。

　　文獻資料中出現這個古燕國始於西周初年，如《史記周本紀》云：「封召公於燕」；《史記燕召公世家》云：「周武王之滅紂，封召公於北燕。」文中的「燕」與「北燕」實指一地，這說明召公受封之地，原來就叫「燕」，這裡就是古燕國的所在地。這個古燕國可能由於是商朝北方比較重要的附屬國，在武王滅商的過程中也被西周的武裝力量滅亡了，因而《左傳》「昭公九年」上有「及武王克商......肅慎、燕亳，吾北土也」的說法。取而代之的就是西周分封的諸侯國———燕國。

　　另外，在商代中國北方還有一個由帝堯的後裔建立的奴隸制國家，名叫薊國，當時也是臣屬於商王朝的一個小方國。據《史記周本紀》記載，周武王滅商後，因「追思先聖王」而褒封他們的後裔，這類封國一般是因這些後裔的勢力所在或依其原建方國就地分封，表示周王朝承認他們的存在和在當地的權力。於是「帝堯之後」就封在薊（一說為「黃帝之後」，《禮記樂記》），薊由方國成為封國，又臣屬於周王朝。受封之後的「薊」和「燕」是兩個鄰近的諸侯國，經過一段時間的發展，燕國強盛，薊國弱小，於是燕

國兼併了薊國，時間大約在春秋初期。也有學者認為燕國兼併薊國在「西周的中期或晚期」（陳平《燕史紀事編年會按》下冊）。燕滅薊，其實並不僅僅是一個大諸侯國吞併了一個小諸侯國，從中也反映出周王室的嫡系力量對當地舊有勢力的打擊和取代。

燕國（西周—春秋）

西周的燕是召公的封國，這個封國不是像薊那樣的褒封之國，而是周朝姬姓宗室的封建之國。召公，本名姬，文獻中又稱君，文王之子，官至周王朝太保，位居三公之一，又因其采邑在召（今陝西岐山西南），故史稱召公。由於召公本人及其家族在周王室中占有重要地位，周初遂將召公封於燕。因為燕地處於北方偏遠地區，這裡是北方民族南下的交通要道，對於周王朝來說，這是一個鎮撫邊疆、藩屏王室的重要區域。召公封燕這一事件，標誌著今北京地區正式納入中原王朝的管轄範圍。

召公雖受封燕地，但由於他在周王朝裡是與周公一樣重要的輔臣，故仍留在西周國都——宗周處理王朝政務，實際到燕地就封的是他的長子克。這件事在北京地區出土的青銅器上和歷史文獻中都有記載。《史記燕召公世家集解》也說：召公封燕後「以元子就封」，「元子」就是嫡長子，他的名字應該就叫「克」。按照《史記燕召公世家》「自召公已下九世至惠侯」的說法，召公雖然沒有實際到燕國做封君，但也是名義上的第一代燕侯。那麼，克就是第二代燕侯。第三代燕侯，據青銅器《燕侯旨鼎》銘文的記載，名字叫旨，是克的三弟。第四代至第八代燕侯情況不詳，有待於新的考古發現。

從第九代燕惠侯起，燕國的歷史才開始有了較明確的紀年。《史記燕召公世家》載：「燕惠侯當周厲王奔彘，共和之時。」西周共和元年為西元前841年，這一年正值燕惠侯二十四年。據《史記十二諸侯年表》，惠侯在位38年，時為西元前827年，已經到了

西周的末期。

　　西元前770年，以周平王遷都洛邑為標誌，中國歷史進入春秋時代。春秋時期，燕國國力較弱，不被中原諸侯重視，而且常受北方遊牧族山戎的侵擾。西元前697年至西元前691年，正值燕桓侯在位，受山戎族不斷南下之逼，《史記燕召公世家集解》中曾有「桓侯徙臨易」的記載，即將燕都遷到了臨易。近年在今河北容城縣晾馬台鄉考古發現了兩座春秋戰國的古城遺址，與之相鄰不遠的雄縣古賢村也發現兩座戰國古城遺址。遺址中出土帶有「燕王職戈」銘文的青銅兵器，還出土了肩部印有「易市」二字的陶罐，表明臨易大致就在這一帶地區。

　　桓侯遷都，雖然拉大了與山戎之間的緩衝地帶，但是並沒有解決來自山戎的威脅，「山戎病燕」的記載仍不斷見諸史載。西元前664年（燕莊公二十七年），山戎又一次攻入燕境，燕國東南的齊國也受到牽累，莊公向齊國告急。此時的齊國正值春秋五霸之首的齊桓公當政，為了實現他提出的「尊王攘夷」的口號，齊桓公發兵救燕，大敗山戎部族，將其趕到了晉北的山區草原，解除了山戎對燕國北部地方的威脅。山戎的威脅雖然解除了，但臨易城相對燕的疆土而言過於偏南，特別是太靠近東南的強鄰齊國。相關資料顯示，在西元前552年（燕文公三年）和西元前536年（燕惠公九年），齊國曾兩次伐燕，給燕國朝野以極大的震動。

　　為避強齊，大約在燕悼公統治期間（前535年至前529年），燕國又北遷都城至薊城（今北京城區宣武門到和平門一線以南）。關於燕國何時從臨易北遷薊城，北京史學界還有一種觀點，認為應在燕襄公統治（前657年至前618年）期間，主要依據是《韓非子有度》記載：「燕襄王以河為境，以薊為國。」但這裡的「燕襄王」是否就是「燕襄公」，學術界也有爭議，有學者認為「燕襄王」應是「燕昭王」（陳平《燕國風雲八百年》）。

子之之亂

西元前475年，中國歷史進入戰國時代。隨著社會經濟的發展，鐵製工具在農業、手工業中的推廣和使用，燕國的社會生產力發生了巨大的變革。燕國的國勢有了進一步的壯大，已成為北方一大強國，位列戰國七雄之一。但相比其他六國而言，正如司馬遷在《史記燕召公世家》所言：「燕外迫蠻貉，內錯齊晉，崎嶇強國之間，最為弱小。」在與其他諸侯列國爭雄的同時，國內的政治鬥爭也頗為激烈，這一切給燕國的發展帶來了極大的影響。

西元前320年，燕王噲繼位，面對複雜的內外形勢，他幻想透過非常手段達到使燕國迅速強大的目的。西元前318年（燕王噲三年），他任用一個叫子之的人為相國。史書記載，子之辦事果斷，善於監督考核臣屬，深得燕王噲賞識。但子之同時也是一個精於以權謀私、權力欲望極強的野心家。他利用燕王噲希望改革的時機，誘使燕王噲「禪讓」，最終取得了燕國的王位。他還勸說燕王噲把朝中俸祿在300石以上官吏的璽印收回，交給自己調遣，使自己完全掌握了燕國大權。這一舉動在燕國造成人心混亂，特別是遭到太子平和大將軍市被等人的反對。西元前314年（燕王噲七年），在齊國的支持下，太子平和市被發動兵變，率軍圍攻燕王宮，但一時未能攻克。將軍市被反戈，與子之聯兵反攻太子平，結果太子平和市被都在戰亂中喪生。燕國國內「因構難數月，死者數萬，眾人恫恐，百姓離志」（《史記燕召公世家》）。

正當燕國內亂之時，齊宣王乘機起兵，大舉攻燕。此時燕國的軍隊已毫無鬥志，不戰而退，都城城門大開。齊軍進入城中，不但殺了燕王噲和子之，還把燕國的宗廟、王宮毀壞，其中的珍寶重器被搶掠一空，並且在城中肆意屠戮百姓。另外，據1970年代在河北平山縣出土的《中山王方壺》《中山王鼎》等三器銘文記載，當時位於燕國南部的中山國也趁火打劫，起兵伐燕，進攻燕國西疆，

奪取燕地「方數百里，列城數十」（《鮮虞中山國事表、疆域圖說補釋》）。

齊國和中山國的這次伐燕，特別是齊軍攻占燕都，占據燕國大半疆土，燕國差不多已名存實亡了。這種局面一直延續到西元前312年，齊國在其他諸侯國的聯合反對下，才被迫撤出燕國，中山國也隨之撤出。流亡在中原的燕國公子職，在趙、魏等國的扶持下返燕，並繼承了王位，這就是燕國歷史上負有盛名的燕昭王。

燕昭王「勵精圖治」

燕昭王是一個很有作為的國君，早在他做韓國人質的時候，就受到一些中原諸侯國改革舉動的影響，懷有改革燕國的遠大抱負。返國後，面對燕王噲「禪讓」事件給燕國帶來的政治、經濟上的巨大破壞，為了收拾殘破局面，使燕國重新回到與列國爭雄的地位，特別是要伐齊以「雪先王之恥」，他勵精圖治，可謂不遺餘力。

他把原來燕國的軍事重鎮武陽城（今河北易縣境內）營建成陪都，這就是歷史上所稱的「燕下都」。燕下都的建立，對於鞏固燕國南部疆土，遏止中原諸侯國北進起到了很好作用。

他還態度謙恭地向燕國賢士郭隗問計，郭隗建議他廣攬良才，並且說：「今王誠欲致士，先從隗始。隗且見事，況賢於隗者乎，豈遠千里哉。」（《戰國策燕策一》）於是，燕昭王特意為郭隗建造宮殿，正式拜他為師；還在易水旁修築一座招賢台，上置千金以延攬天下豪俊，這座招賢台就叫黃金台。燕昭王這一舉動，很快就在列國賢士中引起反應。此後，據《史記燕召公世家》記載：「樂毅自魏往，鄒衍自齊往，劇辛自趙往，士爭趨燕」，皆為昭王之臣。「黃金台」也成為君王能招賢納士的一個象徵，受到後世萬代的贊詠。大詩人李白曾寫《燕昭延郭隗》古風一首，詩曰：

燕昭延郭隗，遂築黃金台。

劇辛方趙至，鄒衍複齊來。

奈何青雲士，棄我如塵埃。

珠玉買歌笑，糟糠養賢才。

方知黃鶴舉，千里獨徘徊。

燕昭王不僅「卑身厚幣，以招賢者」，他還深入民間，「吊死問孤」，並且簡樸自奉，親自參加勞作，與燕國百姓同甘共苦。這樣經過20多年的苦心經營，燕國逐漸恢復了國力，日益富強起來，士卒也群情激昂，願意為國家而戰。

西元前284年（燕昭王二十八年），燕國以樂毅為上將軍，統率燕、趙、韓、魏、秦五國聯軍，合力伐齊，在濟西之戰大敗齊師。與此同時，楚軍也從南向北伐齊，奪取了齊國的淮北之地，逃亡至此的齊王也在莒城被殺死。北線方面，樂毅獨率燕軍，深入齊境，攻破齊都臨淄，焚掠齊國宮室宗廟，將所獲珍寶、祭器等全部運回燕國，置於薊城，其中「齊器設於寧台，大呂陳於元英，故鼎反乎室（一說曆室）」（《史記樂毅列傳》）。對此，燕昭王大為高興，他親自來到濟上慰勞軍隊，犒賞將士，封樂毅於昌國，號為「昌國君」。同時命樂毅留在齊國，攻取其他齊城。在隨後的五年間，除了莒和即墨二城沒有攻克外，樂毅率燕軍共攻下齊國70餘座城池，並將它們歸入燕國版圖，正像樂毅在他著名的《報燕王書》中所說的「薊丘之植，植於汶篁」了。

「樂毅伐齊」是戰國時期影響很大的一次諸侯國間的戰爭。這場戰爭不但使燕昭王洗雪了「先王之恥」，燕國還占據了齊國大片土地；而且趙、韓、魏、秦、楚五國也都得到了各自的利益，強盛一時的齊國則幾乎亡國。

西元前283年（燕昭王二十九年），昭王命大將秦開領兵攻打北方的東胡，追迫東胡退卻千餘里。燕國版圖進一步擴展，遂在邊

地自西向東，設置上穀（治所沮陽，今河北懷來縣大古城村）、漁陽（治所漁陽，今北京懷柔區梨園莊）、右北平（治所無終，今天津薊縣）、遼西（治所陽樂，今遼寧義縣西）、遼東（治所襄平，今遼寧遼陽市）五郡。同時，為了防禦北方遊牧族南下，沿著燕北疆修築了一條西起造陽（今河北省張家口地區）、東抵遼東的千餘里長城，通稱「北長城」；為了防範南方齊、趙等國的侵襲，沿著燕南疆易水一線修建了長數百里的長城，統稱「易水長城」。

據《戰國策燕策一》記載，這一時期燕國控制的地域：「東有朝鮮、遼東，北有林胡、樓煩，西有雲中、九原，南有呼沱、易水。地方兩千餘里。」這就是說，燕國東境到遼東乃至朝鮮半島北部，北邊與林胡、樓煩等部族雜處，南境抵呼沱、易水與齊、趙交界，西部隔雲中、九原二郡，與趙國為鄰。以今北京地區為中心，天津市、河北省北部、山西省北部、遼寧省大部、內蒙古東南部及朝鮮半島北部等廣大區域，都曾是燕國的疆土。燕國的國勢到昭王晚期，終於達到了鼎盛。

但好景不長，西元前279年燕昭王死後，其子素繼位，即燕惠王。惠王早在做太子時，就與樂毅不和。執政後，先誤中齊將田單的反間計，不但用騎劫取代樂毅，還顯露出要誅殺樂毅的意思，樂毅被迫出走趙國。不久，燕軍敗於田單的「火牛陣」，損失慘重，大敗而逃。田單率齊軍乘勝追擊，一舉收復了被占領了數年的70餘城，將燕軍趕出齊國，騎劫也在戰亂中被殺。隨後，田單將齊襄王迎回都城臨淄聽政。齊國得以光復，而燕國自此一蹶不振。

燕國滅亡

西元前251年（燕王喜四年），燕國伐趙，被趙將廉頗擊敗。趙軍乘勢追擊，直達燕都，圍困薊城長達三年之久，後燕割讓五城給趙國，趙軍始退。以後燕、趙之間又發生數次戰爭，燕國屢戰屢敗，國勢日益衰弱下去。而此時強盛的秦國，開始了吞併六國，統

一全國的戰爭。秦軍在滅掉趙國之後進逼燕國，燕太子丹派壯士荊軻以獻上秦王嬴政仇恨的舊將樊於期的首級以及燕國最富庶的區域——督亢地圖為名，企圖刺殺秦王，未遂，荊軻反遭殺戮。

西元前227年（燕王喜二十八年），秦國派大將王翦滅燕。秦軍在易水以西擊敗燕軍，占領燕下都武陽城。第二年（西元前226）10月，秦軍攻陷燕都薊城，燕王喜逃亡遼東，派人斬太子丹首級獻於秦，希冀秦王「解兵而去」。這一愚蠢的舉動，更加速了燕國的滅亡。西元前222年（燕王喜三十三年），秦將王賁攻遼東，俘虜了燕王喜。燕國自召公建國，歷經800餘年最終滅亡。

# 西周燕國都城——董家林古城址

西周燕國建立後，第一個都城建在何地，舊無確指。直到1960年代以來，考古工作者在房山區琉璃河鎮東北的董家林村發現了一座北京地區迄今年代最早的古城址，這個問題才得到解決。

董家林古城址位於西山腳下的一塊寬闊的高台平地上，大石河（又稱琉璃河，古稱聖水）自北向南流，先折向西南，又折而向東緊靠城南流過。古城正好位於河灣地帶。1960年代初，這裡的地表還能看到斷斷續續的城牆，有的地方城牆尚能高出地面1公尺多。後因平整土地而被夷為平地。但從遠處看，城址的地勢仍比周圍地面高出1公尺左右。

經考古發掘測定，這座古城大致呈東西向的長方形。北牆牆基保存較好，長度為829公尺。南部城基已被大石河沖毀，所以東、西城基各殘留北半段約300公尺，估計長度可達700餘公尺。牆基採用分層夯築而成，牆內還有內護坡。在靠近城牆東北角處還發現一處用卵石砌成的排水道，應為由城內向城外排水的通道。城牆外還有城壕環繞，上口寬約15公尺，深約2公尺，壕底有10公分左右的淤土層，這說明當時可能也是利用護城河作為城市防衛設施的。

城內中部偏北為宮殿區，已發現宮殿建築的夯土台基和陶質繩紋水管等。在宮殿區的西南部，有可能為大型活動（如祭祀活動）的場地，因為在這裡發現了4處用於祭祀的牛馬坑和占卜用的甲骨，其中有3片甲骨上刻有「成周」、「用貞」、「其馭□□」文字。城內西北部為手工業作坊區和平民生活區，在這裡發現有居住、窖穴基址。

這座古城址之所以被確認為燕國的始封都城，重要的一點是，

在董家林村東南一里許的黃土坡村發現了西周時期的大型墓葬群。

　　墓葬群在黃土坡村以北的一片高敞的黃土台地上，京廣鐵路由墓地中部穿過，將墓地分為東、西兩部分，墓地面積約5萬平方公尺。自1973年以來，考古工作者已清理發掘出各種墓葬300多座，車馬坑30餘座。墓葬規格分大、中、小三種類型，均為南北向。大、中型墓葬中都有數量不等的隨葬品。有些墓葬中出土了帶有「侯」銘文的青銅禮器和兵器。其中最著名的幾件青銅器包括：M251號墓中出土的「伯矩鬲」，其蓋內和器口沿內都鑄有內容相同的銘文，曰：「在戊辰，侯易（賜）伯矩貝，用乍（作）父戊彝」，共15字，記述了伯矩受到燕侯賞賜的情況。此鬲通體滿飾浮雕牛頭紋，造型華麗，鑄造精工，是西周青銅器中的珍品。再一件就是M253號墓出土的「堇鼎」，此鼎高62公分，重41.5公斤，是目前北京地區發現的最大的一件青銅器。其內壁鑄有4行26字的銘文，銘文記述了堇奉侯之命，前往宗周向太保（召公）進獻食物，受到召公賞賜之事。銘文所記正好印證了文獻所載召公本人未到燕地就封，而以長子就封的事實。還有兩件就是上文提到的M1193號墓中出土的「克」和「克」。這兩件青銅器的內蓋、內壁上有4篇內容相同的銘文，銘文的大意為，周王說：太保，你用盟誓和清酒來供你的君王。我非常滿意你的供享，命（你的兒子）克做燕地的君侯，管理和使用羌族、馭族、微族等。克到達燕地，接收了土地和管理機構，為了紀念此事做了這件寶貴的器物。其中「王曰：太保」，「令克侯於」兩處銘文，是證明西周燕國始封於此的有力證據。黃土坡墓地是燕侯家族和燕國奴隸主貴族的陵墓區，董家林古城址就是西周初年燕國的第一個都城所在地，距今已有3000多年的歷史。

　　董家林古城的年代下限，依據護城河中無高等級遺物的狀況，分析到西周晚期護城河已失去其防衛功能，這意味著都城的功能可能已經發生改變。再從墓葬情況看，西周晚期也已沒有了高等級的

墓葬，只有小型墓葬。由此判斷，董家林城址到西周晚期已由燕國的都城變為一般的居民點。也就是說，董家林古城作為燕國都城的使用時間是在西周早中期。

燕都薊城

歷史地理學家侯仁之先生曾經考察過3000～4000年以前北京地區的地形、交通與城市誕生的關係。他認為當時中原與北部地方之間，西邊是高山深谷，東邊有星羅棋布的湖泊沼澤，唯一的通道是沿太行山東麓一線的高地北進，穿過幾條大小河流，最後越過永定河，從古代永定河渡口（在今盧溝橋附近）進入北京小平原。然後分成三股道：一條往西北通過南口，穿過一系列山間盆地，直上蒙古高原；另一條往東北出古北口，越過丘陵和山地，通向松遼平原；還有正東一條橫過北京小平原，沿著燕山南麓直趨海濱，出山海關到達遼河平原。反之，若從北部地方前往中原，也須經過這幾條道路，彙集到北京小平原，經過永定河古代渡口，再沿太行山東麓南下。所以廣義地講，北京小平原自古就是南來北往的必經之地，是溝通南北交通的樞紐。在這個樞紐地帶，除誕生了上面談到的董家林古城外，還在北京小平原的中心地區誕生了另一座城市——薊城。

薊城的具體方位究竟在今天北京什麼地方，這個問題較之燕國始封都城要複雜。尤其是西周時期薊城的定位問題，由於文獻資料少，考古發掘尚沒有重大發現，所以至今仍是一個懸而未決的問題。北魏酈道元在《水經水注》中曾記載：「昔周武王封堯後於薊，今城內西北隅有薊丘，因丘以名邑也。猶魯之曲阜，齊之營丘矣。」文中的「薊丘」，學術界一般認為在白雲觀以西一帶。這裡曾發現有古城牆遺跡，但在殘存城牆下面又發掘出三座東漢時期的墓葬，說明該城建造年代應不早於東漢，更不會是西周時期的薊城。趙其昌先生在《薊城的探索》一文中提出了三處可供考慮的地

點：（1）京西八寶山以西略北地區。（2）京西南，明清北京外城以西地區。（3）目前已發現的後期薊城以南地區。三處地點中，第二處地點可能性最大。也有學者認為：如果根據《禮記樂記》「封黃帝之後於薊」的記載，再結合唐人陸德明《經典釋文》中「黃帝姬姓，君蓋其後也」的說法，董家林周初燕都遺址也有可能同時就是周初的薊城（於德源《北京歷代城坊、宮殿、園囿》）。這個問題的答案有待考古發現來進一步證明。

目前透過考古大致證實的則是春秋戰國以來的薊城，這時的薊城已經成為了燕國的都城。其方位一般認為是在今北京城區宣武門至和平門一線以南，即今北京城區西南部。也有的書上作了更具體的推測，認為燕都薊城的南垣大致在宣武區白紙坊地圖出版社、法源寺以北一線；北垣可能在西長安街以南一線；東垣當在和平門以東不遠之南北一線；西垣則無從推測。

因為自1956年以來，在這一區域中發現了200多座春秋、戰國至漢代的古陶井。這些陶井分布在陶然亭、白雲觀、姚家井、白紙坊、南順城街、和平門外海王村等處，最密集的地方是宣武門至和平門一帶。陶井是用一節節陶質井圈套疊成圓筒狀，在井底還發現汲水的水罐等生活用品。水井密集，表明此地居民很多，而居民大範圍集中，在當時應只有在城市中才會存在。另外，1957年，考古工作者還在廣安門外橋南約700公尺護城河西岸發現了一處以戰國文化為主的遺址，出土有饕餮紋半瓦當，這是燕國宮殿建築常用的構件。此外，在宣武區笤帚胡同也出土了2件戰國饕餮紋半瓦當，還有10枚方折式刀幣。這都為燕都薊城位於今北京城西南部宣武門至和平門一帶區域提供了證據。

從自然地理位置上看，薊城正好處在古代永定河沖積扇脊背的一側，這裡地勢平緩，土壤肥沃，西側就是地下水溢出匯積而成的蓮花池，自然環境比董家林古城更好。加之這裡已是北京小平原的

腹地，更便於控制南下、北上、東出的交通。因此，在春秋晚期特別是戰國時期，薊城已發展成為「天下名都」之一。《史記貨殖列傳》所謂「燕亦勃、碣之間一都會」，是對燕都薊城的地位與作用的恰當評價。

據文獻記載，戰國時薊城內有燕王宮、太子的東宮、國相的公府等宏大建築。還有碣石宮，是燕昭王專為師事齊國賢士鄒衍而築的。城中人口繁盛。但到秦滅燕時，薊城遭到破壞。西元前215年（秦始皇三十二年），秦始皇為防範六國舊民的反抗，下令「墮壞城郭，決通川防，夷去險阻」，薊城當在被毀壞之列。但到秦漢之時，由於此地軍事地位的重要，城池又被修復起來。


屏障中原的軍事重鎮

鷓鴣天

軍都山上旌旗飛，居庸關下始演隊。鼓角相鳴煙千里，朔風卷地寒鐵衣。烏騅馳，邊情急，壯士執銳破虜騎。顯達封侯不須提，男兒沙場何惜軀！

秦國滅燕後，次年（西元前221）又揮師滅掉東方的齊國，完成了一統天下的霸業，建立了封建專制主義中央集權的國家——秦朝。薊城的地位也從諸侯國的政治、經濟中心變成了統一的中原王朝控制下的北方軍事重鎮。從秦到五代，在中國封建社會的前期，薊城地區的歷史主要圍繞著中原王朝經略北方少數民族以及中央政權與薊城地方割據勢力較量兩個主題展開。在這一過程中，薊城戰略地位和交通樞紐的作用更顯突出，並逐漸發展成為中國北部地方多民族共居的中心城市。

# 薊城——中原的北方門戶

薊城的戰略位置位於中原與塞北地區的交接地帶。其地南連黃河、濟水，中間一馬平川，幾乎無險可守。北面則有燕山山脈東西橫亙作為屏障，西邊有太行山山脈，南起黃河，蜿蜒北上與燕山相連。兩大山脈如蛟龍盤繞，環峙薊城地區，使得這裡自然形成為中原地區的北方門戶。

宋代大詩人蘇轍曾有詩曰：「燕山如長蛇，千里限夷漢。首銜西山麓，尾掛東海岸。」寥寥四句，把燕山形勝及其作用描述得恰如其分。燕山山脈東西綿延1000餘公里，有隘口120處，其中尤以居庸塞、古北口、榆塞最為險要，是南北交通的重要孔道。

居庸塞（今居庸關）位於昌平區西北，地處軍都山中，「兩山夾峙，一水旁流」，南端稱作南口，北口即八達嶺。據《水經注》記載，該處「山岫層深，側道褊狹，林障據險。路才容軌」。自古為華北平原的「北門鎖鑰」，還被列為「天下九塞」之一。居庸塞不僅地勢險要，而且風景幽美，是著名的「燕京八景」之一「居庸疊翠」的所在地。

古北口又稱「虎北口」，位於今密雲縣西北燕山山脈的崇山峻嶺之中，潮河水由此地流過。

古北口兩旁山崖險峻，文獻上稱之為「免徑鳥道」，意思是說這裡只能通人，難以行車馬。

蘇轍也曾有詩記曰：「亂山環合疑無路，小徑縈回長傍溪。彷彿夢中尋蜀道，興州東谷鳳州西。」古北口是古代中原通往松遼平原的交通孔道，又是「胡」漢交界之處。因此，歷來被中原政權視為鎖鑰重地，派駐軍隊嚴防守備。

榆塞（今山海關）位於燕山南麓東端，西北是群山，東南臨大海，山與海之間為一狹窄地帶，榆塞處於最窄區段，是連接華北與東北地區的咽喉要道。

　　兩三千年以來，南來北往的各族人民經過這些通道，以薊城為中心進行經濟文化交往。一旦民族矛盾激化時，這裡又成為兵家必爭的戰略要地。可以說，薊城作為中原地區的北方門戶，它直接關係著統一的多民族中央集權封建國家的形成與發展。因此，中原統治者始終把薊城作為北方的軍事重鎮，不但派重兵設防駐守，而且建立了完整的行政體系。

秦至五代的行政建置

　　秦朝時，廢除了西周以來的分封制，在全國推行郡縣制度。為了加強對舊燕地區的統治，除保留了燕國原有的上谷、漁陽、右北平、遼西、遼東五郡外，據北魏酈道元《水經水注》記載，在薊城及其以南地區又設置廣陽郡。廣陽郡及其下屬薊縣兩級行政治所均設在薊城。今天北京的轄區在當時則分屬在廣陽、上谷、漁陽、右北平四郡範圍之內。

　　西漢建立後，在地方政區設置上，實行封國與郡縣並存形式，即除沿用秦制設立郡縣外，還封立同姓和異姓諸侯王國，這種制度被稱為「郡國並行」，郡國之下設縣。漢時偏遠地區以封國為主，薊城地處北方邊鄙，所以作為封國都城的時間遠比作為地方郡縣治所的時間要長。具體來講，西漢一代（包括王莽和更始帝）231年中，薊城四度為諸侯王國的都城，長達198年；四度為郡治首府，僅有33年。名稱或稱燕國、廣陽國，或稱燕郡、廣陽郡和廣有郡。據《漢書地理志》記載，西漢末年，今北京地區分別隸屬於廣陽國、涿郡、上谷、漁陽、右北平五個郡國。

　　東漢建立後，地方建制和行政區劃大體沿襲了西漢舊制。全國除京師附近為司隸校尉部統領外，其他地區設十二州，州置州牧。

州以下郡、國並行，為二級政區，縣為三級政區。薊城成為幽州刺史的治所。到東漢末年，幽州刺史統轄郡、國11，縣、邑、侯國90。今北京地區分別隸屬於其中的5郡14縣，即：廣陽郡的薊、廣陽、昌平、軍都4縣；涿郡的良鄉一縣；上谷郡的居庸一縣；漁陽郡的漁陽、狐奴、潞、平谷、安樂、奚、獷平7縣；右北平郡的無終縣西部。

西元220年（漢獻帝延康元年）10月，曹丕代漢自立，國號魏，史稱曹魏。曹魏時期，今北京地區仍屬幽州。幽州下轄燕、范陽、漁陽、上谷四郡國，四郡國共有24個縣，其中燕國的薊、昌平、軍都、廣陽，范陽郡的良鄉，漁陽郡的漁陽、安樂、潞，上谷郡的居庸等9個縣在今北京境內。

西元265年，曹魏大將司馬炎代魏建立晉，史稱西晉。同年封其弟司馬機為燕王，仍稱燕國，隸於幽州。西晉時期幽州統領郡國7個，即：范陽國、燕國、北平郡、上谷郡、廣寧郡、代郡、遼西郡。其中在今北京境內包括范陽國的良鄉、長鄉，燕國的薊、昌平、軍都、廣陽、潞、安樂、狐奴，上谷的居庸等10縣。

西元316年（西晉湣帝建興四年）11月，後漢帝劉聰攻陷長安，西晉滅亡。中國北方遂進入十六國北朝時期。薊城從西元314年起，先後屬於後趙、前燕、前秦、後燕、北魏、東魏、北齊、北周政權的統轄，直到581年隋朝建立為止。這些政權均為北方少數民族所建，其行政區劃除仍基本沿襲前代的州、郡、縣三級制外，也出現了一些帶有民族特色的行政建置。

如：西元384年（前秦建元二十年）正月，鮮卑族慕容垂復建燕國，史稱後燕，次年2月，占領薊城。後燕政權為了加強對幽州的控制，西元391年，在薊設置行台，並委任長樂公慕容盛（慕容垂之孫）「錄行台尚書事」。「錄」是「總領」之義，而「行台」是中央政府（這裡特指尚書省）直接派駐一地的代表機構。「錄行

台尚書事」的意思就是由慕容盛總領尚書省在此處理事務，可見後燕政權對幽州的重視。又如：北齊時，為了對付沿邊契丹、突厥族的侵擾，即置「東北道大行台」，初設在定州（今河北定縣），後遷幽州薊城，故又稱「幽州道行台」。行台官兼領幽州刺史，直至北齊滅亡，可見幽州在整個北方的重要地位。

　　西元581年（北周大定元年）2月，北周相國隋國公楊堅廢周靜帝，建立隋朝，定都長安，改元開皇。583年（開皇三年），隋文帝以郡縣過繁，戶口減少，下詔罷除諸郡，隋朝地方行政區劃改為州、縣兩級制。燕郡改為幽州，仍沿北周之舊稱，作幽州總管府。文帝一世，幽州總管府轄薊（今北京）、良鄉、安次、涿、潞、雍奴、昌平、固安八縣。至607年（隋煬帝大業三年）又罷州改郡，幽州改稱涿郡，仍治薊城，統九縣，新增懷戎縣。其中薊、良鄉、昌平、潞及懷戎東部均在今北京市轄境內。此外安樂郡的燕東、密雲二縣，漁陽郡的無終縣西北部地區也在今北京境內。

　　唐朝初年，地方行政制度仍因襲隋代，但名稱上有所改變。618年（唐高祖武德元年），改郡為州，涿郡復稱幽州，復置幽州總管府，復領隋初八縣（懷戎縣時為隋末起義軍占領）。後幽州總管府升為大總管府，又改稱大都督府，再降為都督府，屬縣亦由八減為六。太宗貞觀年間，地方行政增置「道」，分天下為十道。733年（唐玄宗開元二十一年），分天下為十五道，並在地方設治所，唐地方政區形成道、州、縣三級制，道一級長官稱採訪使。但到唐玄宗天寶以後，採訪使多用地方上掌握重權的節度使兼任，於是道和藩鎮基本合一。742年（天寶元年），玄宗改州為郡，幽州改稱范陽郡。758年（乾元元年），唐肅宗又改郡為州，范陽郡復稱幽州，仍治薊城。因此習慣上稱唐代薊城為幽州城。唐代雖在今北京地區設置的州（郡）、縣多有變遷，但都是以幽州為中心的。唐中期的開元末年，今北京轄境分屬幽州、檀州、媯州及饒樂大都督府管轄。

西元907年（後樑開平元年），朱溫篡奪唐朝政權，建立後梁，幽州歸其統轄。923年（後梁龍德三年），李存勗推翻後梁建立後唐政權，幽州又納入後唐的統治範圍，直至936年（後唐清泰三年）河東節度使石敬瑭將燕雲十六州割讓給契丹貴族為止。在此期間，地方行政沿襲唐制。

中原王朝對北方民族的經略

秦至西晉中央政府對薊城的管理對於統一的封建專制主義中央集權的秦朝來說，舊燕地是遠離秦都咸陽的北方邊遠地區，其地理位置處於中原漢族與北方少數民族交接地帶，這裡無疑是秦帝國抵禦少數民族南下，並向北方開拓的前沿陣地。因此，秦王朝採取幾項措施加強對燕地的控制。

設置廣陽郡。滅掉六國後，秦始皇為了防止六國的舊貴族復辟，不但把他們遷徙到關中、巴蜀等地管理起來，而且在六國舊都城處大都設置了郡，如趙都邯鄲設邯鄲郡，齊都臨淄設齊郡等。廣陽郡的設置顯然也是為了控制舊燕地的核心地區。

拆除燕國的南長城。南長城又稱易水長城，其走向基本上是沿易水東西伸延，恰好阻隔了燕地與中原地區的聯繫。拆除易水長城，就使得舊燕地與整個華北大平原乃至關中地區連通起來。

修築馳道。秦始皇為了加強對各地的控制，自統一後的第二年（西元前220）起，就以咸陽為中心，陸續修築通往全國各地的馳道，《漢書賈山傳》記載：秦馳道「東窮燕、齊，南極吳、楚，江湖之上，瀕海之觀畢至。道廣五十步，三丈而樹，厚築其外，隱以金椎，樹以青松」。向東一條經函谷關到三川郡（治所在今洛陽），東北向至鄴縣（今河北臨漳縣西南）達於邯鄲，向北直到薊城。又以薊城為中心，分修三條道：向東經漁陽地區到達碣石（今秦皇島、北戴河地區），繼之穿越遼西走廊達於遼陽；向北經古北口到達柳城（今遼寧朝陽）；向西北經軍都縣過居庸關到達雲中和

上郡（今內蒙古和陝西地區）。這三條道路是在戰國時期舊有的商道基礎上修築而成的，從而使得薊城更成為南達中原，西連雲朔，北接蒙古高原，東北通往松遼平原的樞紐。這給薊城以後的經濟發展和文化交流帶來了深遠影響，也確定了薊城作為中原封建國家北方重要邊城的地位和作用。

馳道修通後，秦始皇曾五次沿馳道巡遊各地。西元前215年（秦始皇三十二年），始皇第四次出巡，向北到達燕薊地區，曾到過薊城，以後經無終，到達碣石，並刻銘於碣石。全文譴責諸侯割據分裂，宣揚全國統一，宣傳秦王朝治策，以振皇帝聲威。在碣石，秦始皇又派遣燕人盧生入海尋求仙人羨門、高誓。1986年以來，考古工作者在秦皇島的金山嘴、遼寧省綏中縣牆子裡村等處發現了五處秦行宮遺址，證明這裡就是秦始皇東巡駐蹕處和「求仙入海處」。從行宮規模巨大看，有學者以為秦始皇或有在此「常駐」或「長駐」之意，這說明秦始皇也充分認識到燕薊地區的重要性。

秦朝時期，邊患主要來自西北的羌族和北部的匈奴族。尤其是匈奴族，自戰國後期逐漸強大起來，到了秦代，向南已越過陰山，侵入黃河以南地區，對秦朝構成了極大威脅。西元前215年，秦始皇派將軍蒙恬率30萬大軍北擊匈奴，將其逐回河套以北。為了鞏固邊防，次年，由蒙恬督率軍士把原來秦、趙、燕三國的北長城重新修整連接起來，「因地形，用險制塞。起臨洮，至遼東，延袤萬餘里」（《史記蒙恬列傳》），修築起著名的萬里長城。秦長城穿越了薊城以北的上谷、漁陽兩郡，居庸之名，據說也是由於秦代有大批服役築長城的「庸徒」居息於此而得。

秦代的另一項防衛措施是從各地征派戍卒守邊。這是戰國時商鞅制定的制度，一直沿用到西漢初期改為屯田守邊。

西漢初年，匈奴族透過「東擊東胡」，征服了烏桓、鮮卑等民族，勢力再次強大起來。以後就不斷南下，襲擾劫掠西漢政權的北

部邊郡，薊城地區往往首當其衝。西元前129年（武帝元光六年），匈奴入犯上谷、漁陽兩郡，屯守漁陽郡的材官將軍韓安國僅以700軍士抵禦，被匈奴軍隊打敗，薊城直接受到威脅。

西漢政府為了加強對北方地區的防禦，繼續修繕長城，除維修秦長城外，還主要在今天的新疆、陝西、甘肅一帶增築新長城，同時也主動出擊。漢武帝時，曾派遣衛青、霍去病統兵三次討伐匈奴，迫使匈奴遠徙西北。原依附匈奴的烏桓、鮮卑各族轉而歸附漢朝，被遷居到燕北上谷、漁陽、右北平、遼西、遼東五郡的塞外地區。為加強管理，西漢政府還專門設立了護烏桓校尉，後又設立護鮮卑校尉和護東夷校尉，級別相當於郡守。其中護烏桓校尉府就設在薊城。

東漢初年，匈奴、烏桓、鮮卑等族乘東漢國勢較弱之機，又不斷南下襲擾，薊城以北的漁陽、上谷等郡成為防禦的前線。光武帝劉秀先後任命幾位有治理地方經驗的官吏來這裡做太守，其中郭伋、張堪、王霸最為突出。西元30年（建武六年），郭伋任漁陽太守，針對地方秩序混亂、匈奴犯境的狀況，他「示以信賞，糾戮渠帥，盜賊銷散……整勒士馬，設攻守之略，匈奴畏憚遠跡，不敢復入塞，民得安業」（《後漢書郭伋傳》）。在他任職的五年中，當地戶口增倍。接任漁陽太守的張堪，繼續沿用郭伋的治理方法，「捕擊奸猾，賞罰必信，吏民皆樂為用」（《後漢書張堪傳》）。張堪還在狐奴（今順義東北）興修水利，開闢稻田8000餘頃，發展農業，提高武備。一次匈奴以萬騎侵入漁陽，張堪率數千軍隊奔擊，大破之。張堪任太守8年，漁陽比較安定。西元36年（建武十二年），東漢政府派王霸為太守，鎮守上谷郡。王霸注意邊防建設，屯兵置守，並且修建了從腹地通往上谷、代郡的水陸交通，加強了後方對這些地區的支援。其中有一條就是利用疏浚的溫榆水（今溫榆河）把廣陽國提供的物資逆水運向上游，再經陸運，出居庸關往西抵達上谷郡。西元39年（建武十五年），王霸又遷雁

門、上谷、代郡的百姓6萬餘人到常山郡（今河北定縣附近）和廣陽國落戶，以躲避匈奴。東漢中期以後，鮮卑占據北匈奴大片土地，成為東漢王朝北方的重大威脅。121年（建光元年），鮮卑軍隊進攻居庸關，幽州刺史龐參派廣陽、漁陽、涿郡士兵分道營救，擊退鮮卑人。同年又設置漁陽營兵千人，加強薊城以北邊防守衛力量。

東漢後期開始，薊城一帶處於分裂割據勢力的控制之下。西元200年（建安五年），曹操經官渡一戰，擊敗袁紹主力，基本統一北方。薊城成為後來曹魏政權控制北方少數民族的重要城市。為了統領北方軍事，在薊城設立征北將軍府。征北將軍統轄幽州刺史和護烏桓、鮮卑、東夷三校尉。當時，烏桓王蹋頓經常領軍騷擾薊城地區，搶掠人口財貨，破壞生產。西元207年（建安十二年），曹操率領大軍出盧龍塞（今喜峰口附近），大破蹋頓的軍隊，救回了在烏桓的幾萬戶漢民。曹操對烏桓的戰爭保障了北方的安全，保護了生產，並且在一定程度上杜絕了幽冀統治者勾結烏桓貴族進行割據的可能性，有助於北方的統一。

此外，薊城還是曹魏政權經營遼東地區的基地。西元237年（景初元年），魏明帝派大將毋丘儉征討割據遼東的公孫淵；西元244年（正始五年），毋丘儉又受命率兵征伐高句麗，這些軍事活動均以薊城為出兵和回師勞軍之地。這些措施使薊城地區有了一段相對安定的時期。

西晉一代，對薊城地區也十分重視。271年（泰始七年），晉武帝任命衛瓘為征北大將軍，都督幽州諸軍事，同時兼任幽州刺史、護烏桓校尉。衛瓘採用離間手段，削弱了北部烏桓、鮮卑的威脅。衛之後，治理幽薊地區有成就的還有張華、唐彬等人。

據《晉書張華傳》記載：張華是范陽方城人，西晉方城縣北界達今北京大興區南。今大興區有張華村，傳說為張華故里。282年

（太康三年）正月，晉武帝以尚書張華都督幽州諸軍事，領烏桓校尉、安北將軍。他注意撫納新舊，廣布恩信，使「遠夷賓服，四境無虞，頻歲豐稔，士馬強盛」（《晉書張華傳》）。

唐彬是晉惠帝時人，元康年間（291～299年）在他監幽州諸軍事時，《晉書唐彬傳》記載：「卻地千里，復秦長城塞，自溫城洎於碣石，綿亙山谷且三千里，分軍屯守，烽堠相望。由是邊境獲安，無犬吠之警，自漢魏征鎮莫之比焉。」經過這三人的治理，晉太康、元康間，北部邊境也有過一段穩定時期。

但到了西晉末年，幽州刺史王浚乘「八王之亂」（即汝南王亮、楚王瑋、趙王倫、齊王、長沙王、成都王穎、河間王顒、東海王越8個諸侯王之間，為爭奪中央最高權力，發生的相互殘殺和戰爭，歷時16年之久）時機，割據幽州並圖謀帝位，不僅遭到晉宗室的反對，也失去幽州士庶的支持。314年（建興二年）王浚被羯族首領石勒擒殺，薊城落入鮮卑族段部手中。316年，西晉亡。翌年，東晉建立，只能經營長江以南的半壁江山，中國進入南北分裂、對峙的階段，北方地區開始了十六國、北朝時期。

北方遊牧族占據薊城

這一時期北方的羯、氐、鮮卑等族統治者紛紛在塞內建立政權，包括後趙（羯族，西元319～350）、前燕（鮮卑族，西元337～370）、前秦（氐族，西元351～394）、後燕（鮮卑族，西元384～409）、北魏（鮮卑族，西元386～534）、東魏（鮮卑族，西元534～550）、北齊（鮮卑族，西元550～577）、北周（鮮卑族，西元557～581）等，他們都相繼占據過薊城。其中鮮卑慕容部建立的前燕，350年攻占薊城，352年將國都從龍城（今遼寧朝陽）遷到薊城，357年又遷都鄴城（今河北臨漳）。薊城作為前燕國都共計5年，這是北方少數民族政權第一次在薊城建都，時間雖短，但卻是北京歷史發展過程中的一個亮點，對於北京後來

政治地位的進一步上升具有一定的影響。

這一時期，薊城地區階級矛盾與民族矛盾交織在一起，鬥爭十分激烈，先後爆發了幽州漢族地主反抗北魏政權的盧溥起事、漁陽烏桓人庫官韜領導的反抗鬥爭以及王惠定起義、劉僧紹起義、杜洛周起義、韓樓起義等。其中杜洛周、韓樓起義都曾占據薊城，震撼了北魏政權的統治。

東魏、北齊、北周時期，薊城地區仍處於政權頻繁交替，戰爭動亂不止的狀況之下，因此社會經濟始終處於凋敝不振之中。但由於薊城重要的軍事地位，三朝政府不敢忽視，都努力經營。尤其是北齊政府為防禦柔然族的進犯，修築了數條長城，其規模僅次於秦漢，其中在555年（天保六年），「發夫一百八十萬人畢築長城，自幽州北夏口至恆州築城九百餘里」（《北齊書文宣帝紀》）。「夏口」即今居庸關南口，「恆州」即今山西大同。第二年又向東新築長城至今山海關，東西長達3000餘里。沿線每隔10里設置一個戍所防衛。北周統治時期，西起雁門，東至碣石，再次進行增築。薊城是北方和東北方遊牧族南下的要衝，因而這一地區的防衛顯得格外重要。

隋唐政府對幽州的管理及東征高麗

581年隋朝建立以後，雖然仍依秦漢之例以關中平原的長安為都，號令天下，但是此時全國形勢卻發生了不少的變化。首先南方經濟的崛起，使地處中原的洛陽政治、經濟地位加強。其次，南北朝以來自北而南的民族大融合更加洶湧，這種發展使北方民族統治者有了更強烈的政治要求。因此，作為中原門戶的薊城在軍事上的地位就顯得更加突出。

為了加強中央政府對地方控制和對遼東用兵，隋朝文帝、煬帝時大都委任重臣、名將為幽州總管和涿郡太守。特別是在煬帝時期，以涿郡為重點，興建了三項重大的工程。

一是開鑿南達黃河北至涿郡的永濟渠。永濟渠是隋朝大運河最北的一段，608年（大業四年），煬帝徵調「河北諸郡男女百余萬開永濟渠，引沁水，南達於河，北通涿郡」（《隋書煬帝本紀》）。通往薊城的最後一段，利用當時的桑乾河（今南苑附近的涼水河）抵達薊城的南郊。運河開通後，隋煬帝乘龍舟北巡涿郡。

二是修築馳道。607年（大業三年）自榆林至涿郡開御道，長達3000里，寬100步。除此之外，北方還修有兩條陸路幹道，一條自南向北，經河內郡（今河南沁陽）、魏郡（今安陽）、博陵郡（今河北定縣）到涿郡；另一條由東往西，經柳城郡（今遼寧朝陽）、北平郡（今河北盧龍）、漁陽郡（今天津薊縣）、涿郡達於馬邑郡（今山西臨朔縣一帶）。這兩大交通幹線以涿郡薊城作為交會點。

三是營建臨朔宮。609年（大業五年）在薊城動工興建。這是一座帝王行宮，主要供隋煬帝巡幸薊城，督戰遼東之役所用。宮殿後毀於農民起義，遺跡無存。關於臨朔宮的具體位置主要有兩種說法：其一認為位於薊城城南7里，清泉水北岸（今涼水河）；其二認為位於薊城東南隅，即今法源寺處。

隋朝統一後，邊境各族紛紛歸附中央，但是位於東北的高麗不肯臣服。早在開皇年間，隋文帝就曾東征高麗，但因軍需供給不及時和疾疫等原因未能達到。隋煬帝在位期間，曾三次派兵進攻高麗，其中兩次由他帶兵親征。薊城則是徵調兵馬糧餉的集結之地。以第一次征高麗為例，據《資治通鑑隋紀》記載：611年（大業七年）2月，煬帝下令攻打高麗。從4月開始，他親自坐鎮涿郡，監督備戰。糧草及兵甲「發江淮以南民夫及船，運黎陽（河南浚縣西南）及洛口（河南鞏縣東北）諸倉米至涿郡，舳艫相次千餘里。載兵甲及攻取之具，往還在道常數十萬人」。又由各地調集軍隊到涿郡，總數達113.38萬人，號稱200萬。另有後勤人員數目加倍。

612年春，軍隊出師之前，「宜社於南桑幹水上，類上帝於臨朔宮南，祭馬祖於薊城北」（《資治通鑑隋紀》）。隋軍分24路向東北進發，步、騎兵編隊以後，每日發一軍，兩軍間隔40里，40日才將軍馬遣發完畢。軍營絡繹連綿，長達900里。隋軍這次出征遭到高麗的頑強抵抗，最終大敗而歸。以後隋煬帝又於613年和614年兩次征伐高麗，均遭失敗。而每次退兵都是駐在涿郡進行休整的。

隋王朝進行大規模的修建和遠征，使「天下死於役而家傷於財」，終於導致了全國規模的農民大起義。涿郡作為征遼的兵馬糧餉集結之地，兵役、徭役負擔最為嚴重，也成為最先爆發農民起義的地區之一。西元617年（大業十三年），涿郡農民在起義軍領袖竇建德的領導下，在河間地區大敗隋軍，控制了涿郡地區。第二年3月，隋煬帝被宇文化及等人縊殺於揚州。

5月，李淵在長安廢隋恭帝自立，建立唐朝。而在此之前，據守薊城的隋將羅藝看到李淵「入據關右，事無不成」，遂奉表加入李氏集團，與竇建德起義軍隔易水相拒。620年，竇建德派高士興率起義軍攻打薊城，未能攻下，退駐於籠火城（今豐台區大葆台，一說在大興區蘆城）。舊曆九月，竇建德親率20萬大軍圍攻薊城，起義軍已登上城堞與守軍展開肉搏，羅藝部將薛萬均率敢死士百人從地道潛出城外，從背後突襲，竇建德猝不及防，遂潰敗。羅藝乘勝偷襲竇建德大營，不料竇早有防備，列陣出擊，將羅藝打得大敗，竇軍又攻到幽州城下。但由於雙方勢均力敵，幽州久攻不下，竇建德只好退兵。後來這支起義軍被唐王朝鎮壓，竇建德在長安遇難。但是北京民間卻流傳竇建德葬於良鄉竇店，這反映了北京廣大民眾對農民軍領袖的愛戴與懷念。

唐朝時，薊城統稱幽州城，依然是北方軍事重鎮，且軍事、政治地位進一步上升，這與來自北方東北方的邊患有著直接聯繫。唐

朝初年，北方東突厥復興，東北地區契丹逐漸強大，高麗也經常侵擾遼西地區。幽州地區都首當其衝，故唐朝在此設重兵防守。幽州地方長官擁有強大軍事實力，並被中央賦予很大的政治權力。高祖李淵甚至曾派太子李建成親至幽州，督軍抵禦突厥進攻。629年（貞觀三年）冬，太宗李世民趁突厥內亂，發兵北伐，次年擒頡利可汗。東突厥部落離散，大部分投降唐朝。唐將降眾安置於東起幽州西至關州一帶，分置都督府統領。此後至高宗末年的近50年中，東突厥殘部與唐朝相安無事，幽州北邊獲得暫時安定。

645年（貞觀十九年）2月，唐太宗以幽州為集結地，親自帶兵從水陸兩線進發遠征高麗，出發前軍隊在幽州城南郊誓師。但因為高麗的頑強抵抗，唐軍損失慘重，加之天寒且糧食將盡，這年冬天唐太宗被迫退兵幽州。征遼之役以失敗告終，死亡將士近2000人。為了悼念東征陣亡的將士，將部分遺骸葬於幽州城西，稱為「哀忠墓」。據《帝京景物略》載：白雲觀「西十餘里，為唐太宗哀忠墓」。又在城內東南隅修築一座廟宇，命名憫忠寺（今法源寺前身），寺中建有高閣，諺曰：「憫忠高閣，去天一握。」史書還記載，太宗對此役頗有悔意，曾對臣下云：「魏徵若在，不使我有是行也。」以後，唐高宗復出師征遼，最終討平高麗。此役中，幽州雖不是軍馬糧草集結地，但租賦全部轉運遼東，有力地支援了軍用。

唐高宗末年至玄宗時期，由於東突厥復興，東北地區的奚與契丹也日益強盛，幽州防禦邊敵、遮罩中原的職能更加突出。唐王朝不敢忽視，玄宗還曾親臨邊地巡察。同時選派文武重臣如狄仁傑、薛訥（薛仁貴之子）等任官鎮守，加重幽州地方長官許可權。玄宗開元年間，在幽州先後設置防禦大使、節度使，幽州地區的軍事戰略地位大為提高。當時幽州節度使統兵9.1萬人，其中經略軍3萬駐紮在幽州城，餘者均分駐在幽州附近各地區。幽州節度使權力過重，這也是後來幽州成為安史之亂爆發地的重要原因。

中央政府與地方勢力的較量

秦末，當陳勝、吳廣領導的農民軍在大澤鄉發動起義時，薊城地區的農民和燕國舊貴族等也起而回應。西元前209年（秦二世元年）9月，原上谷郡卒史韓廣據薊稱燕王。西元前207年，秦將章邯率軍北渡黃河攻鉅鹿（今河北平鄉）時，韓廣派將軍臧荼帶兵配合項羽統率的各路起義軍，打敗秦軍主力，又直逼關中，攻取咸陽。西元前206年，項羽分封18個諸侯王，臧荼因救援有功，被封為燕王，都薊城；韓廣則被改封為遼東王，都無終（今天津薊縣）。

韓廣不就，雙方交戰，韓敗走。8月，臧荼追殺韓廣於無終，併吞並其地。

西元前202年（漢王五年），經過4年多的「楚漢戰爭」，劉邦打敗項羽，建立西漢王朝。

同年7月，燕王臧荼舉兵叛漢，劉邦親率大兵伐燕。9月，平定臧荼之亂，封親信太尉盧綰為燕王，仍都薊城。

西漢初年，劉邦為了實現中央集權，遂逐步消滅異姓諸王。西元前195年（高祖十二年）2月，劉邦派兵攻薊，盧綰敗逃塞北，後降匈奴，被封為東胡盧王，一年後病死於匈奴。劉邦改封皇子劉建為燕王，是為燕靈王。

劉邦死後，高祖后呂雉擅權。西元前181年劉建死，呂后殺其子，廢燕國改置燕郡。次年改封她的侄子呂通為燕王。西元前179年，文帝即位，誅殺呂氏黨羽，改立瑯琊王劉澤為燕王，是為燕敬王。傳至第三代劉定國時被廢，改設燕郡。

西元前117年（元狩六年），漢武帝封其子劉旦為燕王，都薊城。劉旦做燕王38年，是統治燕地時間最長的地方長官。西元前87年（後元二年），武帝卒，昭帝繼位。劉旦勾結蓋長公主、左

將軍上官桀、御史大夫桑弘羊等人密謀叛亂，覬覦帝位。西元前80年（元鳳元年）事情敗露，上官桀、桑弘羊等在長安被殺，劉旦在薊城聞知事敗，自縊而死。死後被諡號為「剌王」，意思是說他做事違戾乖謬。其子劉建被貶為庶人，再度廢燕國改設廣陽郡。西元前73年（本始元年），宣帝即位後，封劉建為廣陽王，改廣陽郡為廣陽國，仍都薊城。傳到其曾孫嘉時，被王莽所廢。廣陽國改為廣有郡。

西漢末年，各地的農民起義紛紛爆發，漢宗室劉秀企圖藉機「復高祖之業」。西元24年，西漢最後一個皇帝——更始帝劉玄派遣劉秀在黃河以北擴展勢力。劉秀北上進入薊城，但遇到以王郎為代表的地方割據勢力的威脅，只好在大將銚期的保護下，連夜奪薊城南門而出，逃到廣陽縣城。不久，劉秀到達信都（今冀縣），重整軍馬，又得到上谷太守耿況、漁陽太守彭寵等人支援。隨後劉秀率軍破邯鄲、殺王郎，占據河北，與更始政權分裂。西元25年（更始三年），劉秀領導地主武裝力量先後打敗了河北的各部起義軍，並追剿農民軍直至漁陽，在潞縣（今通州區一部分）以東及平谷（今平谷區）一帶剿殺了大部分農民起義軍。同年6月在鄗南千秋亭（今河北柏鄉縣北）稱帝，建立了東漢政權。

東漢建立的第二年，薊城地區就發生了彭寵叛亂。彭寵原為漁陽太守，因助劉秀打敗王郎有功，居功自傲。東漢立國後，劉秀大封功臣，而獨彭寵無所加爵，遂心懷怨悵，後又因與幽州刺史朱浮失和，疑慮劉秀對他有加害之意。遂於西元26年（建武二年）2月舉兵反叛，曾攻破薊城，自為燕王。叛亂三年後才被平息，造成薊城地區經濟、社會的巨大破壞，後經郭伋、張堪治理才逐漸恢復起來。

東漢後期，隨著階級矛盾的日益尖銳，西元184年爆發了黃巾大起義。起義後來雖然被殘酷地鎮壓，但東漢政權也遭到極大削

弱，全國處於四分五裂狀態，軍閥割據的局面已經形成。

西元189年（中平六年），漢宗室劉虞出任幽州牧，駐節薊城。一年後，由於發生董卓之亂，薊城與名存實亡的東漢政權中斷了固定的聯繫，陷入劉虞、公孫瓚、袁紹、曹操等的軍閥戰爭之中。

西元192年（初平三年），劉虞部將公孫瓚不服其節制，在薊城另築「小城」自據。翌年，劉虞率軍10萬攻公孫瓚，卻被公孫瓚以數百精兵用火攻打敗，劉虞敗退居庸縣被擒，後被斬於薊城。公孫瓚遂占據幽州，施行暴政，加之旱災、蝗災，使穀價昂貴，以致出現人相食的慘景。兩年後，袁紹勾結烏桓、鮮卑貴族打敗公孫瓚，公孫瓚退守易京城（河北雄縣西北）。199年（建安四年）春，被袁紹攻破，公孫瓚自焚而死。袁紹占據幽、冀、青、並等州，成為北方一支強大的勢力。但第二年官渡一戰，被曹操擊敗，袁氏集團遭到重創。207年（建安十二年），曹操最終打敗烏桓，消滅袁紹殘餘勢力，統一了北方。

魏晉十六國北朝時期，薊城地區多數時間已不受中央政府控制，這裡成為了北方封建割據勢力的一個中心。這些割據者為了保住自己的地盤，通常是招募邊塞少數民族當兵或直接援引少數民族軍事力量作為助力。結果不但導致邊塞各族大量進入內地，而且一旦雙方失和，割據者往往被殺，薊城則被遊牧族占據，成了他們南下中原的軍事前哨基地。這中間最典型的例子就是西晉末年的王浚割據。

西元301年（惠帝永康二年），幽州刺史王浚乘「八王之亂」割據幽州。王浚在軍事上主要依靠並州刺史劉琨、遼西鮮卑段氏和幽州烏丸（桓）三支力量，其中鮮卑、烏丸的騎兵是王浚作戰的主力。西元312年（懷帝永嘉六年），王浚布告天下，偽稱「受詔承制」，欲取代晉朝，政治上漸失人心。軍事上，先與劉琨失和，失

去并州的支持；隨後在羯族石勒的離間下，與鮮卑、烏丸的聯盟也瓦解。加之王浚統治手段非常殘暴，對百姓異常暴虐盤剝，《晉書·石勒載記上》記載：他「刑政苛酷，賦役殷煩，賊害賢良，誅斥諫士。下不堪命，流叛略盡」。晉末，幽州地區連遭蝗澇之災，王浚仍大興土木，奢靡尋歡。1965年，在北京西郊八寶山以西1里處發現了王浚之妻華芳的墓葬。該墓雖早被盜掘，但仍出土了一批精美的隨葬品，包括骨尺、漆盤、料盤、銀鈴、銅熏爐等，從中可見王浚當年生活之一斑。

西元314年（建興二年）3月，石勒率兵襲破薊城，擒殺王浚。石勒在薊城停留二日，縱兵大肆焚掠宮室，屠殺百姓和兵士1萬餘人，但因實力不夠並未占據薊城。

薊城落入鮮卑段部手中。319年，石勒建立後趙政權，薊城遂歸入其版圖。

以後薊城又歷經前燕、前秦、後燕和北朝的北魏、東魏、北齊、北周等朝代占據，直至隋及唐前期，統一的中央政權才又有力量恢復了對薊城地區的控制。

安史之亂

從唐代中期開始，隨著統治集團內部矛盾和階級矛盾的加深，契丹和奚等北方少數民族的勢力乘機發展，北部邊患日益嚴重。針對這一情況，在西元742年（天寶元年），中央政府在北方沿邊10個重鎮分別設置了節度使，其中兵力在5萬以上的有5個，又以范陽郡（天寶元年「幽州」改稱「范陽郡」）為「諸鎮之冠」。范陽郡節度使統領經略、威武、清夷、靜塞、恆陽、北平、高陽、唐興、橫海九軍，屯守幽、冀、媯、檀、易、恆、定、莫、滄九州之境，以幽州城為治所。節度使不僅掌握兵權，而且還握有行政、司法、財政、人事等大權，儼然是獨立王國的君主。掌握了范陽這一地區，更可以控制中國北方和東北地區，進而可以威脅京城長安，

動搖唐王朝的統治。

　　西元744年（天寶三年），唐政府任命平盧節度使（治所在今遼寧朝陽）安祿山兼范陽節度使，從此幽州城成了安祿山的大本營。

　　安祿山，營州柳城（今遼寧錦州）胡人，因通曉六蕃語言，初為互市牙郎，後成為幽州節度使張守的部將。由於他在鎮壓東北各族的戰爭中立有戰功，加之善於巴結逢迎，受到唐玄宗的寵信，750年（天寶九年）又受封為東平郡王。但安祿山內心潛藏異志，以禦寇為名在轄地大貯兵馬糧餉，積蓄反叛力量。747年（天寶六年），他在漁陽築雄武城，內貯兵器、軍隊8000人，戰馬和牛、羊數萬。他還奏請朝廷准許在上谷開爐鑄錢。751年（天寶十年），唐政府又命安祿山兼河東節度使，統兵達20萬之眾，黃河以北的軍政大權掌握手中，更加助長了他叛亂的野心。752年冬，詩人李白到幽州城時，已感到局勢緊張，帶有明顯的殺氣，因而留下了「十月到幽州，戈鋌若羅星。君王棄北海，掃地借長鯨」的詩句。

　　755年（天寶十四年）舊曆十一月，安祿山以討伐楊國忠為名，起兵叛亂。他統率部下及同羅、奚、契丹、室韋等少數民族部眾15萬人，號稱20萬，在幽州城南誓師，南下渡過桑乾河，經過33天打到洛陽。第二年正月，安祿山自立帝位，國號大燕，自稱雄武皇帝，改元聖武，以范陽（指幽州城）為大都，一稱東都。六月攻陷長安，唐玄宗出奔入蜀。七月，太子李亨即皇帝位，是為唐肅宗。

　　不久，安祿山集團發生內訌。757年（至德二年）正月，安祿山被其子安慶緒所殺，安祿山親信史思明據范陽不受安慶緒節制。史思明原名窣幹，為寧夷州突厥人，早年與安祿山同為幽州節度使張守的部將，後成為安祿山的部下。安祿山叛唐後，史思明率領叛

軍攻河北，被安任命為范陽節度使，此時他占據13郡，統兵8萬人。安祿山死後，他一度降唐，被任命為河北節度使，封歸義王，不久再度叛唐。759年（乾元二年）3月，史思明殺安慶緒。4月，在幽州（乾元元年范陽郡復稱幽州）自稱大燕皇帝，改年號順天，並將幽州城改稱燕京。兩年後史思明在陝州（今河南三門峽市西）又被其子史朝義所殺，遺骨後歸葬幽州，史朝義篡取了帝位。

763年（廣德元年），唐軍攻取莫州（今河北任丘北），其部將紛紛降唐，史朝義走投無路，後自縊身亡。至此歷經8年的安史之亂最終被平定下去。

安史之亂是一場統治階級內部爭權奪利的戰爭。安、史等人用縱容部下燒殺搶掠的辦法來鼓舞士氣，焚人室廬，掠人玉帛，壯者死鋒刃，弱者填溝壑，社會經濟受到了嚴重的摧殘。

目前，北京地區還保留一些有關安史之亂的遺存。1966年，考古工作者在豐台區林家墳發現一座唐代大型石室墓，墓室內壁以漢白玉砌成，外面又加砌一層青石石料用以保護。石室墓分為墓道、主室和左、右耳室。該墓早年被盜，現除石棺外，殘存有銅坐龍、嵌金鐵馬鐙和多枚玉冊。玉冊是用漢白玉磨製而成，每枚長28.5公分，寬3公分，兩端側面各有一孔，可用絲帶穿繫成冊。每枚上面刻有11個字，字口填金，文字為「血未乾唐有異端讒人罔極」、「昭武皇帝崩於洛陽宮玉芝」、「帝朝義孝乃因心親惟□□」等。關於這座墓的主人，雖不能作肯定的結論，但不少學者認為是史朝義為史思明修建的陵墓。根據有如下兩點：

第一，據《新唐書史思明傳》記載，史思明死後葬於梁鄉（即良鄉）境內，現豐台林家墳在唐代歸屬梁鄉縣。第二，按唐制規定只有帝王才有資格使用玉冊作隨葬品，該墓主人採用帝王葬禮，且玉冊上明文寫有「帝朝義」的字樣，足以表明史氏父子以君主自居。

另外，在今北京法源寺內保存一塊名為《無垢淨光寶塔頌》的塔碑。碑文以左為前，由張不矜撰文，蘇靈芝手書。清代學者朱彝尊等考證，此碑原是史思明為頌揚安祿山所建，史思明降唐後又將碑文改成頌揚大唐皇帝。該塔碑上多處有將原字磨光重刻的痕跡。

藩鎮割據與幽雲十六州的割讓

安史之亂被平息之後，唐帝國的政治軍事實力大為削弱。投降唐朝的安史餘部在河北地區仍有相當大的勢力，唐朝統治者為了換取他們表面的擁戴，分別封以諸鎮節度使的名號，主要有盧龍鎮（治今北京市）、魏博鎮（治今河北大名）和成德鎮（治今河北正定），合稱河朔三鎮。其中幽州盧龍鎮節度使李懷仙原為史朝義部將，降唐後仍任原職，他在幽州地區擁有數萬軍隊，修兵繕邑，籠絡軍心，戶版不籍於大府，稅賦不入於朝廷，名為藩臣，實則割據。

從西元763年（廣德元年）李懷仙割據幽州起，至913年（後梁乾化三年）李存勗從山西攻占幽州止，在150年內，幽州地區先後更換了28任節度使。他們名義上雖為朝廷授職，但實際上或為父子兄弟相承，或為軍中部將逐帥自立，中央政府根本無法控制，只好姑息羈縻以求得一時苟安。

長期的藩鎮割據給幽州人民帶來莫大的災難。幽州地區兵禍不斷，統治者連年徵調百姓服徭役、兵役，大肆搜刮民間財富，使「閭裡為之一空」。尤其是唐末五代初，劉仁恭、劉守光父子割據幽州達19年之久，極端貪婪兇殘，使幽州人民的苦難達於極點。劉仁恭當權期間，在與宣武節度使朱全忠爭戰中，竟然將幽州境內凡15歲以上，70歲以下的男子全部應徵入伍，並且要自帶兵糧。為了穩固軍心，還在當兵的男子臉上一律刺上「定霸都」，在士人胳臂上刺「一心事主」四字。劉仁恭還「築宮大安山（今房山區境內），選美女充其中。又與道士煉丹藥，冀可不死」。此外，他禁

止民間使用銅錢，改鑄鐵錢，甚至「令燕人用土為錢，悉斂銅錢鑿山而藏之。已而殺其工以滅口」（《舊五代史劉守光傳》）。更為荒唐的是，他還禁止南方茶商入境，令人把山上的草木葉採來當茶葉，強行賣給老百姓，以獲厚利。

907年（後梁開平元年），劉仁恭之子劉守光幽禁其父，自任節度使。劉守光為政，苛酷更甚於其父，史書記載他命人製鐵籠、鐵刷，「人有過者，坐之籠中，外燎以火，或刷剔其皮膚以死」，致使幽州士庶很多逃奔他鄉。911年（後梁乾化元年）8月，劉守光稱帝，以幽州城為都城，建國號大燕，建元應天。為避免與安祿山大燕同名，故史稱劉守光建立的燕為「中燕」。中燕僅存3年，913年，後來建立後唐政權的晉王李存勗親征幽州，攻陷幽州城，擒殺劉氏父子，以周德威任幽州節度使。

幽州地區長期被藩鎮割據勢力所把持，已然失去了封建中央集權國家北方門戶的作用。這時，東北契丹族勢力日漸強大，經常出兵南下襲擾。西元917年，耶律阿保機派漢族降將盧文進領兵50萬攻打幽州。盧文進熟知幽州地形，首先派軍隊攻占居庸關以西，再圍攻幽州城。

夏4月，契丹軍採用飛梯攻城，並挖掘地道，城中掘開地道，向裡灌油燃燒以阻擊敵兵；契丹軍又在城外堆土山攻城，城中熔銅汁以灑殺敵兵。幽州守軍在援軍的支持下守城近200天，使耶律阿保機南侵的企圖落空。西元928年（後唐天成三年），新即位不久的耶律德光又兩次出兵河北，均被擊敗，潰不成軍。在逃經幽州時，被後唐軍邀擊，「餘眾散投村落，村民以白梃擊之，其得脫歸國者不過數十人」（《資治通鑑後唐紀五》），自此契丹不敢再輕易來犯。儘管當時，契丹占領了山後的蔚、新、媯、武、儒諸州和幽州以東的營、平等州，但向幽州幾次進兵卻始終未能攻下，這說明中原王朝還是有保衛和控制幽燕地區能力的。

為了防禦契丹，後唐政權在山西、河北等地屯駐了大量的軍隊，其中駐守太原的河東節度使石敬瑭為後唐明宗之婿，手中握有重兵。西元936年（後唐清泰三年），石敬瑭起兵反後唐。

為了奪取後唐中央政權，他遣使向契丹統治者耶律德光求援，以割讓幽（今北京）、薊（今天津薊縣）、瀛（今河北河間）、莫（今河北任丘）、涿（今河北涿州）、檀（今北京密雲）、順（今北京順義）、新（今河北涿鹿）、媯（今河北懷來）、儒（今北京延慶）、武（今河北宣化）、雲（今山西大同）、應（今山西應縣）、寰（今山西朔縣東北）、朔（今山西朔縣）、蔚（今河北省蔚縣）等16州給契丹，歲納帛30萬匹為條件，石敬瑭還上表「稱臣於契丹主，且請以父禮事之」（《資治通鑑後唐紀八》）。這時，鎮守幽州的節度使趙德鈞也想乘機自立為帝，同樣希望得到契丹的支持，但他只是答應與契丹結為兄弟之國，讓石敬瑭繼續鎮守河東。這個交換條件，顯然要比石敬瑭的條件差得多，不但沒有得到耶律德光的回應，反而因按兵不動，助長了耶律德光的南下。在契丹5萬騎兵的幫助下，石敬瑭攻下洛陽，建立了後晉政權。此時，在幽州的趙德鈞、趙延壽父子看到後唐政權大勢已去，遂投降契丹統治者，獻出幽州城，結果反被鎖拿回契丹本土。幽州地區自此歸屬契丹貴族的統治之下，北京歷史開始了新的篇章。

從薊城到幽州城

西元前226年（燕王喜二十九年）秦軍攻陷燕都後，薊城遭到極大的破壞。西元前215年（秦始皇三十二年），秦始皇下令毀掉原來關東諸侯國舊城郭，薊城當屬被拆毀之列。秦始皇墮城郭的目的是為了徹底摧毀關東六國貴族勢力，然而薊城是秦帝國北方的重要邊城，必定應有一新的城池修築起來。但是城池修築的時間、形制和規模，以及城址的具體方位，因缺乏文獻與實物資料而難以斷定。只能說與戰國時的薊城位置大體相同。

西漢時期的薊城具體位置目前也不能肯定。從文獻記載中可以間接瞭解到一些大體建設情況。當時薊城的城牆可能是以椿木為牆，築有城門和城樓。城裡建有王宮，還有宮牆環繞。宮城裡修築有許多宮殿，有萬載宮、明光殿等。據史書記載：燕王劉旦謀反事發以後，「王憂懣，置酒萬載宮，會賓客群臣姬妾坐飲……因迎後姬諸夫人之明光殿」（《漢書武五子傳》）。此外，在城裡還設有鑄造兵器的工廠。屯駐有車騎、材官等部隊。可見，作為封國都城，它的規模是相當可觀的。

1949年以後，考古工作者在北京郊區發現幾座土城遺址，包括有房山區竇店鎮之西的漢、唐良鄉縣故城遺址；良鄉鎮東廣陽村漢代廣陽城遺址；長溝鎮東漢代西鄉縣故城遺址等。其中良鄉縣城經勘測有大城、小城兩重城垣，大城呈長方形，外城牆東西長約1100公尺，南北寬約860公尺。大城內靠西城牆有一座長方形小城，小城西牆與大城西牆重合，城牆東西長約400公尺，南北寬約300公尺。大城外還有「郭」（土圍牆）。古城遺址保存最完整處是西南轉角，高達8公尺，夯土築成，頂部寬約2.5公尺，底部寬約17公尺。夯土層次明顯，厚度多在12～17公分之間。根據考古調查，大城周長約3900公尺，超出秦漢之制「千丈之城」大縣城近一倍，又築有外郭城，比較符合西漢侯國建城的制度。

另外海淀區清河鎮西朱房村有一處古城遺址，建築年代上限是戰國，下限至秦、漢之際。該城夯土城基寬11.85公尺，頂部殘寬1.4公尺，底與高之比為1：3，可見此城是相當高的。它位於薊城北郊，具有軍事防守的作用。同時這裡臨近塞北通道，又是胡漢之間的貿易集散地。城的規模每面長約500公尺，周長2000公尺左右，為一正方形。按秦漢之制，大縣的城為「千丈之城，萬家之邑」，朱房村古城屬於此等情況。

這些古城遺址的規模及建制對於推測漢代薊城提供了旁證資

料。

　　魏晉以後，有關薊城的文獻記載增多，特別是經過考古發掘，掌握了一些重要的實物資料，對於確定薊城城址的方位有特殊的價值。

　　1965年，考古工作者在北京西郊八寶山以西半公里處，發現了西晉幽州刺史王浚之妻華芳的墓地，有重要文物出土。在華芳的墓誌中記有「假葬於燕國薊城西廿里」的字樣，從而使我們得知西晉時的薊城在華芳墓地以東20里。又在該墓葬出土的眾多文物中發現一把象牙製作的晉尺，從刻度計算，當時1尺約折合今天的24.2公分，經推算西晉薊城的西城牆大體在今羊坊店會城門村附近。

　　又據《水經注水注》記載，當時水流經薊城南7里，這段水道稱為清泉河。又有洗馬溝水側城南門東注清泉河。高梁水從城北繞城東10里，轉向東南流入水。經考證清泉河就是今天的涼水河，洗馬溝即蓮花河。高梁水指今天西郊高梁河故道。

　　依據這段史料記載，可以得出兩點認識：第一，北魏的薊城大體方位在今北京城區西南部；第二，酈道元在提到洗馬溝時特別指出「昔銚期奮戟處也」，這是指當年銚期保護劉秀逃出薊城之處。相傳因劉秀曾在該水中洗馬，故得名洗馬溝。這就是說，到北魏時，薊城城址仍基本未變。會城門村可能是薊城西北角的方位。

　　隋唐五代時的幽州城基本沿襲了魏晉以來薊城的城址，由於有關這方面的考古和文獻資料較前增多，為確定幽州城址提供了可靠的證據。

　　今法源寺內保存著一塊「唐憫忠寺重藏舍利記」碑，是892年（唐昭宗景福元年）刻的，碑文記載「大燕城內，地東南隅，有憫忠寺，門臨康衢」。憫忠寺是法源寺的前身，從碑文可知今法源寺

址就是當年幽州城區的東南角。新中國成立以後，北京出土不少唐代墓葬，在墓誌中記敘了這些墓地距幽州城的方位和里數，成為可靠的實物佐證。如：1951年在東交民巷御河橋市團委工地發現《唐任紫宸墓誌》，其中有「宅兆於幽州城東北原七里餘」的記載。1956年在永定門外安樂林大公報宿舍工地發現唐建中二年（781）《棣州司馬姚子昂墓誌》，記載「葬於幽城東南六里燕台鄉之原」。1959年在西直門外紫竹院水利學校工地出土唐文德元年（888）《范陽盧公夫人趙氏墓誌》，其中提到「葬於府城西北十里樊村之原」。1966年在西郊八里莊京密引水渠工程中發現《唐李永定墓誌》，有「葬於郡西北十五里之平原」之說。1965年在右安門外草橋東南四頃三村出土唐元和六年（811）王郅夫妻合葬墓誌，其一記載「起墳於薊縣姚村南一里之原」，另一記載「窆於府城南十里姚村之南原」。可知今四頃三村距唐幽州城南11里。再有，早在1681年（清康熙二十年）在西安門內出土《濮陽卞氏墓誌》，云卞氏「窆於幽都縣東北五里禮賢鄉之平原」。而1972年從西四羊肉胡同西口出土的《唐任希墓誌》中可知此人「安厝於府城北五里燕夏鄉之原」……根據以上幾份墓誌資料即可基本推斷唐幽州城四周城垣的大致方位。東城垣在今爛縵胡同和法源寺之間南北一線；西城垣在今會城門村以東，白雲觀西土城台至小紅廟村之南北一線；南城垣在今宣武區姚家井以北，白紙坊東西街一線；北城垣應在今頭髮胡同一帶，由頭髮胡同向西直線延伸經白雲觀，到會城門附近。唐代幽州城的規模，據《元和郡縣圖志闕卷逸文》卷一記載，唐代幽州城，南北9里，東西7里，開有10門。據此，城呈長方形，周長32里，折合今天里數約有23里（每唐里約合今0.72里）。

幽州城作為政治、軍事重鎮，修建得堅實強固，適於軍事防衛的需要。有10個城門，但城門名稱已不得而知。城內按基層行政單位劃分為若干個坊，郊區則分為鄉或里。「坊」也稱里，一般叫

做「里坊」，是唐代城內基層單位。坊為十字街，分為4大區，每區再以十字分割成4個社區，即每坊16個社區。據宋人路振《乘軺錄》記載幽州城中有26個坊，但從唐、遼墓誌和房山石經題記等實物資料中已得知有罽賓、盧龍、肅慎、花嚴、遼西、銅馬、薊北、燕都、軍都、招聖、歸仁、東通寰、勸利、時和、遵化、平朔、歸化、隗台、永平、北羅、齊禮、顯忠、裳陰、歸厚、大田、駿、來遠等27坊（里）。各坊位置及名稱，因年代久遠，城市變遷，其間名稱或有變更，難以復原，但據資料已知部分坊里位置，如薊北坊和顯忠坊，在今宣武區三廟前街和范家胡同一帶。時和坊在今宣武區善果寺一帶。每個坊都設有坊門，晨啟夜閉，坊與坊之間有街衢相連。幽州的商業活動，集中在「市」裡進行。城北是市肆之區，稱為「幽州北市」。《新唐書五行志》：「大順二年（891）六月乙酉，幽州市樓災，延及數百步。」由於商業繁榮，一些封閉的坊內也有店鋪。《房山石經題記彙編》「大般若波羅蜜多經」題記載：唐大中年間（847～860）「幽州薊縣界薊北坊檀州街西店」，說明幽州城薊北坊（今宣武區三廟街一帶）內已設商鋪。又載唐「幽州薊縣界市東門外西店」，這表明當時店鋪已擴展到幽州市門外。顯然幽州城內外都設「市」。「市」設各類店鋪，見於雲居寺唐代石經題記中的有30多種行業。不僅各類行業繁多，而且行業分工很細，有米行、白米行、粳米行、屠行、肉行、染行、油行、布行、五熟行、果子行、椒筍行、炭行、生鐵行、磨行、絹行、大絹行、小絹行、彩絹行、綿行、絲織行、幞頭行、靴行、雜貨行、新貨行等。此外，城裡還設有官署、倉庫、監獄，駐有軍隊。在城內西南隅建有子城，它的四周也築有城牆，北牆在今廣安門大街西段；南牆在今白紙坊以北；東牆在今北線閣以南一線；西牆則在今廣安門外南街一帶。子城四周均有城門，東門就是前燕宮城東掖門，在距子城東門以東100餘步，位於大街北面有智泉寺（龍興寺），與憫忠寺東西並列，這條大街就是今天南橫街的

位置。「安史之亂」時，史思明曾將子城改為皇城，城內建有紫微殿、聽政樓等宮殿和樓閣。遺憾的是隋唐以前的薊城的城垣、宮殿建築都未保存下來。


邁上五朝帝都的丹墀

御街行

十里長安王氣濃，天街景自殊。枝頭花豔雜嬌雲，樹旁朱牆高戶。五代雄矗，車馬轔轔，直盡街南樹。王侯將相經行處，翠轎錦衣護。秋來天高月更明，瓊華濕玉露。宮深似海，帝祚難延，皇朝近遲暮。

在北京古代歷史長河中，遼、金、元、明、清五個封建王朝統治時期是極為重要的時期。北京的政治地位發生了重大的變化，逐漸取代了長安、洛陽等古都的地位，由地域政治中心上升為全國政治中心。

# 遼朝的陪都——南京（燕京）

　　遼以幽州為南京，遼是契丹人建立的國家。「契丹」一詞最早見於《魏書》，屬於鮮卑族的一支，最早居住在潢水（今內蒙古西剌木倫河）與土河（今老哈河）流域，過著「逐寒暑，隨水草畜牧」的生活。契丹族先後處於突厥、回紇的統治之下，並經常和北朝、隋、唐等中原王朝發生武裝衝突。西元907年，唐朝滅亡，中原進入五代十國時期。也就在這一年，耶律氏首領耶律阿保機憑藉強大的軍事力量一舉成為契丹族的最高首領。西元916年，耶律阿保機在龍化州（今內蒙古赤峰市八仙筒一帶）正式建國，國號「大契丹」，建元「神冊」，自稱「大聖大明天皇帝」，成為契丹民族歷史上第一個皇帝。他還立長子耶律倍為皇太子，確定皇權世襲制度，宣告了契丹部落聯盟選舉制的消亡和契丹王朝的誕生，契丹歷史從此進入發展的新時期。

　　契丹社會的發展是同漢族先進的生產方式和社會制度的影響分不開的。唐末五代時期，內地漢人不堪忍受藩鎮割據勢力的統治，被迫逃往塞外。「時劉守光殘虐，幽涿之人多亡入契丹。」（《新五代史契丹傳》）耶律阿保機又乘機入塞，俘虜大量人口財物。幽州的安次、潞、三河、漁陽、懷柔、密雲等州縣被契丹攻陷，當地漢民被擄往契丹本土，並先後設置了臨潢、霸城、漁陽、三河、密雲等州縣，被擄掠的幽薊農民大多安置在潢水以北宜於農耕的地方，為契丹增加了不少勞動力。契丹統治者允許漢民保持原來的生產方式和生活習俗，從而使漢族先進耕作技術得以傳播，在北方草原地區開闢了不少農田。漢族手工業者「還教契丹以中國織工作無不備，契丹由此益強」（《舊五代史盧文進傳》）。

　　契丹貴族還任用一些來自幽燕等地區的漢族官吏和知識份子，

仿照中原統治方式為契丹制定各種制度。早在耶律阿保機當政時，來自幽薊一帶的韓延徽、韓知古、康默記等人就成為遼太祖的「佐命功臣」。其中韓延徽是幽州安次（今河北廊坊市西）人，歷經太祖、太宗、世宗、穆宗四朝，官至政事令、南府宰相。初期為阿保機的謀士，《遼史韓延徽傳》記載道：「太祖初元，庶事草創，凡營都邑，建宮殿，正君臣，定名分，法度井井，延徽力也。」他還訂立「賦稅之制」、「始制國用」。這一切說明，幽薊地區先進的政治、經濟對契丹族的發展起了極大的推動作用。

耶律阿保機建國以後，契丹貴族不再僅僅滿足於南下擄掠人畜和財物，他們企圖在中原地區建立統治。幽薊地區是他們攻取的主要戰略目標，917年耶律阿保機派兵攻打幽州，928年耶律德光兩次出兵河北即是明證。936年石敬瑭割讓幽雲十六州之舉無疑加速了這一進程。

938年（遼太宗會同元年，後晉天福三年）11月，石敬瑭遣使向契丹獻幽雲十六州圖籍。同一年，遼太宗耶律德光下詔改國號為大遼（還有一種說法謂改國號在947年），以幽州為南京。從此今北京地區成為遼朝的陪都，北京的歷史也進入一個新的階段，即由地域性的城市開始向全國政治中心城市轉變。

遼代在國家管理上實行「以國制治契丹，以漢制待漢人」的胡漢分治方針，在中央分設北、南兩樞密院，北院統治契丹和北方遊牧民族；南院統治漢人。在漢人聚居的地區，遼地方行政制度實行道、府、州軍、縣四級制，與唐及北宋初期制度基本相同。具體到今北京地區來說，938年設置南京道，南京道下設幽都府。1012年（遼聖宗開泰元年），南京改稱燕京，幽都府改稱析津府。「析津」之名，是取古人以星歲辨分野的辦法，以為燕地分野旅寅，與星歲十二次之「析木」相配，為析木之津，故稱「析津」。1032年（遼興宗重熙元年）後，析津府下轄6州、11個直轄縣。6州包

括順州、檀州、涿州、易州、薊州、景州。11個直轄縣即析津、宛平、昌平、良鄉、潞、安次、永清、武清、香河、玉河、陰。其中析津、宛平兩縣為附郭縣。

南京道的行政機構是留守司，留守為最高行政長官。南京留守司下屬機構有：三司使，專管燕、薊、涿、易、檀、順等漢人居住州縣的「錢帛」事務；轉運使，負責財貨轉運等事項；栗園司負責栗子生產、銷售和稅收等事務；都虞候司負責皇帝巡幸南京時的巡邏和警衛工作；警巡院負責城區地方治安；統軍司掌管軍事。

南京作為陪都，遼中央政府在這裡還設有行使中央權力的軍政機構。宰相府，置左右相、左右平章政事等官職，輔佐皇帝主持政務。都元帥府為中央直接掌管的軍事機構，設都元帥、大元帥統領中央兵馬。南郊設永平館，是遼國接待宋使的處所。

中原政權三次進攻南京

契丹人奪占幽雲十六州，是南北政治形勢的一次重大轉折，它不僅使幽燕地區的命運發生重大變化，而且使整個中原直接處於北方民族鐵騎的攻勢之下，形勢是極端不利的。946年（會同九年），遼太宗耶律德光以後晉帝石重貴不向契丹稱臣為由，領兵大舉南進，攻下東京開封，俘虜石重貴，後晉滅亡。次年二月，耶律德光在開封再次舉行即位儀式，表示自己正式成為中原的皇帝。不久，在中原人民的強烈反抗之下，耶律德光被迫退回北方。但這次契丹軍隊長驅直入黃河以南卻不能不引起中原政權的震驚和憂慮，認識到喪失幽雲十六州對整個中原的巨大威脅。因此，中原統治者在宋遼議和之前，先後發動了三次攻打南京的戰爭，企圖收復幽雲十六州。

第一次是後周世宗柴榮北伐。954年，後周世宗柴榮即位。此時中原統治者和遼統治者正好形成反差。柴榮志向遠大，才兼文武，而遼穆宗昏庸殘暴，縱酒無度，日睡不朝，當時人稱「睡

王」。於是柴榮在整頓內政，恢復生產的基礎上，制定了先取吳、蜀，次復幽燕，最後攻取太原，「統一」中國的軍事行動計畫。在取得對吳、蜀用兵的勝利之後，於959年（後周顯德六年，遼穆宗應曆九年）出兵北伐。

這年夏4月，周世宗帶兵北進，沿水路北達滄州，又西入遼境，一舉攻克益津（在今河北霸縣）、瓦橋（今河北雄縣西南）、淤口（今河北霸縣東信安鎮）三關，5月又攻陷瀛、莫二州，其先鋒部隊抵達固安。遼穆宗以南京留守蕭思溫為兵馬都總管出兵迎擊，蕭抵抗無力，因此周世宗的北伐軍「兵不血刃，取燕南之地」。但恰在此時，周世宗在進軍途中染病而亡，後周軍隊只得班師回朝，北伐之舉功敗垂成。

第二次是高梁河之役。宋太宗即位後，979年（宋太平興國四年，遼保寧十一年，乾亨元年）出兵太原滅掉北漢政權，繼之乘勝伐遼。宋軍到達河北，渡過易水，幽州周邊易、涿、順、薊諸州遼地相繼歸附於宋。北宋軍隊又打敗遼將耶律奚底、蕭討古，抵達南京城下。宋太宗駐蹕城南寶光寺，親自指揮圍攻南京城的戰役。從舊曆六月下旬開始圍城，「穴地而進」，「城中民懷二心」，他們不堪忍受契丹貴族的壓迫，盼望回歸中原王朝。遼南京守將韓德讓（耶律隆運）率兵日夜堅守城池。而宋軍長途行軍作戰極其疲憊，軍需物資轉運困難；再加上宋朝君臣存在驕傲輕敵思想，如出兵之前，參知政事趙昌言認為「自此取幽州，猶熱鏊翻餅耳」。當時大將呼延贊就曾反駁說：「書生之言不足盡信，此餅難翻。」但宋太宗對攻取幽州的困難還是估計不足，竟趨幽燕，致使宋軍攻城十數天而不下。

當宋軍圍攻南京之際，遼景宗正在北方遊幸狩獵，他主張放棄幽燕，遼軍退守松亭關、古北口。遼將耶律休哥等主動請戰，帶援軍解救南京。這年舊曆七月，遼、宋兩軍在燕京城北高梁河一帶展

開激戰。宋軍先與遼南府宰相耶律沙的軍隊接仗，未能取勝。繼而與遼援軍交戰，耶律休哥與耶律斜軫率遼軍從左、右翼合擊宋軍，駐守南京馬步軍都督指揮使耶律學古開城接應。宋軍潰敗南逃，遼軍追擊30多里，斬殺宋軍1萬多人，耶律休哥率軍追至涿州而還。宋太宗股中兩箭，僅乘驢車得以逃脫。遼軍收復了被宋軍占去的州縣。

　　第三次是雍熙之役。高梁河戰役之後，遼、宋雙方曾多次發動軍事攻勢，互有勝負。982年（遼乾亨四年），年幼的遼聖宗耶律隆緒繼承帝位，由蕭太后代理朝政。這年起，耶律休哥任南京留守，並接任南面行營總管，主持遼宋邊務。蕭太后聞知宋朝在邊境聚糧備戰，詔諭耶律休哥嚴加防範。宋太宗誤認為遼國主幼勢衰，未經充分準備，竟派大軍北伐。

　　986年（宋雍熙三年，遼統和四年）舊曆三月，宋朝陸路軍隊分三路北進。東路出曹彬、崔彥進、米信率軍從雄州道（今河北雄縣）北上，主攻南京；中路由出重進統兵由飛狐道（今河北蔚縣一帶至山西大同間的古道）北進，居中策應；西路由潘美、楊繼業率領向雁門道（今山西代縣附近）進發，擾遼後方。另有一路水軍自東部沿海，搶占遼西走廊，防止契丹調集援軍由榆關南下，沿海濱救援南京。本來，宋太宗計畫由東、中兩路正面進攻，牽制遼南京的兵力，西路則迂迴北上，切斷遼援軍，攻占雲、朔二州，最後三路軍隊會師南京城，一舉收復幽雲十六州。

　　戰事初期，宋軍的進攻十分順利。東路軍在大將曹彬的率領之下，一路北上，取岐溝（今涿縣西南）、涿州，占固安、新城等地。西路軍也連續攻克寰州、朔州、應州及重鎮雲州。中路軍也一路打敗遼軍，直取蔚州。此時遼大隊援軍未到，耶律休哥採取游擊戰和消耗戰，與東路宋軍周旋，「夜以輕騎出兩軍間，殺其單弱以脅餘眾，晝則以精銳張其勢，使彼勞於防禦，以疲其力。又設伏林

莽，絕其糧道」（《遼史耶律休哥傳》）。東路宋軍糧草濟運困難，只得被迫從固安退至白溝。此時，西路及中路宋軍進展仍較為順利。東路軍諸將紛紛請求出戰，主帥曹彬於是復率軍北上進攻涿州，再克之。四月，蕭太后和聖宗親率援軍南下，兵抵駝羅口（今涿縣東北），耶律休哥率軍出擊，兩路夾擊涿州，於岐溝關展開激戰，宋軍大敗，陣亡將士多達數萬人。東路軍慘敗，戰局已定，中路宋軍與遼軍在飛狐交戰亦失利。此時西路已成孤軍，且失去作戰意義，但主將潘美與監軍王卻幻想獨建奇功，強令副將楊繼業帶兵攻朔州。在孤軍深入，沒有後援接應的情況下，宋軍在朔州南中了遼軍埋伏，號稱「楊無敵」的楊繼業身受重傷，在陳家谷口（今山西朔縣南）被俘，絕食而亡。遼軍割取楊繼業首級作為獻俘戰利品送至南京。楊繼業是北宋名將，他的民族氣節深為宋、遼人民敬仰。

當宋、遼議和以後，在遼國境內古北口修建「楊令公祠」，以示紀念。該祠俗稱「令公廟」。北京附近還有許多關於楊家將的傳說，不少地名也有關聯。

「澶淵之盟」及其影響

宋朝經過兩次北伐失利，已失去向遼主動進攻的能力。

與之相反，遼朝看到宋朝軍力的軟弱，卻一再南侵，掠獲宋朝境內的民眾及牲畜、錢財諸物。西元1004年（遼聖宗統和二十二年，宋真宗景德元年）閏九月，蕭太后和遼聖宗親率20萬大軍南征，一直打到黃河邊，深入宋境。宋真宗受寇准等大臣的堅請被迫至前線督戰，雙方互有勝負，同年的十二月最終議和。訂立盟約的地點在澶州（今河南濮陽），史稱「澶淵之盟」。根據盟約規定，宋朝每年向遼納銀10萬兩，絹20萬匹，在南京交割，宋遼以白溝為界。

為了阻止契丹鐵騎的南下，宋在燕南一帶構築防禦工事，主要

推行塘濼之策，就是利用滹沱河、易水、白溝河等河道湖泊，築堤貯水，使西起順安軍（今河北高陽東），東達於海，東西300餘里，南北五七十里之地，盡湮為水田陂澤，並置寨戍兵，備置船隻，進行防守。另外，新中國成立後在白溝以北的河北永清縣境內發現了結構複雜，設施完善的地下古戰道。

初步勘察，古戰道覆蓋面積有300平方公里，戰道內有掩體、閘門、土炕、燈檯等軍用或生活設施。從古戰道的用磚鑑定為宋代所建，推斷應是北宋時期防禦遼國的地下戰道。

「澶淵之盟」的訂立，表明南北軍事力量達到一定均勢，宋遼都不可能彼此吞併。盟約的簽訂對宋朝來說固然屈辱，但在以後100多年內，雙方基本維持和平相處的局面，遼朝在南京的統治地位得以鞏固，南京從軍事前哨一變而成為與宋朝交往的友好城市。遼在南京城郊建立望京館，為南北往來使臣宿息餞飲之所，今東直門外還有「望京」地名。南京政治、經濟、文化地位繼續上升，這些為其在金代上升為正式都城奠定了基礎。

在遼人統治南京地區的180多年間，政治上採取「因俗而治」的政策，在漢人聚居區網羅並依靠漢族官僚地主加強統治。最先派漢族降將趙思溫為留守，繼之又派趙德鈞之子趙延壽任南京留守。趙延壽自此效忠於遼王朝，在南京重新建立起趙氏家業和統治根基。遼景宗時期，韓知古兒子韓匡嗣及孫子韓德讓先後擔任南京留守。遼聖宗當政時，韓德讓更受蕭太后的信賴，官至大丞相，賜姓耶律，名隆運，對遼國政權建設是一個極有影響的人物。這些做法一方面減少了漢族地區的反抗情緒，同時也加速了契丹族漢化的程度。到遼後期，南京留守已大多為契丹貴族擔任，這說明他們已對漢族文化及統治經驗十分熟悉。

隨著契丹社會逐步封建化的進程，遼南京在五京（五京即皇都上京臨潢府、中京大定府、東京遼陽府、南京析津府、西京大同

府）中的地位愈加重要。遼國實行「四時捺缽」制度，即隨著季節的變化，遼統治者在五京巡幸，文武百官也隨御駕到各地巡行，皇帝走到哪裡，中央政府就在哪裡辦公。幽燕地區歸於契丹後，加速其社會的封建化，無論是典章制度，還是農耕經濟，或是城市建設，都是在效法幽燕地區的基礎上發展起來的。中原的租佃制、科舉制、郡縣制、戶籍制等從南京傳到遼國。還由南京工匠設計施工，仿效南京城修建了中京。

遼南京實際成為南北政治、經濟、文化交流的中心。

南京是五京中經濟最富庶的城市，遼國財政收入的主要部分來自南京地區。一般而言政府的財政收入主要分為兩大部分，一是實物賦稅，二是軍徭勞役。其徵收的依據主要看兩條，一是田畝，二是丁口。南京地區農業最為發達，其農田墾殖及丁口人數都是其他四京無法相比的。因此，南京地區的賦稅徵收及軍徭、勞役的調發，在遼朝政府的財政收入總額中所占的比率應是最大的。

南京的文化在五京中也最為發達。南京道涿州人王鼎創作的《焚椒錄》，整部作品雖只短短數千字，卻情節生動曲折，人物刻畫細微，是留存至今的遼代唯一一篇小說形式的文學作品。南京人楊佶，詩文亦為一時之冠，宋朝遣使往還，楊佶多有詩文唱和之作，所著詩文，曾匯輯為《登瀛集》，傳於當世。久居南京的畫家胡瑰、胡虔父子繪製的《卓歇圖》《還獵圖》《吸水番騎圖》《雪獵圖》等，表現了北方遊牧民族的生活畫卷，是遼代繪畫的代表作。

遼南京佛教興盛，特別是佛學的發展在五京中也是最高的。南京僧人行均所著《龍龕手鏡》（宋人重刻時改「鏡」為「鑑」，以避趙匡胤祖父趙敬的諱），是輔助閱讀佛經的一部漢字字典，是中國古代文字學方面的一部代表作。另一部，則是南京崇仁寺僧人希麟所著《續一切經音義》，是對唐代僧人慧琳的《一切經音義》的

續補，是一部解釋佛經音義的重要工具書。此外，房山雲居寺石經的續刻，以及在南京刻印木版《契丹藏》，都是南京佛教文化興盛的例證。

總之，南京地區不論是在軍事、經濟、政治、文化上對於遼國存在與發展都有著至關重要的作用。《金史梁襄傳》曾對此有過分析：「亡遼雖小，止以得燕，故能控制南北，坐致宋幣。」這形象地說明了南京的重要地位。

「海上之盟」及北宋燕山府

宋遼共立澶淵盟約，形成雙邊百餘年相安的和平局面，但北宋統治者想收回幽雲十六州的想法始終未改。到了宋、遼二朝末年，原來依附於遼國，生活於東北的女真族迅速崛起，公開起兵抗遼。北宋統治者為了轉移國內矛盾，想乘金人攻遼之機奪取幽燕之地。於是在1120年（宋宣和二年）派使臣趙良嗣（原名馬植）透過海道赴金聯繫，雙方議定合力滅遼。滅遼後，以長城為界，金國占據遼故地，宋朝收回幽雲十六州，宋將每年交付遼國的金帛轉納金國，史稱「海上之盟」。

1122年（遼保大二年，宋宣和四年，金天輔六年）春，金兵率先攻克遼中京（今內蒙古寧城西），天祚帝西逃至雲中。駐守燕京的耶律淳在手下將領文臣的慫恿下，自立為帝，號天錫皇帝，改元建福，史稱「北遼」。但耶律淳很快就在內外交困中病死，被草草葬於燕京西山。遺命又立天祚帝次子秦王定為帝，改元德興，由耶律淳妻蕭氏為太后，主持軍國大事。

這年舊曆七月，宋宦官童貫等率軍攻燕京，遼將郭藥師率所部「常勝軍」降宋，獻出涿、易二州，宋軍進逼到良鄉，隔盧溝河（今永定河）與遼軍主力對峙。這時郭藥師又獻計，出奇兵繞過遼軍防線，直接攻取燕京。10月23日，郭藥師以輕騎夜渡盧溝河，繞道從三家店至安次。次日晨，派常勝軍5000人混入郊民之中，

奪迎春門入燕京城，列陣於憫忠寺前。郭藥師下令殺盡城中的契丹、奚人，引起了強烈的反抗。蕭太后下令閉城，與宋軍展開激烈巷戰，又派人招回遼軍主力，郭藥師軍隊大亂，其本人棄馬逾城而逃。一個攻取燕京的絕好機會就這樣喪失了。盧溝河以南的宋軍聞知常勝軍大敗，遼主力又回師反擊，遂潰不成軍，自己放火燒了軍營、糧草，狼狽退逃白溝。蕭太后在擊敗宋軍之後，曾遣使向宋朝請降，並提出遼如果滅亡，宋也難免「唇亡齒寒」的命運，希冀遼、宋聯合力量來與金朝對抗。可惜宋朝君臣昏庸，拒絕了遼朝求和。前線的童貫又因軍事上的一再失利，擔心無法收復燕京而獲罪，便祕密派遣使者向金求援。金兵於12月從居庸關和得勝口兩路南下，遼皇室與官員自古北口逃走，金兵占據了燕京城。

這時，宋朝政府仍想以長城為限與金分界，自然遭到金國拒絕。金只答應把燕京及山前的涿、易、檀、順、景、薊六州歸還宋朝。而且，以燕京是金兵攻占為藉口，要求每年從燕京租賦中拿出100萬貫錢作為代租費交予金人作為報償，軟弱無能的北宋政府只好全部接受金人的條件。徐夢莘《三朝北盟會編》卷十六記載，金兵退出時，「大毀諸州及燕山城壁、樓櫓，要害咸平之。又盡括燕山金銀錢物，民庶、寺院一掃而空」。還將燕京舊遼官吏、工匠以及家產達150萬貫的富戶3萬餘家遷至關外，實際交給宋朝的燕京只是一座空城而已。

而早在1122年10月，宋徽宗就預先於燕京改置「燕山府」。以山前諸州縣為燕山府路。據《宋史地理志》載：燕山府路轄1府、9州、30縣。其中涿、易二州在宋軍北上攻燕京時就已占領，另外平、營、灤3州名義屬宋，而實為金人占據。所以金人實際歸還之地，只有燕山一府及檀、順、薊、景4州。而為了誇耀宋朝的富庶，徽宗竟「命出內府金玉器，至於瓶爐硯幾之屬畢備，使至燕，鋪陳於州寢，以誇大夷狄」。其昏愚可笑，由此可見一斑。

北宋政權的昏庸還表現在另一件事情上。1123年（宣和五年），當金人驅趕著燕山府的富戶北遷，路過平州（今盧龍）時，這些燕民和當時任平州留守的張覺聯合起來，舉兵反金。張覺原是平州遼守將，乘亂據平州自保，後降金。金廷升平州為南京，任命他為南京留守。張覺叛金後，金廷立即派兵征討，張覺戰敗，帶著部分富戶逃亡燕山府，希望得到宋朝的庇護。可是他萬萬沒想到的是，當金人遣使索要時，怯弱的宋朝害怕得罪金人，竟責令燕山府守王安中縊殺張覺，把他的首級並其兩子送交金人。張覺之死，可以說對所有降宋將士是一次極大的打擊，郭藥師就曾質問王安中說：「金人欲覺即與覺，若求藥師亦將與藥師乎」（《宋史紀事本末》卷五十三）可見他們已產生了離叛之心。

實際上，北宋統治期間燕山府民困財竭。1125年（宣和七年）又發生嚴重饑荒，竟然出現父母吃掉自己的骨肉，有人把病死的屍體拿到市場上抽紙標出售的慘像。這一年10月，金國在消滅遼殘餘勢力後兵分兩路南進。一路由宗翰統領，出雲中，攻太原；另一路由宗望領兵由平州攻燕山府。宋朝政府命令守將郭藥師領兵7萬人迎擊。不想郭藥師兵敗，逃回燕京城，扣押了燕山知府蔡靖等人，又叛宋降金。燕山府維持了不到3年時間又落入金兵之手。

北宋統治者採取聯金滅遼的戰略無疑是十分錯誤的。當時遼在金的攻勢下，政權固然岌岌可危，但北宋政權也已日薄西山。國力並不強大的北宋若採取助遼抗金的戰略，尚能頂住金兵南下。而聯金滅遼，無異於自掘墳墓，加速了自己的滅亡。

金朝的中都

金朝的燕京路生活在松花江流域的女真族是中國古老遊牧族肅慎的後裔。西元10世紀時還沒有文字，也「不知歲月晦朔」，後被契丹族征服。11世紀起，女真社會由氏族制向階級社會過渡。阿骨打統治期間，完顏部完成各部落的統一，於1115年夏曆正月

正式建國，國號大金，立年號為「收國」，開始與遼、宋一爭天下。

　　1125年（金天會三年）12月金兵攻占燕山府後，從宋降將郭藥師處得知宋廷內部的虛實，認定此時是一舉滅宋的大好時機，遂以郭為嚮導，揮師南下。1126年（宋靖康元年）正月，即攻至宋都東京（今河南開封）城下，由於宋各地勤王援軍相繼趕到，金遂以苛刻條件與宋廷議和後北還。8月，經過休聚，金兵再次南侵。閏十一月，攻破東京城，宋徽宗、宋欽宗向金軍投降，北宋滅亡。1127年（天會五年）5月到7月，徽宗、欽宗及3000餘名宗室、官僚陸續被押至燕京。

　　宋徽宗囚於大延壽寺（今已毀無存），欽宗被關在憫忠寺。父子在押期間僅在昊天寺（今已毀無存）見過一面。10月，二帝被送往塞外，備受凌辱，最後死於五國城（今黑龍江依蘭縣）。

　　金復取燕山府後，又恢復燕京舊稱，並置燕京路。同時，將設在平州的樞密院移置於燕京，由大將宗望主持，委派漢族官僚劉彥宗負責具體事務。金代的樞密院是掌管國家軍事事務的機關，將其設置於燕京，顯然是以這裡作為金朝攻伐南宋的大本營。金朝名將宗弼（即兀術）統兵多次南征宋朝，燕京是其軍備的主要集結地；伐宋回師之後，也每每駐軍於此，進行休整。金朝初年，向南擴張是金統治者的基本國策，燕京在其中所起的作用顯然是極為重要的，大將宗翰甚至有志於建都於此，這也使得燕京從一開始就成為金代在河北地區重要的統治中心。

　　到金熙宗天眷初年，金朝推行文治，將燕京樞密院改為「行台尚書省」，直隸中央的尚書省，是燕京地區的最高行政機構。此外，金初在燕京地區還設有「內省使」、「馬軍都指揮使」、「曲院都監」等行政、軍事、經濟官員。可見，金初燕京的行政機構，在政治、軍事、經濟方面均已略具規模。另外，自金熙宗始，燕京

作為金朝科舉考試之地，成為制度。這反映出金統治者對燕京的高度重視，同時也說明燕京作為金朝在內地漢族聚居區的一座主要城市，具有了作為都城的部分功能。這些為後來完顏亮遷都於此打下了基礎。

完顏亮遷都

完顏亮（1122～1161），金太祖阿骨打之孫。皇統末年，為金熙宗重用，任左丞相，領燕京留守。1149年（皇統九年）12月，他勾結內侍大興國等人，殺熙宗完顏，自立為帝，死後降諡為「海陵煬王」，後世通稱「海陵王」。1153年（貞元元年），完顏亮下詔將金朝國都自會寧府（今黑龍江阿城市）遷至燕京，初名聖都，不久改稱中都。

完顏亮之所以要遷都燕京，首要原因是為了鞏固對中原地區的統治。1141年（皇統元年），金、宋雙方達成和議，以淮水為界，金的統治區域向南擴大到淮水流域以北的廣大地區。而金國以遠在東北的會寧府為都城，顯然難以控制黃、淮地區，指揮南下用兵也感到鞭長莫及，國都南遷勢在必行。完顏亮奪得帝位後，次年即下詔向群臣徵求對遷都的看法。《大金國志》卷十二記載：「內外臣僚上書者多謂上京僻在一隅，轉槽（漕）艱而民不便，惟燕京乃天地之中，宜徙都燕以應之，與主意合。」完顏亮心中大喜，遂於1151年（天德三年）頒發《議遷都燕京詔》，其中指出：「以京師粵在一隅，而方疆廣於萬里，以北則民清而事簡，以南則地遠而事繁……供饋困於轉輸，使命苦於驛頓，未可時巡於四表，莫若經營於兩都。眷惟全燕，實為會要。將因宮廟而創官府之署，廣阡陌以展西南之城。勿憚暫時之艱，以就得中之制。」（《建炎以來系年要錄》卷一六二）

其次，遷都燕京也是女真族社會由奴隸制向封建制過渡的結果，是適應女真政權封建化的需要。最早，阿骨打建國就得到了漢

族地主文人的幫助，制定政治、軍事、刑法等制度。又由完顏希尹仿漢人楷字和契丹字，制定女真文字。女真人從被擄掠的漢人那裡學習先進的生產技術。到了太宗完顏晟在位期間，進一步完善了金朝的各種典章制度，並且開始依漢制立官府，開科取士。還下令禁止宗室百官私役百姓，禁買貧民為奴。當女真貴族占領中原以後，大批女真人遷往中原，他們與漢人在一起逐漸接受了漢族的生產方式與生活習俗。這一切都加速著女真族封建化的進程。熙宗在位時，中原地區直接置於金朝的統治下，政府的財政收入主要依靠這一地區供應。因此，金朝統治者非但不能對燕京地區進行擄掠、破壞，而應重視其經濟的恢復和發展。總之，從太祖到熙宗統治期間，是女真貴族集團統治方式變化的過程，也正是女真社會逐步封建化的過程。金朝國都只有遷到社會經濟比較發達，封建化程度較高的地方，才能適應社會發展的趨勢。海陵王能夠順應歷史潮流，遷都燕京，足以看出他是一位有政治眼光的君主。

還有，完顏亮南遷都城也是出於統治集團內部鬥爭的需要。在女真貴族上層集團內部存在著革新與守舊兩種勢力。金熙宗在位時起兩派鬥爭就很激烈，並且反映在遷都問題上。上京是奴隸主貴族的基地，守舊勢力極力反對遷都燕京，一些漢族官吏和受封建化影響較大的女真貴族則主張遷都。而且不可否認，完顏亮靠發動宮廷政變，登上皇帝寶座，這一政治事件對於他作出遷都的決定也是有直接影響的。

正式遷都之前，完顏亮派大臣張浩、劉彥倫、蘇保衡等負責營建都城，參照北宋都城汴京的規劃、建築修建中都的城垣和宮殿，動用了120萬人，歷經兩年才告完工。1153年，完顏亮正式下詔將上京的文武百官，政治與軍事機構遷至中都。當時守舊勢力不願離開故土，認為遷都是棄祖宗興王之地。完顏亮為了徹底摧毀守舊勢力的根基，在定都中都之後，下令在西郊大房山支脈雲峰山（又稱大洪山）營造山陵，將始祖以下，包括太祖、太宗在內10個帝王

的陵寢自上京遷至中都；又命會寧府毀諸大族室，夷其址變為耕地，強令上京的宗室大族居家老少遷至中都或內地，指令太祖之子嗣「處之中都」，開國宗室功臣之子嗣大多置於山東或河間，以拱衛京城為名加以控制。在中都還設四方館，接待各國使臣，其中燕賓館、來寧館是專門負責接待宋使的。

完顏亮遷都後，確立了五京名號，即中都大興府（今北京）、東京遼陽府（今遼寧遼陽）、南京開封府（今河南開封）、西京大同府（今山西大同）、北京大定府（今內蒙古寧城西）。「中都」之名即取五京當中之意。在地方行政制度上，金仿遼、宋成例，在各京設留守司管理行政，又設路、府、州、縣四級行政管理制度。中都路由留守司負責各項政務。中都路下設大興府，統領大興、宛平、安次、陰、永清、寶坻、香河、昌平、武清、良鄉10個直轄縣，平州、雄州、保州3節鎮，通州、薊州、易州、涿州、順州、肅州、安州、灄州、遂州、霸州10個刺史州及所領縣。中都城區則由大興、宛平兩個附郭縣劃分而治。

完顏亮的遷都之舉，不管是對於金朝歷史還是北京歷史的發展來說，都是一個具有深遠意義的重大事件。

遷都加速了女真族社會封建化的進程。這次女真人內遷是金朝建國後第四次大規模猛安謀克（「猛安謀克」是女真族語言，「猛安」意為千戶，「謀克」意為百戶，是金太祖完顏阿骨打創建的一種軍政合一的制度）南遷。以往三次遷徙的目的是為了軍事的發展和對新占領區建立統治。此次完顏亮遷都，使大批猛安謀克內遷，其成員多屬宗室親貴，是女真貴族集團的核心部分。內遷的猛安謀克戶按「計口授田」原則領到一份土地，他們與漢族農民雜居一處，「彼耕此種」逐漸被漢化。女真貴族在猛安謀克內部兼併土地，他們不耕不戰，賣掉自己的奴婢，甚至「令漢人佃蒔取租」，奴隸主貴族在封建租佃關係衝擊下逐漸轉化為封建地主，從而瓦解

了女真奴隸主貴族的經濟基礎，最終是先進的封建制經濟取代了奴隸制經濟。這一轉化過程於熙宗在位時已經開始，最終完成於章宗統治時期。在短短的50年間，女真族社會發生了這種根本性的變化，其中完顏亮遷都以及相應的變革措施起著決定性的作用。

完顏亮遷都之後，著手改訂各種制度，在中都城確立了封建中央集權統治。仿效漢制進行改革，應該說從太宗、熙宗兩朝就已開始了，完顏亮的政治改革卻是關鍵的一步。1156年（正隆元年），金朝政府廢除了中書、門下、尚書三省長官共同負責的中央行政機構，只設尚書省，直屬於皇帝，負責中央政務。改設樞密院取代都元帥府，為中央最高軍事機構，由朝廷直接任命樞密使主管軍事。樞密院受尚書省節制，控制軍權。完顏亮當政時期的官制改革，使「職有定位，員有常數，紀綱明，庶務舉，是以終金之世守而不敢變焉」（《金史百官志》）。從而使金朝政治制度進一步封建化、集權化。

遷都還促使女真族思想文化與生活習俗進一步漢化，這種變化在女真貴族集團中最為顯著。

早在金朝建立之初，太祖阿骨打令完顏希尹仿照漢人楷字製作女真文字。在女真皇室貴族中不少人受過儒學教育，金熙宗完顏自幼學習漢族文化典籍，完顏亮在青年時代攻讀過經書。漢族官僚和知識份子受到完顏亮的重用，如漢人張通古為尚書左丞，渤海人張浩為尚書右丞，宋朝內侍梁漢臣成為他的內使，為其改革出謀劃策。海陵王進入中都時，仿漢室天子，按照宋朝禮制以龐大的儀仗隊為先導，乘玉輅，服袞冕，用黃麾仗多達10823人，由臣下山呼萬歲。當時中都城收藏有許多漢族的圖書和文物，集中不少被金人俘虜的漢族官僚和知識份子，為金朝統治集團提供了優越的學習條件。經過30多年後，世宗當政時，儒家思想已成為女真政權的統治思想，不少經史著作被翻譯成女真文字。女真皇室採納漢臣建

議，建宗廟，祭祀先祖。金朝中央政府還仿效漢族統治者開科取士。金世宗大定年間，憫忠寺作為策試女真進士的考場。女真貴族常與漢族士大夫交往，「習辭藝，忘武備」，逐漸拋棄了騎馬射獵的生活。值得注意的是，女真族的漢化雖然促進了女真社會的發展，但是其貴族集團接受了漢族官僚和大地主的腐朽生活方式。因此，金朝政權在完成本族內部的封建化過程以後，很快就衰朽下去了。

此外從整個北京地區的歷史發展進程來看，遼朝建立之前，幽州地區只是中原封建王朝控制東北及北方少數民族的軍事重鎮。那時候，幽州在軍事上的重要性，要遠遠超過其政治方面的意義。及契丹王朝占有此地之後，出於政治和軍事目的，對幽州極為重視，升為陪都，號稱南京，實際上成為遼帝國統治山南地區的政治中心。但遼廷統治遊牧地區乃至整個遼王朝的政治中心，仍然是在遼上京及遼中京等地。

金王朝建立之初，政治中心顯然是在金上京，而對中原地區的控制，分別以燕京及雲中為中心。完顏亮遷都之後，這種政治格局出現重大改變，中都成為整個擁有中國半壁江山的金王朝的統治中心，也就是說，今天的北京正式成為中國北部的政治中心。

完顏亮是一個有魄力、想作為的皇帝，但據史書記載，他也是一個暴戾無度、窮兵黷武的君主。他在傾國力大肆營建中都城並遷都於此後僅僅過了不到10年，為了進一步向南擴張，奪取南宋王朝的半壁江山，又於1161年（正隆六年）下令，調動巨額的人力、物力資源，營建宋朝舊都東京。舊曆六月，完顏亮舉朝遷都於東京，並不顧朝臣與軍民的反對，隨即發動了大規模的伐宋戰爭。金兵在採石（今安徽馬鞍山市西南）被宋軍擊敗，前線官兵開始嘩變。十月，曹國公完顏雍在東京遼陽被擁戴登基。十一月，完顏亮被部將殺死。十二月，完顏雍率兵1萬進入中都，繼續以中都為國

都，改元「大定」，是為金世宗。金世宗是一位頗有治世才幹的君主，在他執政的近30年間，金王朝國勢出現中興氣象。中都城也在這時發展到了極盛時期。以後又經章宗、衛紹王、宣宗三朝，統治日漸昏庸，金王朝由此衰敗下去。

成吉思汗攻取中都

與金王朝衰敗相反，地處北方朔漠的蒙古族卻逐漸強大起來，對金朝的統治構成極大的威脅。儘管金朝從熙宗皇統年間起，在北起興安嶺，西到陰山之間修築壕塹，又加強長城一線的防衛，但是終究未能阻擋蒙古族鐵騎的南下。1206年（金章宗泰和六年），蒙古各部族首領齊聚到斡難河畔（今蒙古國境內的鄂嫩河），舉行全蒙古貴族的議事大會，共推博爾濟吉特部的首領鐵木真為大汗，號成吉思汗（意為海洋般的大汗），建立大蒙古國。

從1211年（衛紹王大安三年）開始，成吉思汗率蒙古軍隊三次攻入居庸關，威脅中都城。但前兩次由於中都城深壕高牆，成吉思汗沒有輕易攻取中都，而是採用先取中都周邊地區，圍困中都的策略。這一策略造成中都城內糧食緊缺，金政府在城裡大肆「括粟」。女真統治集團內部又展開激烈的鬥爭，大將胡沙虎發動政變，弒殺衛紹王，擁立完顏珣為帝，是為金宣宗，改元貞祐。未幾，大將術虎高琪又發動兵變，殺死胡沙虎，執掌軍權。金宣宗無奈，急忙與蒙古議和，送衛紹王女岐國公主和童男、童女各500人及大量金帛給成吉思汗。1214年（貞祐二年）春，蒙古退兵，把黃河以北數十萬被俘百姓和士兵驅趕到塞外，昔日繁盛的中都已變得破敗不堪。5月，宣宗懼怕蒙古軍隊捲土重來，不顧百官的反對，決定遷都南京（北宋舊都東京），僅留太子和一部分官吏留守中都。南遷都城無疑是一大錯誤，這不但得不到宣宗幻想的安全，反而由於失去了北方屏障，加速了金朝的滅亡。暫時退回草原的成吉思汗認為攻取中都的條件已經成熟，遂第三次派兵圍攻中都。

1215年（成吉思汗十年）舊曆五月，堅守中都的主帥完顏承暉見敗局已定，服毒自殺，留守的其他金朝官員遂開門迎降。蒙古軍隊占領了中都城，《續資治通鑑》卷一百六十記載：「蒙古兵入城⋯⋯宮室為敵兵所焚。」金朝在中都的統治從此結束。

元朝的大都

蒙古的燕京路在元大都建立之前，北京地區歷史的發展，雖然經歷了由原始人類的聚落，到偏遠的方國都城，再到北方軍事重鎮，然後發展為遼之陪都，金之首都的漫長歷程，但其影響卻始終未能涉及長江以南地區。只有當蒙古人建立的元王朝在這裡定都，不久又滅掉南宋，統一中國，北京地區遂成為整個中國的政治、文化中心，這種地位一直延續到明清，並且愈加鞏固。

1215年，蒙古軍攻占中都後，廢除中都之名，恢復燕京舊稱。設立燕京路，仍轄大興府等州縣。此後，成吉思汗經略的主要目標轉向長城以北的廣闊地區，特別是通過西征，向蒙古帝國的西面拓展。而將長城以南的中原地區，交給手下大將木華黎管轄，並授之以象徵大汗權威的白旄旗。1217年（成吉思汗十二年），木華黎分別在燕京及西京（今山西大同，時又稱雲中）設置了都行省，作為戰略中心，目的是「以圖中原」。這時的燕京又變成了一個軍事重鎮。這種狀況持續了近50年，其間蒙古統治者任用一些漢人和漢化的契丹、女真人，對於安定燕京地區社會生活，建立新的統治秩序起了不小的作用，金朝降將王楫即是一個。攻下中都以後，王楫向成吉思汗進言，他說：「國家以仁義取天下，不可失信於民，宜禁虜掠，以慰民望。」（《元史王楫傳》）中都當時發生嚴重糧荒，達到人相食的地步，王楫針對此種情況提出允許軍士入城賣糧，士兵得金帛，百姓獲糧食。成吉思汗採納其議，收到良好效果。

成吉思汗死後，拖雷監國時期，他仍然是中部地區的重要官

吏。

　　還有一位是耶律楚材（1190～1244），他是契丹耶律氏皇族的後裔，因出生在中都，自幼接受漢族文化，非常博學，通曉天文、地理、經史、律曆，曾一度入佛門為僧。蒙古軍攻下中都後，受到成吉思汗召見並加以重用，直至窩闊台汗統治時，他先後隨軍西征、南征，官至中書令。耶律楚材效法漢族統治經驗，為蒙古國制定君臣禮儀，建立賦稅制度，又提倡儒學，興科舉，辦學校，也為後來元帝國的建立奠定了基礎。1227年（成吉思汗二十二年）他奉命到燕京整頓秩序，耶律楚材秉公辦事，將不法的「留後親屬及勢家子盡捕下獄」（《元史耶律楚材傳》），從而使燕京社會治安得到好轉。1244年耶律楚材逝世於蒙古高原，根據他的遺願葬於燕京西郊玉泉山麓。1261年，元世祖忽必烈為其修墓、建祠、立像，四時祭祀，以示追崇。後來，清乾隆年間修建清漪園時，該祠入園內，並加以整修，乾隆帝親自作《耶律楚材墓詩及序》。今頤和園知春亭對面仍保存有耶律楚材祠。

## 忽必烈遷都

　　1234年（窩闊台汗六年），窩闊台與南宋聯手滅金，次年定都和林（今蒙古國額爾德尼桑圖附近）。1260年（中統元年）忽必烈奪得汗位，又以開平府（內蒙古正藍旗東閃電河北岸）為上都。1264年（至元元年），忽必烈下詔將燕京改稱中都，府名仍為大興，「燕京」之名從此廢用。1271年（至元八年），忽必烈正式建國號「大元」。次年2月，改中都為大都，並定國都於此。1274年（至元十一年），元朝正式從開平遷都大都城，上都開平改為避暑行都。1279年（至元十六年），元滅南宋，統一中國，大都遂成為統一的多民族的封建中央集權國家的都城。

　　遷都大都是忽必烈在南下滅宋期間決定的，他之所以將國都由開平遷往大都是由多方面的因素促成的。

第一，大都地理位置適中。蒙古統治者既要駕馭漠北，又要俯視中原，還要遙控江南。蒙古貴族霸突魯就認為：「幽燕之地，龍蟠虎踞，形勢雄偉。南控江淮，北連朔漠。具天子必居中，以受四方朝覲。大王果欲經營天下，駐蹕之所，非燕不可。」（《元史木華黎傳附霸突魯傳》）另有漢族官吏郝經等人也主張遷都至燕，他們認為「燕都東控遼碣，西連三晉，背負關嶺，瞰臨河朔，南面以蒞天下」（《郝文忠公集》卷三十三）。上述符合忽必烈建立霸業的意願。

　　第二，燕京是忽必烈建立帝業的基地。忽必烈管理漠南漢地軍政時，曾網羅一批漢族知識份子，如劉秉忠、張文謙、干恂、姚樞、郝經等人，在中原一些地區採用漢族統治辦法，發展農業、屯田積糧，招撫流民，建立了比較穩定的統治秩序。蒙哥汗死後，忽必烈依靠漢官支持，取得大汗之位。忽必烈遷都目的就是為了以原來燕京地區為基地，依靠漢族軍將、謀臣、儒士的支持，鞏固已經取得的政權。

　　第三，遷都是為了適應蒙古社會封建化的需要。以草原遊牧經濟為基礎的蒙古政權，只有效法漢族統治方法，才能符合社會發展，鞏固封建帝國的統治。忽必烈在早年就接受漢族文化教育，當他負責治理漢人居住地區以後，更加深切地感到，必須將地跨江南塞北的帝國統治中心，從草原遷到經濟文化發達的漢族地區。在忽必烈任用的漢族官吏中有一個非常重要的人物就是劉秉忠。劉秉忠（1216～1274），邢州人（今河北邢臺），出身於官宦家庭，博學多才。青年時代不得志，曾出家為僧，「隱居求志」。忽必烈取得汗位以前，劉秉忠被其召見，開始參與政務。他向忽必烈陳述「以馬上取天下，不可以馬上治」的道理，對忽必烈產生極大的影響。元朝建立後，劉秉忠身居太保，對定國號、立朝儀官制、營建大都城池與宮殿，發揮了極為重要的作用。

作為全國的政治、文化中心，元政府對大都城從城市建設、行政管理、水陸交通、政令傳遞等各個方面進行了全面營建。

首先是在遷都前後，由劉秉忠主持，選定新址，建造了一座規模宏大的大都城。工程從1267年（至元四年）正月正式破土動工，直到1293年（至元三十年）才全部完工。

其次，在大都內設立了一整套龐大的中央和地方軍政機構。從1285年（至元二十二年）開始，皇室、貴族和中央衙署相繼遷入大都城。在大都設立的中央政府機構有中書省，總管全國政務，總領六部百官，並掌管直隸地區行政事務。其最高長官稱中書令，權位極重，常以皇太子擔任，次為左右丞相。樞密院是掌管全國軍務的機構，最高長官是樞密使。樞密院掌管中央禁衛軍。忽必烈當政時，設有左、右、中、前、後5衛親軍，為拱衛都城的中央常備軍，由蒙古族兵丁充當。各衛由都指揮使統領，每衛有親兵1萬人，其中的大部分執行任務，但每衛又抽2000人分散在京畿州縣駐軍屯田。元朝後期，由於階級矛盾尖銳和統治區域擴大，禁衛軍陸續擴充到21衛。元朝最高監察機關是御史台，設御史大夫二員，中丞、侍御史、治書侍御史各二員。這三個機關組成中央一級的最高權力機構。另外，在中央還設有宣政院，負責吐蕃地區軍政事務。又設會同館，專門接待各少數民族官員和外國使臣，加強大都與偏遠地區以及世界其他國家、地區之間的聯繫。

1282年（至元十九年），在大都專門設立大都留守司，「掌守衛宮闕都城，調度本路供億諸務，兼理營繕內府諸邸、都宮原廟、尚方車服、殿廡供帳、內苑花木及行幸湯沐宴遊之所，門禁關鑰啟閉之事」（《元史百官志六》）。其署官有留守五員，同知、副留守、判官、經歷、都市等各級官吏若干員。元代一度設有少府監，掌管宮中御衣、寶貨、珍膳、兵器及玩好器物，基本上由留守司監管。

元代地方行政機構為行省、路、府、州、縣，各級統屬於中書省管轄。還有一點特殊的是，為更便於控制京畿重地，中書省專門在大都和上都及其周邊等地劃出一塊直轄區，稱為「腹裡」。這樣一來，大都路及下屬府、州、縣各級就直隸於中書省統轄。大都留守司建立之初兼管大都路都總管府事由，1284年（至元二十一年），另設大都路都總管府治理民事。大都路下屬機構有兵馬都指揮使司，分設南、北兩司，置於北城和南城，職責是「掌管京城盜賊奸偽鞫捕之事」。司獄司「掌囚刑獄具之事」，設司獄員等官吏主持。另設警巡院左、右院和南城警巡院，分領京師民事。供需院主管供需事項。提舉學校司負責教育。

1284年大都路總管府建立後，下領州和直轄縣有涿州、霸州、通州、薊州、州、順州、檀州、東安州、固安州、龍慶州（各州所領共有16縣）及大興、宛平、良鄉、永清、寶坻、昌平6縣。大都城區東、西分屬大興、宛平兩縣管轄，兩縣地方官設達魯花亦各一員，縣尹各一員，下設縣丞、主簿、縣尉、典史、司吏各若干員。另在東、西、南、北四關廂分設巡檢司，「掌巡捕盜賊奸宄之事」，加強都城的治安防衛工作。

總之，擁有龐大的官僚機構和京師的特殊行政機構以及中央禁衛軍，是封建皇都重要的標誌之一。

第三，透過開挖南北大運河及發展海上航運，把大都這個政治中心與江南經濟中心連接起來，很好地解決了大都地區百司、軍隊和民眾的生活需求，正像《元史食貨志》所記載的那樣：「元都於燕，去江南極遠，而百司庶府之繁，衛士編民之眾，無不仰給於江南。」

元代溝通南北的大運河是在隋唐以來運河及一些天然河道的基礎上開鑿而成的。南方從浙江的杭州為起點，經過浙西運河（江南河）、淮陽運河（邗溝）、黃河、泗水、濟州河、會通河、衛河

（永濟渠）、白河、通惠河直抵大都城裡的海子（今積水潭）。通過大運河溝通了錢塘江、長江、淮河、黃河、海河南北五大水系，使江南和黃淮等地糧食以及其他物資通過運河源源不斷地輸入到大都。每年從江南運往大都的漕糧在100萬石以上，有時竟達300多萬石。大都地區專門設立京畿都漕運使司、通惠河運糧千戶所等機構負責漕運事宜，隸屬於戶部。

早在南宋時，山東與江浙之間已發展起海上航行事業。元世祖忽必烈當政時，命張瑄、朱清等人負責籌畫海運事務。1282年（至元十九年），以60艘平底船載糧4.6萬石，自江南經海上運至直沽（今天津地區），再轉運大都，首航取得成功。1287年，中央設立行泉府司專門負責海運。海船每年2月由長江口的劉家港起錨入海北上抵達直沽，不過旬日再返航。往返運行直至8月。元代海運量初期不過4萬多石，後逐年增加，最高年海運糧食達320多萬石。海運的發展不僅滿足大都最高統治者的需求，也促進了大都商業經濟的繁榮。

第四，以大都為中心建立了通達全國的驛傳系統。元代稱驛站為「站赤」。中央政府專門設立通政院管理站赤事宜，後改由兵部負責。元朝政府以大都為中心，在全國設立站赤1383處。根據當時不同地區的交通條件，分為陸站和水站。又以交通工具的區別分為車站、馬站、牛站等。元朝政府依靠驛傳，保證從元大都發出的軍政號令傳布、貫徹到全國各地。

元朝是以少數民族為核心建立起來的一個多民族的封建中央集權的國家，因而有元一代統治階級內部的政治鬥爭，統治階級與人民大眾之間的階級鬥爭以及民族間的矛盾表現得十分激烈。大都作為全國政治中心尤為明顯。

「阿哈瑪特事件」和「文天祥就義」

忽必烈奪取汗位，建立新王朝，其中漢族謀士和軍將起了重要

作用。起初忽必烈推行「漢法」，任用漢官，但1262年（中統三年）發生了李璮叛亂，他感到漢人的威脅，因而積極推行民族歧視和民族壓迫政策，在中央和地方各級政府機構中均由蒙古人擔任主要官吏，依靠色目人（「色目人」在元代專指移居中國的中亞和東歐諸族人）作為助手，防範和統治漢人。至元年間，色目人阿哈瑪特（又稱「阿合馬」）受到忽必烈的寵信，主管政府的財政，後任中書平章政事，專擅相權。他「內通貨賄，外示威刑，廷中相視，無敢論列」（《元史阿哈瑪特傳》），因而在朝廷內外積怨甚深。1282年（至元十九年）3月，山東益都千戶王著與民間宗教領袖高和尚，趁忽必烈赴上都消暑的機會，組織80餘人潛入京城，假稱皇太子真金回宮，召見留守大都的阿哈瑪特。在東宮前，偽太子厲聲申斥數語後，王著便把阿哈瑪特拉到一邊，拿出事先藏在袖中的銅錘將他擊死，隨後又殺其同夥左丞郝禎。皇宮侍衛軍衝出鎮壓，王著挺身受捕，後被殺。王著在臨刑前大呼：「王著為天下除害，今死矣！異日必有為我書其事者。」年僅29歲。

擊殺阿哈瑪特的事件，表明大都地區民族矛盾是相當尖銳的。當時正在大都的馬可波羅後來在他的《遊記》中也記載道：「契丹人（指漢人）都厭惡大汗的統治，因為，他任命統治他們的大官吏都是韃靼人，尤其是撒拉遜（色目）人。這兩種人把契丹人當作奴隸，這是契丹人所無法忍受的。可見，大汗對於契丹的統治，無法獲得世襲的權利，只是借助武力來統治他們。既然他沒有得到本地人的信賴，就把所有權力都交給韃靼人、撒拉遜人或者基督教徒手裡。這些人都依附於皇帝並忠心耿耿地為他服務，對契丹人來說，他們這些人都是異族人。」這些記載大體反映了當時的社會現實。

同年12月，又有傳言說宋室皇族將聚眾千餘攻打大都，以劫救囚禁在獄中的文天祥。元廷聞訊後十分驚恐，決心處死文天祥。文天祥（1236～1283），字履善，又字宋瑞，號文山，江西廬陵（今江西吉水）人。宋寶祐四年（1256），中狀元，官至右丞

相。1278年（至元十五年）抗元失敗，在五坡嶺（今廣東海豐北）被俘，次年10月押至大都。忽必烈多次使人勸降，均遭文天祥嚴詞拒絕，他慷慨申言：「今文天祥至此，有死而已，何必多言。」文天祥被關押在大都北兵馬司土牢內，度過了4年的獄囚生活。他在獄中書寫了大量詩詞，並與舊作編輯成冊，取名《指南錄》，表明自己如磁鍼一樣心向南宋。他寫的《正氣歌》，抒發了「富貴不能淫，威武不能屈」的高風亮節，一直廣為後人傳誦。至元十九年十二月初八（1283年1月8日），元世祖忽必烈在皇宮親自勸降文天祥，並許以宰相的高位。文天祥不為所動，唯以「願賜之一死足矣」作答。第二天（1月9日），文天祥在南城柴市（今北京宣武區菜市口一帶）從容就義，時年47歲。他的友人張千載冒死收其屍首，在俘虜中訪見文天祥之妻歐陽夫人，將屍骨火化，送歸故鄉安葬。明代洪武九年（1376），在當年囚禁文天祥的土牢舊址修建文丞相祠（今北京東城區府學胡同內），其後院內至今有一棵向南歪斜的棗樹，相傳是文天祥親手所栽。

「兩都之戰」

按照蒙古舊制，汗位繼承人要經過貴族大會（即「忽里勒台」）的推戴才能確認。元朝建立後，忽必烈雖然仿漢制確立了太子，但忽里勒台制度依然保存。1294年（至元三十一年）正月忽必烈死後，最高統治集團內部為爭奪皇位的鬥爭接連不斷，直至發展到公開的內戰。文宗在位時就發生了「兩都之戰」。1328年（泰定五年）7月，泰定帝避暑時死於上都開平。消息傳來，留守大都的權臣燕鐵木兒發動兵變，遣使迎接前帝武宗（1311年已死）的次子圖帖睦爾入京即帝位，是為元文宗。而上都的隨駕諸臣，則擁立泰定帝9歲的幼子阿速吉八繼位。於是為爭皇位，大都、上都之間展開激戰。上都兵分四路進攻大都，燕鐵木兒分兵抗擊，戰場就在大都周邊地區。經過一個多月的鏖戰，文宗與燕鐵木兒雖最終取得勝利，但雙方混戰也使大都周圍遭到嚴重破壞，京東

一帶甚至出現「野無居民」的慘相。

明末紅巾軍毛貴部威逼大都城

1358年（至正十八年），京師發生特大饑荒，貧病而死的流民比比皆是。大都各城門外都挖有土坑埋葬屍體，兩三年內埋葬的死者多達20餘萬。人民的賦稅與勞役負擔卻有增無減，生活困苦不堪。元末至正年間，京畿和其他各地農民被迫起義，反抗殘酷的階級壓迫與民族壓迫。1357年（至正十七年），江淮一帶韓林兒、劉福通所領導的紅巾軍分三路北上，直指大都。由毛貴領導的東路軍自山東北進，攻克清州、滄州、長蘆等地。1358年三月進逼州，起義軍的前鋒抵達棗林（今通縣東南），距大都僅120裡。城內驚恐萬分，朝臣勸順帝遷都避難。後因元政府召四方軍隊援救，同知樞密院事劉哈剌不花帶兵堵截，紅巾軍被迫退守濟南。

1368年（元至正二十八年，洪武元年），朱元璋在南京即帝位，明朝建立。而在前一年的10月，朱元璋就任命徐達為征虜大將軍，常遇春為副將軍，率軍25萬北伐滅元。行前發布北伐檄文，歷數元朝統治的腐朽和苛政，提出「驅除胡虜，恢復中華，立綱陳紀，救濟斯民」的口號。徐達等將按照朱元璋的北伐方略，先攻取了山東、河南等地。隨後沿運河水陸並進，1368年閏七月抵達河西務，攻下京東重鎮通州。元順帝見大勢已去，帶著后妃和隨從人員100餘人連夜開健德門，出居庸關逃往上都。八月初二，明軍進抵大都城下，猛攻齊化門，士兵填壕登城而入，大都遂為明軍占領，元朝滅亡。

明朝的北京

1368年（洪武元年），明軍占據大都城後，明太祖朱元璋頒布《改北平府詔》，改大都路為北平府，初隸屬山東行省。次年，單獨設立北平行中書省，治北平府，統北平、保定、大名等8府、

37州、136縣。1376年（洪武九年）6月，改北平行中書省為北平承宣布政使司，轄境如舊。這樣北平不再是全國首都的狀況一直延續了30餘年。

「靖難之役」及永樂遷都

1398年（洪武三十一年），朱元璋病故，其孫朱允即位，是為建文帝。建文帝因諸王「以叔父之尊多不遜」，採納大臣黃子澄等人提出的削藩策略，以期收回大權。駐守北平的燕王朱棣遂以誅奸臣、清君側為名，發動「靖難之役」，經過3年多的較量，最終取得了帝位，建元永樂，這就是明代著名的成祖皇帝。

朱棣取得帝位後就有遷都之意，在與大臣密計數月而後行。1403年2月4日（永樂元年正月辛卯），下詔改北平為「北京」，稱「行在」。二月，改稱北平府為「順天府」。同時，又設北京留守行後軍都督府和北京行部，分管軍政，罷廢北平承宣布政使司，為遷都做好準備。

此後，明朝政府多次向北京移民，組織人力疏通南北漕運河道。並從1406年（永樂四年）開始大規模營建北京城，到1420年（永樂十八年）城建工程基本完工。1421年正月初一，明朝正式遷都北京。廢「行在」之稱，改北京為「京師」，改原京師為南京，作為陪都。北京再次成為全國的首都。以後明仁宗洪熙元年（1425），曾擬遷回南京，廢北京「京師」之稱，又改稱「行在」，但還都之舉一直未實施。至英宗正統六年（1441）又恢復北京「京師」之名，並終明一朝不改。明代京師作為一級政區，轄8府、2直隸州、17個屬州、116縣，這一區域又稱「北直隸」。其中轄北京地區的順天府，據《明史地理志》記載共領5州、22縣。其中的4州、9縣全部或部分在今北京市境內，即通州及其所領的縣；昌平州及所領的順義、懷柔、密雲3縣；涿州所領的房山縣；薊州所領的平谷縣；以及大興、宛平、良鄉3個直轄縣。今延慶縣

一帶當時則為延慶直隸州所領永寧縣。

明成祖之所以遷都北京，是基於多方面原因決定的。首先是為了加強對北方蒙古族的防禦力量，鞏固明政權。自從洪武年間元順帝逃離大都以後，蒙古貴族並不甘心失敗，《明太祖實錄》卷三十七記載：「元主北奔，命擴廓鐵木兒復北平。」蒙古族殘存勢力成為明朝政權的主要威脅。朱元璋在位時，明軍曾多次對蒙古地區用兵，克應昌，攻和林。成祖當政後也多次北伐，從1410年（永樂八年）至1424年（永樂二十二年）間，明成祖先後率兵5次出塞親征，相繼打敗本雅失里、阿魯台和馬哈木所統率的蒙古各部。這一系列的軍事行動都以北平為基地，北平在明初的民族矛盾和鬥爭中居於特殊重要的戰略地位，而這一鬥爭又直接關係到明政權的存亡。明朝政府對蒙古的防禦線設在長城一線，明成祖將國都遷至北平，可以就近指揮對塞北的軍事鬥爭。

其次，北平是朱棣建立帝業的根據地。洪武期間，明太祖分封子孫為王，其四子朱棣被封為燕王，就藩北平。封王中以北方諸王勢力為大，其中尤以燕王勢力為最。由於北平臨近塞北，是蒙古騎兵南下要衝，燕王被授以兵權，防範和征伐蒙古貴族殘餘勢力。在向塞北用兵時，燕王朱棣表現得最為出色，「智勇有大略」，因屢建奇功，深得明太祖信賴，令其節制沿邊兵馬，「大小官軍悉聽節制」（《明太祖實錄》卷二五七），從而提高了燕王在諸王中的政治、軍事地位。燕王在北平修建府邸，練兵訓將，培植自己的統治基業。正是憑藉在北平的政治、軍事實力，朱棣發動「靖難之役」，奪取了皇帝之位。他不可能在缺乏政治根基的南京繼續統治，北遷都城是必然的。

此外，如前所述北平具有優越的地理條件和悠久的建都歷史，也是遷都於此的重要理由，鎮守北平十幾年的燕王朱棣對於這些自然是有深刻的認識。

永樂遷都北京，鞏固了明王朝的統治，也使北京又一次成為封建帝都。同以前歷代封建王朝相比較，明代封建專制主義中央集權統治有了進一步加強，這種強化從明太祖時就已開始。如中央機構中廢除丞相制，改設六部，直隸皇帝，加強皇權統治。地方上廢除行中書省，建立布政使司（簡稱省）、府（直隸州）、州、縣四級地方行政制度，省一級以承宣布政使司為主，管民政、財政。為了防止權力過重，另設提刑按察使司、都指揮使司分管司法和軍事，使地方官吏相互牽制。到明成祖時，集權進一步強化，北京作為都城則更加明顯，主要體現在內閣、京軍和廠、衛機構的設置。

　　內閣、京軍和廠、衛

　　明成祖遷都後，在皇帝與六部之間正式設置「內閣」，內閣大臣由皇帝欽選，由於在內廷殿閣辦事，故稱「殿閣大學士」。皇帝通過內閣控制六部，這是明成祖強化君主專制的又一措施。但到明中後期，內閣大學士職權愈重，往往由他們為年幼的皇帝秉政，如9歲的英宗繼位後，由內閣大學士三楊（楊士奇、楊榮、楊溥）輔政，朝政多由他們議行。由於明後期皇帝多昏庸無能，國家大事往往經閣臣議定，再擬為皇帝指令，下達各部執行，造成內閣大學士專權，反而削弱了皇權。

　　為了強固封建統治中心，明政府在京城內外及周圍州縣設立72衛，成立五軍、三千、神機三大營，合稱「京軍」，負責守衛京城。英宗正統年間，經土木堡之變後，三大營損失慘重，後改團營。嘉靖時恢復三大營舊制，改三千營為神樞營。駐守城區的士兵，日夜輪番值勤，守衛皇宮、內外各城城門、衙署以及主要街衢，京畿交通要衝、皇家陵寢亦派重兵守護。

　　為了加強對京師人民的統治，明朝沿襲元制還在五城設置兵馬指揮司，負責「防察奸宄，禁捕賊盜，疏通溝渠，巡視風火」。英宗正統年間又設立巡城御史，負責監察。弘治年間還設巡捕營，京

城內外有近2000名巡捕營士兵值勤，專捕「盜賊」。此外還在城區分鋪，郊區劃分保甲，透過這些基層組織嚴密控制京城內外的老百姓。

明朝還設立廠、衛，是由皇帝直接控制的特務機構。「廠」指的是東廠、西廠和內廠，這些是偵緝機構。三廠之中建立最早的是東廠（東緝事廠），建於1420年（永樂十八年），地址在東安門以北（今東廠胡同）。東廠由皇帝直接指揮，司禮監（司禮監是明朝二十四宦官衙門中的第一個衙門，這裡的宦官權勢最大，他們是皇帝最親信的奴僕）大太監掌管，稱「廠公」或「督主」，專門負責緝訪「妖言」、「謀逆」。勳戚子弟、地痞流氓惡霸充當打手，他們遍布各個衙門以至街頭巷尾，凡遇「犯上」言行或形跡可疑的人，無論官、民一律緝捕。

1477年（成化十三年），又在灰廠（今羅賢胡同東）舊址設置西廠，由大太監汪直操縱，他的爪牙遍及各地。1506年（正德元年）宦官劉瑾專權時，以榮府舊倉地設內辦事廠，通稱為內廠，屬於監視特務的特務機關。

「衛」是指錦衣衛，1382年（洪武十五年）始設在南京，後一度撤銷。遷都北京後重設，地址在五軍都督府西南（今天安門廣場西南）。最初錦衣衛是皇帝的衛隊，後添設專門的法庭與監獄，成為組織嚴密的軍事特務機構，最高長官是衛指揮使，由皇帝委派，直接對皇帝負責。

凡重要的政治案件均由錦衣衛審理。

在明代高度的中央集權制下，皇帝擁有無上權威，但也成了名副其實的孤家寡人。皇帝為維護統治只好依靠家奴（太監）和特務（廠衛），到明朝中後期，「宦官之禍」、「廠衛之劣」史不絕書，而且與北京地區發生的許多重大事件有密切聯繫。明英宗時的「土木堡之變」及「奪門之變」；明世宗時，兵部員外郎楊繼盛

（號椒山）因上疏彈劾嚴嵩專權，被捕入獄，後戮於西市；明熹宗時，御史楊漣、左光鬥因揭露魏忠賢罪狀，被誣陷死於獄中。如此等等，都是典型的例子。

土木堡之變及京師保衛戰

除了內閣、宦官專權和廠衛特務統治外，明代北京地區不斷遭受來自北方的邊患也是一個嚴重問題。建國之初，明軍曾多次出塞北征，打擊蒙古貴族的軍事力量，同時在燕北設置衛所，修築防禦工事。宣宗在位（1426～1435年）期間，北部邊防有所鬆弛，原設在開平等地的衛所被放棄，實際上使明朝防守線南移。英宗繼位時年僅9歲，由於宦官王振專權，政治漸趨腐敗，從而為蒙古族勢力南下造成可乘之機。

這時，蒙古瓦剌部勢力比較強大，先後攻占甘肅、河北、遼東一些地區。王振與瓦剌統治者暗中勾結，向瓦剌私運武器。朝中官吏提出備戰遭到排斥和打擊。1449年（正統十四年）瓦剌軍分四路南下，首領也先親自率兵圍攻大同。在沒有任何防禦準備的情況下，英宗受王振挾制冒險出征。7月16日出師，19日過居庸關，前哨軍與瓦剌交鋒，8月13日明軍敗駐土木堡（今官廳水庫北岸，懷來附近）。次日，明軍與瓦剌軍在土木堡交戰，三大營喪失幾盡。15日英宗被俘。王振在亂軍中被護衛將軍樊忠用鐵錘擊斃。

土木堡慘敗消息傳至京城，朝中一片混亂。有的大臣提議遷都，一些官吏、富戶紛紛送家眷出京避難。在京城處於危難之際，于謙以兵部左侍郎升任兵部尚書，擔負起保衛京師的重任。

于謙馬上宣布凡主張南遷都城者，按軍令處斬。同時為使國家有主，以安定民心，擁立英宗弟弟郕王朱祁鈺為帝，是為明代宗。他還積極備戰，包括整頓軍紀、趕造兵器、調兵遣將、修築工事等。于謙重點整頓三大營，著重加強長城沿線關隘的防禦設施，並且在離京城20至30里的地方，每隔5里修築一座烽火台，稱為墩

台,俗稱堡子。10月,瓦剌首領也先假借送英宗,一路燒殺劫掠,入紫荊關,直抵德勝門外。于謙識破其陰謀,率軍出城迎擊。雙方在德勝門、西直門和彰儀門(金中都西垣城門,位置相當於嘉靖年間所修明外城廣寧門)外展開激戰。于謙頒布臨陣軍令:「臨陣將不顧軍先退者,斬其將;軍不顧將先退者,後隊斬前隊。」(《明史于謙傳》)各部將領又「泣以忠義諭三軍」,使人人精神感奮、鬥志高昂,軍士作戰驍勇,加之火器兇猛,戰術巧妙,瓦剌軍連遭失利。當瓦剌軍沿途燒殺劫掠時,京畿民眾自動組織起來保衛家鄉,軍民聯合抗戰,連續五晝夜殺傷瓦剌軍過萬人,也先弟孛羅在攻取德勝門時也被炮火擊斃。十一月初八日瓦剌軍被迫退出關外,京師轉危為安。

此後,于謙繼續加強北京的軍事守備力量,也先南侵企圖終未得逞,被迫向明廷求和,並把英宗送回。1450年(景泰元年)英宗朱祁鎮回到北京,被代宗軟禁在皇城內的南宮。1457年(景泰八年),代宗病重,英宗在宦官曹吉祥及副都御史徐有貞、京營總兵石亨等人支持下,展開爭奪皇位的鬥爭。舊曆正月十六日凌晨,英宗在石亨等人的協助下,奪東華門,入奉天殿,重新登上皇帝寶座,史稱「奪門之變」。明英宗復辟後,一面為王振立精忠祠塑像祭祀;一面逮捕于謙,並於七日之後,即1457年2月16日(舊曆正月二十二日)將其殺害。于謙在西市遇難,據《明史于謙傳》記載:「死之日,陰霾四合,天下冤之。」北京民眾深切懷念這位愛國將領,1466年(成化二年)冤案得以昭雪,1590年(萬曆十八年)于謙被賜諡號「忠肅」,並在他生前住所(今東城區西裱褙胡同23號)建立了祠堂。

英宗復辟近百年後,1550年(嘉靖二十九年),北京地區又遭受蒙古俺答率領的韃靼部騎兵的侵擾,史稱「庚戌之變」。此時,正值內閣大學士嚴嵩專權,朝政極端腐敗。俺答進犯的路線是沿邊東進,於舊曆八月十四日攻占古北口。韃靼軍隊先在密雲、懷

柔、順義等縣內大肆燒殺劫掠，十七日到達通州白河東岸，二十一日兵臨京師城下。

當時，明禁軍僅有四五萬人，半數還是老弱之兵，守衛京師的兵力十分空虛。於是京師居民及各地進京應武舉的諸生組織起來參加禦敵。其間，戚繼光以山東登州衛指揮僉事，率領士卒北上薊門守邊。1550年秋，又值戚繼光在京城參加武舉會試。俺答進犯，戚繼光被任命總旗牌督防京城九門，直接參與守衛京師的軍事行動。由於這次俺答進犯旨在劫掠，未直接攻城，當他們在京郊騷擾之後，於二十八日撤出口外。根據事後各州縣統計上報，俺答軍隊劫掠人畜達200萬。

1567年（隆慶元年），穆宗朱載繼位，張居正入閣執政。為了挽救王朝統治危機，加強北方防禦力量，調戚繼光再次北上守邊。戚繼光擔任薊州、昌平、遼東、保定軍務總管，他採取積極防禦的方針，著手整頓軍紀，進行戰術訓練，提高軍隊戰鬥力。同時加修邊牆，從1569年起，經過3年的艱苦努力，在東自山海關西至居庸關一段長城線上加修敵台1017座。戚繼光鎮守薊州16年，北方遊牧族不敢犯塞，對於保障塞內人民生產、生活，對於保衛京師安全，起了非常重要的作用。1583年（萬曆十一年），戚繼光調赴廣東。

明末，京師又發生了一次重大的保衛戰。1629年（崇禎二年），後金首領皇太極分兵東西兩路入塞，一舉攻陷遵化，又經順義、通州等地，於舊曆十一月六日逼近京城。兵部尚書、薊遼督師袁崇煥帶領9000勁旅自關外趕到京師勤王，屯兵廣渠門外。崇禎帝令袁崇煥調度各鎮援軍，抗擊後金八旗兵，史稱「己巳之役」。11月20日，皇太極派多爾袞等率八旗精銳數萬攻取廣渠門，袁崇煥親率勤王遼軍迎擊。雙方兵力相差懸殊，但是明軍多「奮力殊死戰」，「時賊矢雨驟」，袁崇煥身先士卒，「兩肋如蝟，賴有重甲

不透」。自午至酉，鏖戰3個時辰，明軍殲八旗兵千餘人，取得輝煌戰果。23日，皇太極被迫移營南海子。

皇太極在軍事上失利後，遂施反間計陷害袁崇煥。他故意散布與袁崇煥有密約的謠言，由被俘後縱歸的明太監傳至宮裡。12月1日，崇禎帝即捕袁崇煥關押入錦衣衛獄中。遼東將士聞訊，軍心受到極大挫折。皇太極陰謀得逞，八旗軍縱橫畿輔，大肆劫掠，直到1630年（崇禎三年）5月，才退出關外。舊曆八月袁崇煥在西市被凌遲處死。這一冤案直至清朝乾隆年間撰修明史時才真相大白。

袁崇煥含冤死後，由其姓佘的義僕竊屍，埋葬在廣渠門內廣東義園內。佘義士為其守墓終生，死後亦葬在袁墓旁。1917年在廣東新義園內修建了袁督帥廟，位於今日的龍潭湖公園內。

2002年，北京市政府對位於崇文區東花市的袁崇煥祠和墓進行修葺，恢復歷史原貌，並建成袁崇煥紀念館。

從這三個時期保衛京師的重大軍事鬥爭中可以看出明朝北方的民族矛盾始終是很尖銳的。

永樂北遷都城，固然起到了鞏固國家統一的積極作用，但是在朝政昏聵、國家空虛的形勢下，京師每每處於民族鬥爭的第一線，直接關係到國家社稷的安危。以于謙、戚繼光、袁崇煥為代表的愛國將領和廣大軍民在保衛京師的鬥爭中所做出的重大貢獻，將永遠載入史冊。

京師人民的反抗和李自成起義軍攻占北京

明朝自英宗正統年間起，奸臣當朝，宦官專權。

他們依仗權勢大肆搜刮民脂民膏，對人民實行高壓統治。這一切促使階級矛盾日趨激化，京師成為這一矛盾的焦點。

1510年（正德五年）京南霸州一帶的「響馬」在劉六、劉七

領導下發動起義。這支起義軍持續鬥爭兩年，波及8省，先後4次逼近京城。1511年7月，農民軍先鋒抵阜成門外，明廷慌忙調集京營士兵防守九門，又調延綏、宣府邊兵保衛京師。最後，統治者集中大批兵力才將這支起義軍鎮壓下去。

明代後期宦官以開礦為名大肆掠奪財富，又派人向各地徵商稅。這種殘害商民的行為始於京城，危及全國。萬曆年間發生了各地反對礦監、稅監的鬥爭。1603年（萬曆三十一年）3月，發生了第一次大規模的礦工反對礦監稅使的鬥爭，據《明神宗實錄》卷三百八十記載：「今者蕭牆之禍四起，有產煤之地，有運煤之夫，有燒煤之家，關係性命，傾動畿甸。」京西房山、門頭溝一帶的窰工舉行示威鬥爭，迫使明朝政府撤換礦監王朝。與此同時，北方地區農民以白蓮教的組織形式祕密串聯，醞釀起義，對明朝統治造成很大威脅。

自明中葉以來，各地人民的反抗鬥爭猶如涓涓細流，最後彙聚成波濤洶湧的大潮，終於在崇禎年間爆發了李自成領導的農民大起義，直搗京師，推翻了明王朝。

1644年（崇禎十七年）舊曆正月，李自成領導農民起義軍在長安建立大順政權。二月，李自成率數10萬大軍從陝西向北京進發，農民軍所向披靡，破太原、取大同，進軍神速，於舊曆三月十五日抵達居庸關，守關總兵唐通、太監杜之秩出降，農民軍於當日占領了居庸關。次日攻占昌平和明陵，接著前鋒夜渡沙河，抵達平則門（阜成門）外。

其間，崇禎帝驚恐之極，他召集文臣武將商議戰守之事，私下卻與近臣密商棄都南逃，並潛送太子出京。17日農民軍包圍了北京城，崇禎上朝，君臣對泣。農民軍往城內射書，向明廷勸降，遭到崇禎帝的拒絕。18日農民軍對德勝門、西直門、阜成門發動猛烈攻勢，戰鬥十分激烈，京郊農民趕來幫助大順軍運石填壕攻城。

負責防衛京城的太監曹化淳被迫打開廣寧（後改稱廣安）城門。當晚農民軍占領了外城，接著向內城各門發動進攻。負責守城的明軍不肯為朝廷賣命，「鞭一人起，一人復臥」，京營提督李國幀已無法調度指揮。崇禎帝見大勢已去，強令周皇后自盡，又親手殺死數名妃嬪和公主。後由太監保護企圖化裝突圍出城，但是京城已被起義軍包圍得水泄不通。當他們看到正陽門城樓上懸掛三盞白燈籠時，知道情況已萬分危機，無法挽救。崇禎帝走投無路，又怕受到農民軍的正義制裁，隻身攜帶心腹太監王承恩跑到萬歲山（今景山）東山坡前的一株古樹下自縊而亡。王承恩亦隨其主自絕。3月19日黎明，起義軍攻入內城占領皇宮。當日中午，李自成在大隊農民軍簇擁下，從沙河以北的鞏華城出發經由德勝門進入內城，又從承天門進入紫禁城，到達皇極殿。李自成下令「大索帝后」，發現崇禎帝屍體後葬於明陵。

農民起義軍推翻了統治中國270多年的明王朝，第一次登上了封建王朝都城的政治舞臺，這是一項重大的政治事件，但李自成的大順政權在北京只存留42天，即被鎮守山海關的明軍總兵吳三桂勾結關外的滿洲貴族勢力在山海關以北的一片石所擊敗，只好退出京師，返回關中。大順軍離京時，放火焚燒了宮殿和九門城樓。清八旗軍隊接踵而至，1644年舊曆五月初二，清軍入朝陽門，占領了北京。從此開始了清朝以北京為中心長達267年的統治。

清朝的京師

清朝定鼎北京明萬曆年間，居住在東北地區的建州女真部首領努爾哈赤建立了後金政權。

皇太極即位後，於1627年（天聰元年）改建州為滿洲，女真族通稱為滿族。1636年（天聰十年）改國號為清。自1618年（努爾哈赤天命三年）起，女真人把攻擊目標集中到明朝，僅崇禎帝在位10多年裡，皇太極就帶兵4次攻破長城防線，威脅京師地區。最

終在攝政王多爾袞的統率下，占領了明王朝的京城。

　　從後金政權建立到清兵入關前，滿族統治者曾多次遷都。由興京（赫圖阿拉）到東京（遼陽）、到盛京（瀋陽），標誌著女真族統一各部到統一全東北地區的過程。進占北京後，以多爾袞為首的統治集團為了「宅中圖治」，決定遷都北京。1644年（順治元年）舊曆九月十九日，年幼的順治帝福臨到達北京。十月初一福臨親至南郊，行定鼎登基禮，宣布「定鼎燕京」，仍稱京師，中國封建社會最後一個王朝——清朝的中央政權就這樣在北京建立了。

　　清朝以北京為中心的統治延續267年，其間可以1840年鴉片戰爭為標誌劃分為兩個階段。前一個階段從社會發展看，屬封建社會，階級矛盾及國內的民族矛盾是主要矛盾；後一階段由於資本主義和帝國主義列強的入侵，中國進入半殖民地半封建社會，國與國之間的民族矛盾上升為主要矛盾。

　　清朝定都北京後，不論是中央機構還是地方行政機構多沿襲明制。但適應滿漢統治的需要，也有適當的變化。如中央政府，自康熙年間特選親近翰林學士入值內廷的乾清宮南書房，國家的政務活動開始進入內宮。以後至雍正年間發展為「軍機處」，軍機大臣均由皇帝親選，都是所謂的親信重臣。於是軍國要務，完全由皇帝及所控制的軍機處決定，而外廷的內閣、六部則成為執行機構，這表明皇權的進一步強化。

　　在地方行政制度上實行省、府（直隸州、直隸廳）、縣（散州、散廳）三級制。具體到京師地區則沿襲明朝，設立順天府。清朝將明北直隸改稱直隸省，順天府的某些政務由直隸省兼管，所以從級別上順天府是屬地方二級政區。但實際情況，由於順天府是國都所在地，地位特殊，與地方上的府有不少區別，如順天府長官稱「府尹」，官級為正三品，而一般府長官稱「知府」，官級為正四品或從四品；順天府尹可全權處理京城及京縣（大興、宛平）的事

務；其所用官印是銀質的，與總督、巡撫官印相同，地位之顯赫，可見一斑。

有清一代，順天府所轄州縣多有變化。清初轄5州7個直轄縣，1688年（康熙二十七年），順天府轄區分設東、西、南、北四路廳，各轄若干州縣。1743年（乾隆八年）以後逐漸固定下來，共領5州19縣，一般混稱為順天府24州縣。在今北京市境的有大興、宛平、良鄉、房山、通州、昌平州、順義、懷柔、密雲、平谷等。另外，清宣化府的延慶州，承德府灤平縣的西南部、獨石口廳東南部亦在今北京市境。

清朝遷都之後，為了確定滿洲貴族的統治地位，加強對京畿地區以及全國的控制，頒行了一系列的法令和政策。

一是大力籠絡漢族官僚地主，使滿漢統治階級結成牢固的同盟。早在清入關之前，大學士範文程就上書多爾袞，勸他「進取中原」時，要安撫明朝官吏，要「官仍其職」。所以清軍入京的第二天，便為崇禎帝發喪三日，加懷宗端皇帝（後改莊烈帝）諡號。其後規定北京內閣、六部、都察院等明吏，「俱以原官同滿官一體辦事。」第二年（1645），清即恢復了科舉考試，在三年一次的常科之外，又開「加科」，加科之外又開「博學鴻詞科」，對漢族地主知識份子大開仕進之門，大張利祿之網，對隱逸者也多方征辟錄用。從而迅速建立起以滿洲貴族為主，滿漢統治階級聯盟的政權，使明朝遺留下來的政權機構，很快轉化成清王朝的政權機構，從而在清初短短的十幾年間，基本穩定了全國局勢。

二是實施殘酷的民族壓迫。清兵入關後，先頒布剃髮令，強迫民眾剃髮易服。其目的在於以此摧殘漢族人民的民族意識和反抗心理。結果卻激起京畿地區漢族人民的強烈反抗，三河縣人民就展開了反剃髮的抗清鬥爭。

清軍入京的第二天，又頒布遷漢令，即強迫居住在內城的漢人

限期遷住外城地，內城只限滿洲王公貴族居住及八旗分區駐防。內城八旗駐地劃分情況：正黃旗駐在德勝門內；鑲黃旗駐在安定門內；正白旗駐在東直門內；鑲白旗駐在朝陽門內；正紅旗駐在西直門內；鑲紅旗駐在阜成門內；正藍旗駐在崇文門內；鑲藍旗駐在宣武門內。近郊也有八旗兵布防。

清朝進京的當年，為使滿洲貴族及八旗兵丁在京城得以立足，還頒布了圈地令。圈地，俗稱跑馬占地。據清人姚文燮《雄乘》卷上記載：「凡圈民地，請旨。戶部遣滿官同有司率筆帖式、撥什庫、甲丁等員役，所至村莊，相度田畝，兩騎前後，率部頒繩索以記，周四圍而總積之。」完全是一種強制性的公開掠奪。據不完全統計，在今北京市境的原各州縣被圈占的土地至少有20萬公頃，約占當時原始民地的80％。以上被圈占的土地分別作為皇室莊田、諸王宗室莊田和八旗的旗丁地。

這些法令的實施，對京畿地區的政治經濟、社會結構都帶來了深刻的影響。比如遷漢令使北京內城成了八旗官兵攜眷駐防的營區，故政權機構集中於此；而外城由於是漢族聚居區，加之進京的商人及趕考會試的舉人也多留居於此，遂逐漸發展為宣南的大柵欄、琉璃廠等商業區和文化區。

天理教起義

滿洲貴族入關後實行民族壓迫與階級壓迫，迫使京畿各州縣人民掀起抗清鬥爭。早在1644年（順治元年）5月，昌平紅山口農民就爆發了反清鬥爭。1673年（康熙十二年），京師地區的漢族下層民眾和八旗家奴在楊起隆率領下發動起義。他們提出「反清復明」的口號，組織「中興軍」，建元廣德。但由於被人告密，數百名起義軍被捕，慘遭殺戮，起義失敗。

到了清代中期，滿漢統治階級窮奢極欲，壓榨勞動民眾和八旗的貧苦旗丁，促使階級矛盾又進一步加劇。乾隆年間的大地主懷柔

郝氏有良田萬頃，乾隆帝出巡路經懷柔，郝氏設宴接駕，一日之餐費至10餘萬。1785年（乾隆五十年），直隸各路「報荒」的旗民土地達1.2萬多頃，實際成為地主兼併土地的對象，其中不少屬於京郊的田地。到嘉慶初，京郊流民乞丐多達10餘萬，被剝奪生路的下層民眾在死亡線上掙扎。在這樣的歷史背景下爆發了波及全國的反清大起義，在京師則爆發了由林清領導的天理教起義。

天理教是活動在京師、直隸、河南、山東和山西一帶的民間宗教結社，是白蓮教的一個支派，由於其組織按照八卦編排，所以又稱八卦教。京畿地區「坎卦」教首林清（1770～1813年）是宛平縣黃村宋家莊人。他先後當過藥鋪學徒、更夫、差役和縴夫，深知民眾疾苦，為人慷慨義氣，被擁為教派首領。

1811年（嘉慶十六年）秋，林清與河南「震卦」首領李文成約定，於1813年舊曆九月十五日午時共同舉義，由林清組織起義軍攻打紫禁城，李文成派援軍接應。不幸李文成一支由於事變被迫提前起義，並遭失敗。林清未得知此消息，如期發動。

林清選派200人擔任正面作戰的任務，分成兩隊進攻東、西華門。另有一支起義軍埋伏在地安門一帶準備接應。起義軍化裝成商販，暗藏兵器，混入城中，九月十五日上午，他們由宮中太監做嚮導，攻打皇宮。攻打東華門的起義軍，由於被守衛宮門的清軍察覺，只有一小部分搶入宮門，但是他們臨危不懼，英勇殺敵，直攻到內廷東門——景運門。西隊起義軍攻入西華門後，與清軍進行激戰，並且在內廷西門隆宗門外展開爭奪宮門的戰鬥。清廷調來火器營1000多名官兵鎮壓，在敵我力量懸殊的情況下，直到16日晚，宮廷裡的戰鬥才結束。17日起義最後被全部鎮壓下去。清軍又包圍宋家莊，林清被捕，慘遭殺害。

起義軍攻打皇宮時，嘉慶帝正在從熱河行宮返京途中，他得知此訊不敢前進，直到19日才回到紫禁城。

這次起義雖然失敗，但起義軍以實際行動告訴人們，神聖不可侵犯的皇家禁地也是可以打進去的，從而給全國各地的起義軍和被壓迫勞苦大眾以極大的鼓舞，也給予清朝統治者極大的打擊。嘉慶帝曾在事後心有餘悸地說：此為「漢唐宋明未有之事」。至今，隆宗門匾額上還嵌有一個箭頭，是當年激戰的歷史見證。

五朝都城的變遷

都城是封建王朝最高統治者居住和行使權力的地方。歷史上任何一個王朝的統治者取得政權之後，首要的任務是大規模進行都城建設。

遼南京（燕京）城

遼南京城基本沿襲了唐幽州城址。清代乾隆年間在琉璃廠出土了遼代御史大夫李內貞的墓碑，碑文中記載：其地為燕京東門外之海王村。這是確定遼南京城址方位的一條重要資料。

關於遼南京城的城址規模，《遼史地理志》記載：「城方三十六里，崇三丈，衡廣一丈五尺。」整座城池有八座城門，東面兩座為安東、迎春；西為顯西、清晉；南為開陽、丹鳳；北為通天、拱辰。城牆上建有敵樓戰櫓。從文獻和考古資料顯示，南京城北城牆在今白雲觀北側東西一線；南城牆在白紙坊東、西街一線；東城牆在爛縵胡同與法源寺之間；西城牆在會城門至蓮花河東岸。南京城的北部有市肆區，南來北往的貨物集中在這裡進行交易。城內大體按唐代幽州城街市坊巷分布，名稱也是大多沿用唐代舊稱。

南京城的皇城，城周5里，位於城區的西南隅。皇城的西、南牆與大城西、南牆的一部分重合。皇城有四門：宣和、丹鳳、顯西、子北。皇城內建有宮、殿、樓、閣，東北角建有「燕角樓」，西南角建有「涼殿」。緊臨皇城南牆外是球場，這是按契丹族的習俗修建的供皇帝、貴族娛樂的場所。球場之東有永平館，一名碣石

館，是遼國接待宋使或官僚、貴族宴飲之所。

遼代城池與宮殿建築沒有保存下來，保存至今的主要是宗教建築。位於今廣安門外濱河路的天寧寺塔始建於遼代，為八角十三層的密簷式舍利塔，通高57.8公尺，須彌座與塔身上均有造型生動的浮雕。這座壯麗精美的古塔當年就聳立在遼南京城中心的天王寺內，是北京城區僅存的遼代建築，為研究遼南京城址地理位置提供了重要的參照物。

位於廣安門里牛街的清真寺，一說建於遼聖宗統和十四年（996年），是北京現存歷史最久、規模最大的伊斯蘭教建築。明清兩代進行重修。該建築採用中國木結構的傳統建築形式，又具有阿拉伯裝飾風格。現存清代重修的禮拜殿、梆歌樓、望月樓、碑亭等建築和文物。

京西台山大覺寺是京郊八大寺之一，始建於遼道宗咸雍四年（1068年）。遼時稱作清水院，明代改稱大覺寺。寺廟的山門和主要殿堂坐西朝東，保留著契丹族朝日的習俗。寺內現存有遼咸雍四年的「台山清水院創建藏經記」石碑，是北京現存歷史較早的石碑之一。

寺院內還有近千年的銀杏、300年以上的玉蘭等名貴古木。

金中都城

金中都城是在遼南京城基礎上向東、西、南三面擴展而成的，北面受河道影響未向外拓展。文獻中關於中都城周的里數記載也不一致。新中國成立以後，經過考古工作者的實地測量，得出比較精確的數字：北城牆約4486公尺；南城牆約4065公尺，東城牆約4325公尺；西城牆約4087公尺，總周長約合33里多。中都城四角的方位大體如下：東南城角在永定門火車站西南，東北城角在和平門裡翠花街一帶；西北城角在羊坊店附近；西南城角在鳳凰嘴村。

今西便門至菜戶營一線的道路正好位在中都城的中軸線上。在今天的馬連道路以南的高樓村和鳳凰嘴村還保存著兩處中都城西垣土城牆遺跡；鳳凰嘴村往東的萬泉寺保存一處南城垣遺跡，但規模都不大。

中都城的建築規模超過以往任何朝代。完顏亮於1151年下詔「廣燕京城，營建宮室」。中都城是仿照北宋都城汴京修建的。金兵攻克汴京後，派專人將其宮殿圖樣繪製下來，又召汴京工匠參加中都建設工程。同時徵調民夫80萬、士兵40萬，動用了驚人的人力和物力。修築城垣取的是涿州的黃土，由工匠排成一字長隊，一筐一筐傳送到工地。

據《大金國志》記載，中都城門為12個。《金史地理志》記載則為13個。東邊有陽春、宣曜、施仁三門；西邊有灝華、麗澤、彰儀三門；南邊有端禮、豐宜、景風三門；北邊有會城、通玄、崇智、光泰四門。至今，北京仍留有會城門、彰儀門的稱呼。

皇城是在遼南京皇城基礎上擴建的，位於中都城中心偏西南（今廣安門以南），呈長方形，城周範圍約有600公尺。皇城內建有大安、仁政等宮殿。

金朝統治者仿漢制在中都城四郊建有天、地、日、月壇，規定有嚴格的祭祀禮儀。1154年，在皇城之東建太廟，內奉帝王祖先的靈位，名為衍慶宮。1167年又建社稷壇。

中都還修建有多座宮苑，最有名的一座是1179年（大定十九年）在中都東北郊修建的大寧宮。大寧宮又叫太寧宮或萬寧宮，即今北海公園前身。這裡原是遼代的瑤嶼行宮，金世宗選此地建苑，挖池蓄水，形成大的湖泊。又從汴京艮嶽運來太湖石堆積成假山，取名為瓊華島，島上建有廣寒殿。這裡的湖光山色襯托著金碧輝煌的殿宇。島的東面樹木成蔭，風景宜人，故有「瓊島春陰」之稱，為金章宗明昌年間的燕京八景之一。

中都的城建工程還包括水利工程與水陸交通建設。金中都的設計要考慮到用水問題，一是宮苑用水，另一是漕運。為了解決宮苑用水，在擴建舊城時，把西郊一條名叫洗馬溝的小河（即今蓮花河）圈進城內，以解決皇城西部同樂園的太液池用水和環繞大城的護城河用水。洗馬溝水出自城西郊的大湖，又稱為西湖（即今蓮花池前身），它是一個天然湖泊，北魏酈道元《水經注》卷十三記載：「湖東西二里，南北三里，蓋燕之舊池也。」可見，這是一個年代久遠的湖泊。

1990年在豐台區右安門外玉林社區的一處建築工地，施工中發現了金中都南城牆水關遺址。

所謂水關，是指古代建在城牆下供河水進出的水道建築。金中都水關遺址平面呈「 ] [ 」形，南北向，全長43.4公尺，過水涵洞長21.35公尺，寬7.7公尺。南北兩端的出水口和入水口分別寬12.8公尺、11.4公尺。水關建築為木石結構，整體十分堅固。這處水關遺址是目前已發現的中國古代都城水關遺址中規模最大的一個，它不僅確定了金中都南城牆的位置，而且透過考古鑽探基本探明了金中都城內水系向南一支的走向和經南城牆入護城河的準確地點。1995年4月，北京市政府在水關遺址處建成了北京遼金城垣博物館，用以保護這一遺跡，並透過大量文物、照片介紹了北京的建城史，尤其是遼南京及金中都的風貌。

金人解決漕運的辦法有二。一是利用中都西北諸泉引入高梁河，再鑿渠東向注入潞水（即今北運河），為了調節水量沿渠設閘8座，此渠故稱「閘河」。但是由於閘河水量有限，「自通州而上，地峻而水不留，其勢易淺，舟膠不行」。另一辦法是在1170年（大定十年），議決引盧溝河水以通京師漕運。具體做法是在原來車箱渠基礎上重開水渠，引盧溝水入中都城北護城河，即為金口河。又與閘河相接，以通潞水。

但因「地勢高峻，水勢渾濁，峻則奔流漩洄，齧岸善崩，濁則泥淖淤塞，積滓成淺，不能勝舟」（《金史河渠志》）。這樣，漕運問題始終未能解決。

中都的運輸主要靠陸路。盧溝河渡口是南北交通要衝。但是橫跨盧溝河沒有固定的橋，對南北使者往來和物資運輸都帶來極大的不便。為了改善陸路交通，1188年（大定二十八年），金世宗下詔建橋，次年世宗病故。金章宗即位後開始動工，於1192年（明昌三年）建成，取名「廣利橋」，即今盧溝石橋。

金代的古建築保留至今的還有豐台雲崗村東的鎮崗塔，它是中國北方少有的塔林。昌平天壽山東北海子村西南銀山南麓塔群中，現存5座金代密簷式塔，塔群俗稱銀山塔林，為昌平八景之一。

元大都城

如前所述，金中都城是在唐幽州城、遼南京城的基礎上擴建而成的。

而元大都城則完全拋棄了舊的城基，在一片新拓的土地上建造起一座宏偉的城市。

元世祖忽必烈之所以放棄中都城址，另建新城，原因之一是因為中都城經過金末戰亂，宮殿城防遭到嚴重的破壞。1217年（蒙古成吉思汗十二年），城中又發生一場大火災，延燒萬餘家，中都已是瓦礫填塞，殘破不堪。更為重要的原因是，大都的營建者深知中都蓮花河水系水量不足，不能滿足都城日常用水的需要，另選新址是為了找尋新的水源。那麼，為什麼選中都的東北郊為新址呢其主要原因有三：第一，這個地區原是金朝宮苑——大寧宮的舊址，有島嶼湖泊，環境幽美；第二，瓊華島是中都一帶的制高點，在此處建城有「鎮壓」住前朝的用意；第三，新城址可以利用西北山區的水源，與高粱河接通，引水入城，不僅可以滿足宮廷和居民

用水，而且還解決了大都的漕運問題。至此，歷史上的北京城址由蓮花河水系遷移到高梁河水系。

　　大都城是建在十分科學的基礎之上的。首先進行詳細的地形測量，然後制定總體規劃。在房屋和街道建造之前，先埋設全城的下水道，再逐步按規劃施工。主持大都的規劃設計與施工的是劉秉忠。

　　1267年（至元四年）舊曆正月，大都城正式興工修建。主要工程分為宮殿、城池、河道三項。

　　初期主要進行宮殿建築，1274年（至元十一年）大部分完工。然後修築城垣，1283年（至元二十年）基本建成大城。1293年（至元三十年）最後完成通惠河工程。

　　大都有三重方城。最外是大城，是一座南北略長的城垣。《元史地理志》記載「城方六十里」。經實際勘測，北城牆長6730公尺，東城牆長7590公尺，西牆長7600公尺，南牆長6680公尺，周長為28600公尺，折合為57.2里，與史書記載基本相合。南牆位於今東、西長安街南側，修建大城時，慶壽寺正好處在牆基線上。寺內有雙塔，是名僧海雲‧可庵的祭塔（位在今六部口電報大樓處）。史籍記載忽必烈詔令：「遠三十步許，環而築之」，故此段南牆在此稍向南彎曲，略呈弧形。雙塔直到解放初期還保存。北牆在今德勝門、安定門外小關一線。東、西城牆大體在今東、西二環路上。

　　大城四面共闢有11座城門，南牆3個門，正中為麗正門（今天安門廣場人民英雄紀念碑處）、東為文明門（又稱哈達門、海岱門，今東單路口南側）、西為順承門（今西單路口南側）；東牆3個門，南為齊化門（今朝陽門）、中為崇仁門（今東直門）、北為光熙門（今東城區和平里東廣熙門）；西牆3個門，南為平則門（今阜成門）、中為和義門（今西直門）、北為肅清門（今海淀區

學院南路西端小西門）；北牆兩個門，東為安貞門（今安定門小關）、西為健德門（今德勝門小關）。

　　大都城牆是用夯土築成，但城門處則砌為磚面，門楣上方鑲以石質匾額，標其門名。城牆牆基底寬24公尺，牆高16公尺，頂寬8公尺，比例恰好為3：2：1。為了加固城牆，在夯土中加了永定柱（豎柱）和紝木（橫柱）。城牆頂部安有半圓形瓦管，供防雨排水之用，還採用「葦編蓑城」的方法防止雨水對土牆的沖刷，為此在城門外附近「立葦場，收葦以蓑城」。然而，葦編蓑城不能從根本上解決雨水對土牆的侵蝕，加上元代中期以前正處於中國近5000年來氣候變遷中的第四個溫暖期（1200～1300）的後期，這時氣候溫暖，雨水充沛，對於土城牆的防護極為不利。所以《元史》中記載，僅在世祖至元二十年（1283）到三十年（1293）間就修葺過8次，每次動用的民工在萬人以上。在大城四角建有角樓，今天建國門外古觀象臺就是大都東南角樓的舊址。城外四周有護城河環繞。元末紅巾軍起義爆發後，元朝統治者為了防範農民軍攻打大都，於1359年（至正十九年）在各個城門外加修了甕城，使大都形成了更堅固的防禦體系。

　　有一點需要說明的，就是元大都建成之後，金中都並未完全荒棄，而是以「南城」稱之。當時在春秋兩季，大都城的人習慣去南城遊覽。聚居在南城東北部的居民也與大都城往來頻繁，所以在大都城的麗正門與中都城的施仁門（在今虎坊橋附近）之間出現一些東北、西南走向的斜街，如楊梅竹斜街、櫻桃斜街、棕樹斜街、鐵樹斜街，至今仍存。金中都城直到明嘉靖、萬曆年間修築外城時，才被毀掉。

　　現在，北京還保存幾段大都土城遺跡。從馬甸到皇亭子一段殘垣是北城牆遺跡，2003年在此處建成「元大都城垣遺址公園」，供市民遊覽休閒。由皇亭子到政法大學一段南北走向的土垣是西城

牆的一部分，土牆的西北角立有「薊門煙樹」碑。1969年修建北京地鐵工程時，在西直門箭樓下發現被明城牆包築在內的元大都西牆和義門甕城城門遺址，城門殘高22公尺，門洞長9.92公尺，寬4.62公尺。但可惜的是，當時也被隨明城牆一起拆毀了。

第二重城垣是皇城。位於大城的南部正中。皇城城牆叫蕭牆，又稱紅門闌馬牆（因皇城門遍漆朱紅，故民間有此稱呼）。史籍記載「周回二十裡」。實際測量周長約18.7里。其四至東牆在今東城區南、北河沿大街西側；西牆在今西城區西皇城根大街；南牆在今東、西華門大街稍南；北牆在地安門大街（平安門大道一段）南。皇城城垣亦為黃土夯築，其規格遠遜於明清北京皇城。皇城正南門稱欞星門，其位置在今故宮午門附近。入門數十步遠有金水河，由西向東流，河上架設三座白石橋，名周橋。皇城內包括三組建築，即太液池（今北海、中海）東岸的宮城和西岸的隆福宮、興聖宮。

宮城位於皇城東部，南北距離1000公尺，東西相距740公尺。宮城南面正中為崇天門，相當於今故宮太和殿的位置。北門稱厚載門，大體位置在今景山公園少年宮前。東門稱東華門，西門稱西華門。宮城內分為南北兩組建築，南面以大明殿為主體的建築是前朝，北面以延春閣為主體的建築是後寢。延春閣和大明殿整體建築構成「工」字形格局，這是元宮殿獨特的形式。據《馬可波羅遊記》記載，大都城的所有城垛都是白色的，特別是皇宮內的城垛和矮牆也是白色的，體現了蒙古族獨有的民族審美觀。皇城與宮殿的設計者是色目人也黑迭爾。

從大都城平面規劃來看，宮城的主要建築位居南北中軸線上。中軸線南起麗正門，北至中心閣。太廟和社稷壇分別建在齊化門、平則門內。北面是繁華的商業區，只是衙署分布較散。

元朝大都城街道分為50坊，街道幾乎都是東西南北向筆直的，相對的城門之間有9條幹道相通。南北中軸線上的主幹道寬28

公尺，其餘幹道25公尺。幹道兩側又等距離排列著許多街巷和胡同，一般胡同寬6～7公尺。總之，就像馬可波羅所描述的那樣，整座大都城「劃線整齊，有如棋盤」。

水利工程是大都的一項重要建設內容。主要有兩項，最為重要的一項是郭守敬主持勘測、修建的通惠河漕運工程。1292年（至元二十九年）春開始動工。引大都城西北60里外的神山（今昌平區化莊村東龍山）白浮泉水西折，繞過沙河與清河河谷，與玉泉山諸水匯合後入甕山泊。從白浮泉至甕山泊一段開渠築堰，名曰白浮堰。然後再從甕山泊疏浚舊河道，通過高梁河，從和義門北水關引水入大都城，匯入海子（積水潭）。再由海子出萬寧橋（俗稱後門橋），沿皇城東牆外南下出麗正門東水關，轉向東南至文明門外，與金代舊閘河相接，至通州南高麗莊入潞水，再與大運河相通。為了調節水量便利行船，從城西引水渠起至通州沿途10處共設20座水閘。這項工程自白浮泉到高麗莊總長164里140步，僅用一年多時間全部完工。1393年秋，忽必烈從上都避暑歸來，「過積水潭，見舳艫敝水，大悅」，遂改名為「通惠河」（《元史郭守敬傳》）。通惠河漕運工程是北京水利史上利用、改造河湖水系的一個創舉。為紀念郭守敬在北京歷史上的卓越業績，1988年9月，北京市政府在積水潭北岸重建的匯通祠中設立了郭守敬紀念館。

另一項水利工程是在大都城西部開鑿金水河，引玉泉山水從和義門南水關入城，再曲折南下，轉至皇城西南角外，分為兩支，分別入皇城注入太液池。又從太液池東岸引出，經皇城南門周橋下再東出皇城，與新開管道相匯合。金水河為宮苑用水，設專人巡視保護，明令「濯手有禁」。凡流經之處與其他河道交匯必須「跨河跳槽」，「毋得汙穢」。

北京還存留元代一部分建築遺跡，如團城儀天殿、妙應寺白塔、萬松老人塔、孔廟、國子監、柏林寺、東嶽廟、東四清真寺、

西四錦什坊街清真寺等建築歷史均可上溯到元代。

明、清時期的北京城

1368年9月19日（洪武元年八月初九），即明軍攻下大都後的第七天，就開始著手對大都城進行改建，加強防衛設施。當時城北地域空曠，人煙稀少。為了防範元軍捲土重來，除加固北城垣外，在距離北城牆以南5里的地方新築一道城垣，原北城垣防衛功能下降，後被廢棄不用。元大內宮殿被改建為燕王府。

明成祖當權後不久，即開始進行遷都的準備工作。1406年（永樂四年）舊曆閏七月，成祖詔令工部尚書宋禮、吏部右侍郎師逵負責到四川、湖廣等地督率士兵和民夫採伐大木，作為建築材料。大規模的、全面的營建工程是在1417～1420年（永樂十五年至十八年）間進行的。主要包括城垣、宮殿、壇廟、園囿、陵寢以及軍事防禦工程、水利設施等多項內容，有的工程，像長城的建築貫徹有明始終。

明北京城是在元大都城的基礎上改建而成的。它自外向裡有四重城垣，即外城、內城、皇城和宮城。永樂年間基本完成內城、皇城、宮城的建築。英宗在位時，加修內城9個城門和4個角樓。嘉靖年間為了加強京城的防衛力量，採納都察院御史毛伯溫等人的建議，增修外城。

外城是1553年（嘉靖三十二年）在內城以南加修的。原來計議環繞內城四周加築外垣，後因財力困難，只加築了南城牆後就停工了，結果北京城的平面圖就形成一「凸」字形。外城東、南、西三面城牆總長1.54萬公尺，約合30里，共有7座城門。南牆正中為永定門，這是明北京城中軸線南面終點；東為左安門（俗稱礓門）；西為右安門（俗稱南西門）；正東為廣渠門（俗稱沙窩門）；正西為廣寧門（俗稱彰儀門）；東北隅為東便門；西北隅為西便門。那麼，當時為什麼首先加築南垣呢？因為永樂年間在南郊

建成天壇和地壇（嘉靖初改稱山川壇），每年皇帝都要至此祭祀，屬於重點保衛的地方。又因京城南部原大都文明門、麗正門、順承門關廂一帶為商業區，「民物繁阜，所宜衛護」（《明世宗實錄》卷三百九十七）。

內城周長2.2萬公尺，約合44里。東西寬約7000公尺，南北長約5700公尺，今二環路即為內城的四周範圍。南牆在今前三門一線（較元大都南城垣南移1里多）；北牆在今德勝門、安定門東西一線（較元大都北垣南移5里）；東、西牆與元大都東西城垣重合。內城共有9座城門：南牆正中為正陽門（又稱前門）；東為崇文門（又稱文明門、哈達門）；西為宣武門（又稱順承門、順直門）。東牆有朝陽門（與元齊化門重合）、東直門（與元崇仁門重合）。西牆有阜成門（與元平則門重合）、西直門（與元和義門重合）。北牆東為安定門，西為德勝門。

內城的西北角是一個斜角，一般認為是受到積水潭水域的限制而形成的。也有觀點認為，按五行之說，西北方為乾位，有「天門」之謂。城在此成一斜角，即象徵開一「天門」，能使天運通達（於德源《北京歷代城坊、宮殿、苑囿》）。

皇城位於內城中央偏南，周長約18里，四面開門，正南有三重門，最南邊是大明門，位於今天安門毛主席紀念堂處；第二重門是皇城正門——承天門，在大明門與承天門之間有「T」形的宮廷廣場，四周以紅牆環繞，中建千步廊及中央各衙署。承天門前有金水河流過，河上建石橋五座；皇城南面第三重門是端門。皇城北面是北安門。東西兩面分別為東安門、西安門。東南隅有長安左門，西南隅有長安右門。

宮城，即大內，或稱紫禁城，是天子居住的地方，位於全城的中心。明代紫禁城沿用元大都內宮城舊址，稍向南移。城周6里，南北長960公尺，東西寬750公尺，牆高10公尺。有宮門4座，南

面是午門，為宮城正門，明代凡是大規模出征、凱旋、獻俘、頒曆等重大活動，均在此舉行盛大儀式。這裡又是文武百官上朝集會的地方，也是皇帝廷杖官吏的場所。北面是玄武門。

東西兩面分別是東、西華門。宮城四角各建一座角樓，結構精巧，造型別致。

明代的這四重城垣都是用黃土夯築成牆心，內外兩側包砌城磚而成。在內、外城16座城門之外，都加修甕城和箭樓，牆隅築有角樓，城外有護城河環繞，河上初架木橋，正統年間內城護城河上一律改築石橋。

總之，明代的北京城垣，溝池修建得極為堅固，多重環繞，層層設防，目的在於保衛天子的安全和封建君主的統治。

宮殿建築主要集中在宮城之中，宮殿布局依然遵循前朝後寢的原則。前朝以3座大殿為主體建築，自南向北依次為奉天殿、華蓋殿、謹身殿。1562年（嘉靖四十一年）改稱皇極殿、中極殿、建極殿。後寢部分的主體建築是乾清宮、交泰殿、坤寧宮。乾清宮是皇帝的寢宮，也是皇帝召見臣僚、處理日常朝政的處所。坤寧宮則是皇后居住之所。

紫禁城內其他殿宇以上述六大宮殿為主軸，呈對稱布局，如內廷乾清宮、坤寧宮東西各有奉天殿、養心殿、東六宮、西六宮等。明宮城總面積為72萬多平方公尺，建築面積占15萬平方公尺，屋宇達9000餘間，被稱為「宮殿之海」。

另外，明政府還在皇城、外城及郊區分別建造了太廟、社稷壇、天壇、山川壇（先農壇）、地壇、月壇等壇廟。明皇城內還有一外御苑，稱西苑太液池或西海子，是在元大都萬歲山（今北海瓊島）的基礎上發展起來的。不同的是，明初在元太液池南端又開鑿一個小湖，稱南海，與中、北海合稱太液池。沿太液池岸邊修建亭

臺樓閣，是皇家遊覽休閒之所。在北海與中海之間有一座石橋，嘉靖年間在橋的東西兩端各建一座牌坊，西名金鰲，東名玉，故此橋稱金鰲玉橋。

宮城北面有一座小山稱作萬歲山（今景山），它是以挖掘紫禁城的護城河與南海的渣土堆積而成。傳說山下曾堆過煤炭，所以也叫煤山。此山高42公尺，為全城的最高點。這裡是元大都延春閣舊址，明代在此堆積小山意在壓勝前朝，保其江山永固，故又稱「鎮山」。萬歲山以北，明代還修建有鐘樓、鼓樓，每天鳴鐘擊鼓向全城報時。

清代北京內外城垣沒有進行大的修建工程。只是在道光登基後，為了避諱他「寧」的名字，把廣寧門改為廣安門。有所改建的是皇城和宮城。1651年（順治八年）改建承天門，並且取「受命於天」、「安邦治民」之意，改名天安門。重建後的天安門有城門五闕，樓高33.7公尺，東西寬9間，南北進深5間，以「九五」象徵帝王之尊。1754年（乾隆十九年）改皇城北門北安門為地安門；宮城北門玄武門為神武門。由於明末李自成起義軍退出北京時放火焚燒了宮室，清定都北京後又一一重建，還增建了一些宮殿，並且有些改了名稱。如外朝的皇極、中極、建極三殿依次改稱為太和、中和、保和殿，寓意在調和民族矛盾的基礎上，加強滿族貴族的統治，同時也反映了滿漢文化的融合。改建後的太和殿面闊由9間擴大到11間，進深5間，殿高35.05公尺，是全國最大的木結構殿堂。

清代在城池上大多承襲明代，而對京城建設的突出成就集中在修建皇家園林上。清代的皇家園林主要修建於康、雍、乾三朝。其中最重要的是在西山一帶建造的5座行宮，通稱「三山五園」，即暢春園、圓明園、靜明園（玉泉山）、靜宜園（香山）和清漪園（甕山）。

在「三山五園」中修建最早的是暢春園，該園是在明代武清侯李偉的清華園舊址上建造的，位於今北京大學以西，占地方圓10里。1684年（康熙二十三年）開始修建，1690年完工。康熙帝曾在此「避喧聽政」。雍正當權後，在康熙寢殿「清溪書屋」舊址修建恩佑寺遵奉祭祀。

乾隆即位，暢春園是皇太后避暑之地，為「廣資慈福」，乾隆為其母建思慕寺。園址、寺廟早已毀廢，獨有兩座山門猶存。2003年9月，被改造為「海淀公園」，供市民休閒娛樂。

5座行宮中，規模最大的當屬圓明園。圓明園包括圓明、長春、萬春三園，占地346.7公頃，周長20餘里。此園經過雍正、乾隆、嘉慶、道光、咸豐五朝營建，前後歷經150年。圓明園的特點之一是宮殿與園苑建築相結合。園內仿紫禁城，也呈前朝後寢的布局，前面建有「正大光明殿」為主的一組建築，是皇帝處理朝政的地方。後面以「九洲清晏」殿為主的一組建築，是帝后居仕和宴飲的處所。全園共有殿宇140多座，有小的山峰200多座，引玉泉山水造成「福海」，在湖光山色中分布100多處園景。這其中既有江南的奇園秀景，也有傳統的亭臺樓閣，還有西洋的宮殿建築，實為世界園林藝術的精粹。

康熙年間，將明代在玉泉山上建造的華嚴寺加以翻修，乾隆時繼續擴建，取名靜明園，乾隆帝欽定16景，其中「玉泉垂虹」改為「玉泉趵突」之名。1745年（乾隆十年），又在歷代修建的香山行宮基礎上建造了靜宜園，由乾隆帝親題28景。清漪園是頤和園前身，位於圓明園以西，占地290公頃，方圓16裡。1750年，乾隆帝為其母慶賀60大壽，在明圓靜寺基址建大報恩延壽寺（今排雲殿前身），又改甕山（金山）名為萬壽山，甕山泊（金海）為昆明湖，總稱為清漪園。園中建有勤政殿、怡春堂、玉瀾堂、宜芸館、樂壽堂等殿堂及惠山園（諧趣園）等建築。

後慈禧太后大規模營建後，改名頤和園。

　　總之，三山五園的建造是清代前期鼎盛時期的產物，它標誌著中國園林建築水準發展到一個新的階段。


近現代的百年嬗變

臨江仙

　　千年古都金世家，多少歡樂年華。七萬裡外紅毛炮，數度烽火劫，大夢初醒了。群醜亂舞京畿地，生番肆掠汙紫袍。曾經繁華何堪遙，為中華兒女，滅虜共舉刀！

　　1840年的鴉片戰爭是中國近代歷史的起點，直到1949年新中國建立。在這一歷史進程中，北京走過了由封建社會帝都逐步成為半殖民地半封建國家的統治中心，繼而又一度降為北方的政治、軍事中心的歷程。

西方列強的侵入和暴行

　　中央與北京地方行政機構的變更1912年以前，北京一直是清帝國的都城，中央與北京地方行政機構的設置相沿前期，沒有太大的變化。但1840年（道光二十年）鴉片戰爭以後，中國的社會性質、階級關係、民族關係畢竟發生了不少的轉變，為了適應新形勢，中央與北京地方行政機構還是有一些增減變更。

　　中央機構中，1861年（咸豐十一年）設置總理各國事務衙門，專門管理和處理對外事務，衙署建在東堂子胡同鐵錢局舊址。清朝統治者打破皇族不能參與政務的祖訓，由恭親王奕訢擔任總理衙門的領班大臣。軍機大臣兼任總理衙門大臣。事實上，總理衙門已取代了軍機處位置，成為清政府的中樞機構。戊戌變法期間，也曾在中央設立一批國家機構，如國家工商總局、礦物鐵路總局等。

另外，在1901～1905年的「新政」中，改設、增設了一些國家機構，如在列強「總理各國事務衙門必須革故更新……其如何變通之處，由諸國酌定，中國照允施行」的壓力下，首先改為「外務部」。其他改戶部為戶支部，刑部為法部，新設商部（後改農工商部）、郵傳部、陸軍部、海軍部等。這些機構的設置主要是為了加強對外交涉，迎合列強的需要。

此外，為加強京師和皇宮的軍事守備力量，1861年設置神機營，選調八旗滿、蒙、漢軍，內務府精捷營及健銳、火器、統騎、前鋒、步軍等營萬名精銳兵丁組成。專門負責守衛紫禁城和三海，並扈從皇帝巡行。1894年（光緒二十年），清軍在中日戰爭中接連失利。清朝統治者在主戰派官吏的壓力下，開始編練新式軍隊。先後由胡燏棻、袁世凱在京畿小站編練「定武軍」和「新建陸軍」。1898年（光緒二十四年），戊戌政變發生後，清政府派榮祿節制北洋各軍，將京畿駐軍改編為武衛軍。1903年（光緒二十九年）又成立「中央練兵處」。1905年袁世凱編練北洋六鎮，成為京畿地區重要的軍事力量。袁世凱操縱了清政府的軍權。

北京地方行政機構主要變化是在「新政」期間建立了員警機構。以往京師治安是由步軍統領、順天府尹、五城御史共同負責。自義和團運動在北京形成高潮以後，京師的正常統治秩序被打破了。1901年（光緒二十七年），清朝統治者發布上諭，指出「巡警為方今要政」，責令在京師內外城設立工巡局取代五城御史，將五城練勇改為巡捕。1905年，中央設立巡警部（後改為民政部），京師設立內、外城巡警總廳，下面各設十區。內城巡警總廳所轄十區略相當於今天東城、西城二區。外城巡警總廳所轄十區略相當於今天崇文、宣武二區。

英法聯軍攻入北京及辛酉政變

1840年的鴉片戰爭對於北京雖未造成直接的危害，但中國的

117

大門已被炮火打開，腐敗的清政府的統治中心——京師自然成為列強進攻的中心。到辛亥革命之前，西方軍事力量曾兩次直接侵入北京，使北京逐步淪為半殖民地化的城市。

第一次是1860年（咸豐十年）第二次鴉片戰爭期間，在逼迫清政府簽訂《天津條約》後，又蠻橫地要求武裝進京換約，在遭到拒絕後以此為藉口，8月先攻下天津。隨後進犯京師。9月抵達通州附近，京師告急。儘管清綠營步兵及蒙古騎兵在張家灣、八里橋曾頑強抵抗，但由於敵強我弱，加之主帥僧格林沁等臨陣逃遁，最後以清軍失敗而告終。9月22日，咸豐帶著后妃及王公大臣出逃熱河行宮，僅留恭親王奕訢交涉議和。京城人心大散，官商富戶紛紛遁往西山避難。

10月7日，英法聯軍衝進圓明園，大肆搶劫破壞，並焚燒了部分宮殿。10月18日，在奕訢與英法聯軍達成停戰協定之後，英軍頭子額爾金為了要「懲罰清帝違反合約」，下令焚毀圓明三園（圓明、長春、萬春）及香山、萬壽山、玉泉山等皇家園林。大火延續了數日，西郊一帶「煙青雲黑，遮蔽天日」，昔日金碧輝煌的御園頃刻間化為一片灰燼和瓦礫。對於英法聯軍這種野蠻行徑，1861年，法國大文豪雨果在給朋友的信中斥責道：「有一天，兩個強盜闖進了夏宮（圓明園）。一個進行洗劫，另一個放火焚燒。勝利原來可以成為強盜。勝利者把夏宮的全部財富盜竊一空，並把搶來的東西全部都瓜分掉......我們教堂的所有財富加起來也無法和這一東方巨大的、且又漂亮的博物館相比較。在那裡不僅藏有藝術珍品，而且還有極為豐富的金銀製品。真是戰功赫赫，且又橫財發了一票！一個勝利者把腰包塞滿，另一個趕緊效法把箱子全部裝得飽鼓鼓；兩個人手挽著手，心滿意足地回到了歐洲。這就是兩個強盜的歷史。我們歐洲人總是把自己看作是文明人，對於我們說起來，中國人都是野蠻人。看！文明就是這樣對待野蠻的。在歷史的審判台前，一個強盜叫做法國，另一個則叫做英國。」（《第二次鴉片戰

爭》資料叢刊第六冊）

外國公使駐京以後，對北京政局第一個重大的影響是支持那拉氏和奕訢發動辛酉政變。1861年（咸豐十一年）8月，咸豐皇帝在熱河行宮抑鬱而亡，臨終前詔立其6歲的兒子載淳即位，委任肅順等人輔佐政務。在最高權力轉移過程中，慈禧（西太后）為了實現垂簾聽政的野心，與慈安（東太后）和在京留守的奕訢結成同盟，在十月底回京途中發動宮廷政變，一舉除掉了咸豐帝遺詔所封的怡親王載垣、戶部尚書肅順、鄭親王端華、兵部尚書穆蔭等8個贊襄政務顧命大臣，廢除原定的「祺祥」年號，改年號為「同治」，史稱「祺祥政變」或「辛酉政變」（1861年，干支紀年為「辛酉」）。

對於政變取得成功，西方列強歡欣鼓舞。英國駐華公使普魯斯致英國外交大臣羅素的密信中就表示：「這個令人感覺滿意的結果，全是幾個月來私人交際所造成的」，「威妥瑪和文祥、恆祺會談後有一份很有意義的備忘錄......這檔表明這次危機之決定轉向有利於我們在華利益的方向，實受我們所執行的路線的極大影響。」（《中國近代對外關係史資料選輯》）由此中外反動勢力開始勾結在一起。

總之，第二次鴉片戰爭不僅給京師地區帶來沉重災難，而且隨著中央政府機構開始買辦化、半殖民地化，對於北京以及全中國的政治、經濟和社會生活都產生了直接的巨大影響。

八國聯軍侵占北京

第二次是1900年（光緒二十六年）英、法、德、俄、美、日、義、奧8國組成侵略聯軍進犯北京。這年6月14日，德國公使克林德命令德國士兵槍殺義和團團民20餘人，成為義和團與列強交戰的導火索。第二天，憤怒的義和團民眾開始圍攻外國軍隊盤踞的西什庫教堂。6月19日，克林德在前往總理各國事務衙門途中，

路過東單牌樓時遇到清軍的阻攔。克林德首先舉槍射擊，清軍回擊，當場打死了這個不可一世的德國公使。6月20日，數千名義和團和清軍包圍了東交民巷使館區，向使館發動進攻。6月21日，清廷下詔向各國宣戰。

8月4日，八國聯軍自天津向京師進發。天主教北京教區派傳教士以隨軍司鐸身份，為軍隊提供情報，並有北京中法學堂為軍隊提供50名翻譯人員。12日侵略聯軍攻占通州城，13日兵臨北京城下。8月13日午夜，俄軍首先攻打東直門。14日凌晨，日軍向朝陽門發起攻擊。兩支侵略軍遇到中國守軍頑強抵抗，俄國司令官瓦西耶列夫斯基在指揮作戰中，一顆子彈打中他的右胸，受了致命傷。經過一晝夜激烈戰鬥，侵略軍才攻入內城。英、美軍隊從廣渠門攻入外城，又根據英國公使事先提供的祕密通道，英軍未經戰鬥，從東交民巷以南水關最先侵入內城。15日凌晨，聯軍開始攻打東華門，慈禧太后挾光緒帝及後妃、王公大臣化裝離京，西逃到陝西西安府。破城之後，清軍、義和團員與聯軍展開了巷戰。著名作家老舍先生的父親是正紅旗護軍，在巷戰中為國捐軀。由於寡不敵眾，兩天後北京失陷。為此，聯軍也付出約1000人的代價。

侵略軍攻占北京後進行了大肆屠殺，凡是被他們捉到的軍人一律殺死。他們還對義和團進行野蠻報復，凡是設過壇的建築一律放火焚燒，僅莊親王府一處被燒死的團眾就有1700多人。

八國聯軍還特許公開掠奪，經過慘無人性的浩劫之後，壯麗多姿的帝王之都已受極大摧殘，京城內外和近畿州縣無一倖免。

聯軍指揮官和各國公使舉行聯席會議，決定派「國際衛兵」看守皇宮，皇城及內、外城由各國分段接管，如前門外大街以東歸英國管；大街以西歸美國管；崇文門以東歸法國管等。關廂地帶也由列強分別管轄。聯軍在各自管轄界內分別懸掛不同國家的國旗。強令中國居民拿著某某國「順民」的旗子，或是在上千個門臉前裝飾

上「日本帝國順民」等字樣的標語。聯軍在各自管界內設「理事官」，或組織「安民公所」維持社會治安。不久，又成立「北京管理委員會」，由俄、英、日、美、法5國各派一員組成，負責「管理民事」。在轄區分界處，設有許多路柵，每晚7時後禁止通行。組織巡捕隊和夜巡隊，稽查戶口，以緝捕「匪徒」。

紫禁城和壇廟、園苑洋人隨意進出，大批官府衙門和王公府第被侵略軍占據。不少街道還被重新命名，諸如瓦德西街、克林德街、沙飛路、司徒瓦特路等。更有甚者，8月28日各國軍隊聯合在紫禁城舉行了閱兵儀式。

上述事實表明，北京在一段時間內被置於列強的殖民統治之下。

1901年（光緒二十七年）9月7日，清政府被迫與英、美、俄、德、日、法、奧、意、西、荷、比11個國家的代表簽訂《辛丑合約》。《辛丑合約》的簽訂，使得帝國主義列強對中國的政治、經濟、財政、軍事、教育等方面得以全面控制。中國完全淪為半殖民地半封建國家，而北京則成為半殖民地半封建國家的政治中心。

具體講，首先北京被直接置於帝國主義軍事力量的控制之下。義和團運動給予帝國主義在華勢力以沉重打擊，他們對中國人民的反帝鬥爭抱以極端恐懼與仇視的態度，在條約第10款中規定：「永禁或設或入與諸國仇敵之會，違者皆斬。」為了保證京師各國公使的安全，條約第8、9兩款規定「將大沽炮台及有礙京師至海通道之各炮台，一律削平」，在京師至海通道上由各國留兵駐守。當時各國駐兵的地方包括黃村、廊坊、楊村、天津、軍糧城、塘沽、蘆台、唐山、灤州、昌黎、秦皇島、山海關等。通過這些措施的實施，清朝守衛京師門戶的軍事防線被全部撤銷，北京直接置於各列強軍隊的控制之下。北京一旦有變，侵略軍立即可以開赴京城

鎮壓。

其次，東交民巷使館區最終形成，帝國主義列強在北京建立起侵華大本營。《辛丑合約》第7款規定：「各使館境界，以為專與住用之處，並獨由使館管理，中國民人，概不准在界內居住，亦可自行防守。」而且允許各國留駐兵隊，保衛使館。在條約中還劃定了使館界的四至，東面線在崇文門大街偏西，北面線沿皇城外牆以南，西面線位於棋盤街石欄以東，南面線在崇文門至正陽門一線的城牆上。這個範圍內的中國居民一律遷出，界內的衙署包括專供清帝及宗室成員祭祀的堂子也必須移出。列強除了取得使館界內的駐兵權以外，還肆意行使其行政管理權力。他們濫施工程：擴建使館，修築界牆、兵營和碉堡。還隨便更動街巷名稱並改換英文路牌。東交民巷使館區成了列強建在北京的獨立王國，已超出了一般的租借地特權。它不但嚴重破壞了中國的主權，而且列強以使館區為侵華總司令部，直接干預中國內政。

第三，清政府徹底成為帝國主義侵華勢力的忠實走狗與工具。第二次鴉片戰爭之後，清朝統治者雖然已投靠於西方侵略者。但是對列強還抱以若即若離的態度。此次聯軍出兵攻占北京，直至簽訂和約，使清朝統治者徹底屈從於西方列強。

早在聯軍破城後不久，列強就提出清廷必須發布諭旨「有朝廷引過辭意，各國方能開議」。

清朝統治者則認為「中國勢力不足強制各國」，寧願蒙辱訂立城下之盟。於是合約簽訂之前，清朝最高統治者多次頒布「道歉」、「懲凶」的諭旨，並且處治了一批「擾亂大局」的官吏，包括端親王、莊親王和中央以及地方大員。但是西方列強並不滿足，多方提出苛刻條件，最後迫使清方代表在合約上簽字。

在合約第一款就提出為克林德之死，清廷需派醇親王載灃為頭等專使大臣赴德，代表大清國皇帝向德皇及國家表示「惋惜之

意」。並且在其「遇害處所」，樹立「銘志之碑」。克林德牌坊，1903年1月18日建成，是一座漢白玉的四柱三間七樓藍色琉璃瓦頂的石坊，原位於東單路口。1919年，牌坊移至中央公園（今中山公園），並改名為「公理戰勝」牌坊。1952年，在北京召開的「亞洲及太平洋區域和平會議」期間，確定將「公理戰勝」牌坊改為「保衛和平」坊。

在和約第二款內開列了「懲辦傷害諸國國家及人民之首禍諸臣」名單，包括載勳、載漪、剛毅、榮祿等，要求清政府降旨懲辦。當慈禧得知自己未被列強劃入「懲凶」名單時，一直惴惴不安的心終於落下來，遂對其洋主子感激涕零。她竟然無視現實，在上諭中公然獻媚道：

「今茲議約不侵我主權，不割我土地，念列邦之見諒，疚思暴之無知，事後追思，慚憤交集。」她甘心賣國為奴，向列強表示今後要「量中華之物力，結與國之歡心」。

隨後，清政府按照列強的意願改革外交行政機構，使之更加適應帝國主義侵華勢力的需要。

1861年設立的總理各國事務衙門是清政權半殖民地化的重要標誌，然而這一機構很不完善。

總理衙門屬於臨時性機構，人員不固定，職權不專一，西方列強早有變更之意。和約第12款規定：「將總理各國事務衙門，按照諸國酌定，改為外務部，班列六部之前。」這樣，外務部成為常設機構，正式列入中央政府各部之中，且居於首位。外務部人員由西方國家選定，一向媚外的慶親王奕成為總理外務部大臣。

外務部的設立是中央政府機構進一步半殖民地化的標誌。它秉承帝國主義意旨，辦理中外交涉。宣統年間，北京的文人寫有題名《外務部》的竹枝詞：「猶冀功高曹利用，誰言心似張邦昌。勳名

直越史彌遠，忠愛何如石敬瑭。」對清政府官吏推行賣國投降外交政策，給以無情的諷刺和鞭撻。

總之，辛丑合約是中國近代歷史上空前的喪權辱國條約。通過條約的實施，西方列強在北京建立起共同管理的侵華「總司令部」，使清廷變為「洋人的朝廷」。

## 戊戌維新運動和義和團運動

### 「公車上書」和「百日維新」

19世紀90年代發生的維新變法運動是中國近代歷史上的重大政治事件。這次運動的起點——「公車上書」和運動的高潮——「百日維新」均發生在北京。

維新變法運動肇起於北京絕不是偶然的，是由這次運動的性質與北京的政治地位所決定的。

以康有為、梁啟超為代表的資產階級維新派企圖通過自上而下的改良，依靠光緒皇帝變法維新，以挽救民族的危亡。但由於康、梁等人當時的政治地位低下，不可能直接面見光緒皇帝。於是他們一面著書立說，宣傳維新思想與變法主張；一面設法結交王公大臣與在朝的官僚士大夫，通過這些人影響光緒帝，推動變法。北京是皇室居住的地方，官僚集聚，而且政令由這裡發布全國各地，所以康有為在他的《請告天祖誓群臣以變法定國是折》提出：「變法本源，非自京師始，非自王公大臣始不可。」

1882年（光緒八年）和1888年（光緒十四年），康有為曾兩次為應考來到京城。他親眼看到清朝統治集團的腐敗，他在《自編年譜》中寫道：「久旅京師，日熟朝局，知其待亡。」當時中國西南邊疆遭受列強侵略，民族危機加深，康有為憂心如焚。於是，他在1888年以「布衣」身份直接向光緒帝上書（即《上清帝第一書》），「極言時危，請及時變法」，並且提出了「變成法，通下

情，慎左右」的主張。他還向部院大臣潘祖蔭、翁同龢、徐桐等人寫信，提出自己的主張，受到守舊大臣的攻擊。在封建專制時代，「布衣」百姓不能直接向皇帝上書，康有為冒著殺頭的危險，請都察院代為呈遞。他當時住在宣武門外米市胡同南海會館，在他準備去都察院上書的當天，正巧遇到菜市口刑場殺人行刑，他意識到自己的行動可能帶來同樣後果。但是他又立即想到「吾即為救天下矣，生死有命，豈可中道畏縮」，於是慷慨登車，從南繞道行前往都察院。這年他中了順天鄉試第三名，主考官是頑固派大學士徐桐，他說：「如此狂生，不可中」，結果被除名。這次上書沒能成功，鄉試也未取中，但是康有為及其上書的內容在京師廣泛傳播開來。

1889年，康有為在北京經人介紹，與光緒帝的老師，也是帝黨的主要人物翁同龢取得了聯繫。

此外，他還結交了一些官僚士大夫，如翰林院編修黃紹箕、刑部郎中沈曾植、御史屠仁守等人，其中不少是帝黨分子。

自19世紀70年代以來，「強鄰四逼於外」，一些有識之士無不為國家的安危而擔憂，而以慈禧太后為首的統治集團卻驕奢淫逸，苟且偷安。1894年（光緒二十年）11月7日（甲午年十月十日）是慈禧壽辰，時值中日戰爭之際，紫禁城內仍在舉行祝壽慶典。慈禧率帝、后、群臣在寧壽宮聽戲三日，並賜宴近支王公，一切軍國大事都延擱不辦。正當慈禧大擺壽宴之時，日寇鐵蹄已踏進東北國土，11月6日金州失陷，7日大連棄守，接著旅順告急。清軍在中日甲午戰爭中全面失敗，李鴻章等洋務派苦心打造的北洋水師也全軍覆沒。

尖銳複雜的階級矛盾和民族矛盾，加速了統治集團的分化，促進了帝黨與資產階級改良派的結合。革除弊政和抵抗侵略是帝黨與維新派的共同要求，維護清朝君主統治是他們的共同目的。這是二

者結合的政治基礎，帝黨同情並支持維新派變法維新的主張，企圖利用維新派增加帝黨同后黨抗衡的力量；維新派企圖依靠並借助帝黨的勢力，影響光緒帝推行變法。

1895年（光緒二十一年）3月，中日《馬關條約》簽訂，日本不但攫取了巨額賠款和經濟特權，而且割占了遼東半島和臺灣島。消息傳到國內，舉國譁然，京城反應尤其強烈，人們眾口一詞，痛斥李鴻章為「大漢奸」。在皇城的端門牆壁上，竟有人張貼了這樣一副對聯：「萬壽無疆，普天同慶；一籌莫展，割地求和。」後來北京還流傳過一副聯句：「臺灣省已歸日本，頤和園又搭天棚。」強烈表達了北京各階層愛國人士對清朝統治者賣國投敵的憤怒與譴責。在此形勢下，資產階級維新思潮轉化為資產階級改良主義的政治運動。

這年春，正逢會試，各省舉人集聚在北京。康有為和他的弟子梁啟超也同來京城應試。4月15日（舊曆三月二十一日），馬關簽約的電文傳至北京，康有為得知此訊後，遂聯合18省舉人共同行動。4月30日和5月1日，各省舉人1500餘名在宣武門外達智橋松筠庵集會，商議聯銜上書。康有為代表大家草擬奏章，他用兩天一夜的時間寫出一份萬言書，即康有為的《上清帝第二書》。在萬言書中他提出為解救國家危亡，皇上應下詔遷都、練兵、變法。他還提出了富國、養民、教民、改制等一系列改良方案，向朝廷要求人民參政的權利。5月2日，以康、梁為首的舉人將《上清帝書》呈交到都察院，請求代呈光緒皇帝，結果被軍機大臣孫毓汶無理拒絕。這次行動史稱「公車上書」。

公車上書事件，是北京也是中國歷史上第一次大規模的知識份子愛國運動。由於投降派官僚的阻撓，這份萬言書雖未能上達光緒帝的手中。然而這次事件開了「草茅書生」上書言事的先例，對於封建專制統治是一次衝擊。上書內容在京城和全國很快傳播開來，

在不到一個月的時間裡，上海就出版了這份上書，後以不同版本在各地印行。這一事件沉重打擊了賣國官僚，孫毓汶嚇得託病請假，不敢露面。李鴻章從日本回國後一度滯留天津，不敢進京。

5月29日，康有為將萬言書加以修改，第三次上書，力陳變法主張。這次上書經都察院上達光緒皇帝手中，得到了年輕而希望有所作為的光緒的關注。光緒命令將其謄抄4份，分別呈送慈禧太后，轉發封疆大吏。6月30日，康有為第四次上書，明確表述了變法圖強、振作精神的思想，使光緒皇帝意識到變法的意義和途徑，意識到變法對發展帝黨勢力的作用。

隨後秉承光緒的旨意，翁同龢多次與康有為商談，甚至還曾草擬了新政詔書，準備請光緒皇帝頒布，後因擔心觸怒慈禧太后而暫時作罷。

以公車上書為開端，維新運動逐漸在京師興起。其活動主要有：第一，創辦刊物。1895年8月，康有為、梁啟超等創辦《萬國公報》，後改為《中外紀聞》，它是維新派創辦的第一份報刊。第二，組織學會。1895年11月中旬，在城南後孫公園的安徽會館成立了第一個資產階級早期政治團體──強學會。1898年，在帝國主義掀起瓜分中國狂潮的形勢下，維新派發起組織保國會，先後在粵東會館、松筠庵和貴州會館召開三次會議，要求變法圖強，挽救民族危亡的呼聲日漸高漲。第三，組織新式學堂。1897年，刑部主事張元濟等人在琉璃廠創設通藝學堂，「專講泰西諸科實學」，聘請嚴復至學堂講《西學門徑功用》課程。此外，京師創設的學堂還有王宗基的會文學堂、陳時利的道器學堂、王照的八旗奉直學堂等。1898年（光緒二十四年）初，康有為上疏建議設立京師大學堂。他認為這是培養維新人才的重要措施。第四，上書言事。維新派代表人物上書言事是京師維新變法運動中特有的活動內容。除了上面提到的康有為4次上清帝書外，從1897年12月到第二年的一二

月間，康有為又連續上書3次（即上清帝第五、第六、第七書）。這7次上書，全面論述了變法的必要性和迫切性，提出了變法維新的綱領和措施。「以君權變法」是維新派的基本主張，是維新派與帝黨結合的政治基礎。

其實，甲午戰敗議和對光緒帝刺激很大。他斥責李鴻章身為國家重臣，將臺灣省割讓日本，是「失民心，傷國體」，並且明言表示「台割則天下人心皆去，朕何以為天下主」這件事促使光緒帝下決心利用維新派力量，通過改革，從后黨手中奪權。從而使甲午戰後的維新變法運動形成了高潮。

1898年（光緒二十四年）6月，康有為為帝黨草擬奏章，由楊深秀、徐致靖、宋伯魯等人次第上奏，請求明定國是。康有為本人也呈交了《請告天祖誓群臣以變法定國是折》。

6月11日，光緒帝頒布《明定國是詔》，指出：「維國是不定，則號令不行。」特明白宣示「中外大小諸臣，自王公以及士庶，各宜努力向上，發憤為雄。以聖賢義理之學植其根本，又須博采各學之切於時務者實力講求，以救空疏迂謬之弊」。自即日起至9月21日，在短短的3個多月時間內，頒布了一系列除舊與布新的詔諭，包括政治、經濟、軍事、文教4個方面。其中涉及京師的有關內容，政治方面：命各部院衙門刪去舊例，另定簡明則例；裁詹事府、通政司、光祿寺、鴻臚寺、太常寺、太僕寺、大理寺等衙門，一切事宜歸併六部；詔選宗室王公遊歷各國；允許士民上書言事等。經濟方面：京師設礦務鐵路總局、農工商總局、郵政局等。軍事方面：採用新法練軍。文教方面：變通科舉，停止朝考；創設京師大學堂、中小學堂；開經濟特科；設報館等。從上述內容看，新政主要是改革弊政，發展民族工商業，加強武備，培養新的人才，其目的在於救亡圖存。新政並沒有超出維新派的上書內容，更沒有觸及政體問題，即設議院，開國會，制定憲法等。

6月16日，光緒帝破例在頤和園仁壽殿召見了工部主事康有為，由於頑固派的阻撓，光緒帝沒能重用他，只任命康有為到總理衙門任職，專門擬寫變法奏摺，提出改良措施。又賞梁啟超六品銜，負責辦理譯書局事務。9月5日，賞譚嗣同、楊銳、劉光第、林旭4人四品卿銜，到軍機處和總理衙門參與新政事宜，史稱「軍機四卿」。在此前一天，將拖延維新的禮部尚書懷塔布、許應騤等6人革職。這些人事方面的變動與安排，旨在消除后黨勢力，使維新派參與新政。

　　然而，在舊體制下進行維新、改良和變法必然要觸動保守勢力的既得利益，遭到抵制和反對。在新學與舊學、中學與西學的論戰過程中，在帝黨與后黨政治權力爭奪與利益爭奪的過程中，光緒皇帝的行動遇到了極大阻力。比如改革舊式科舉制度引起保守文人的反對；改變官制、淘汰閒散官吏危及了許多舊官僚的職位；重用康有為等漢人、限制並取消滿族人及旗人特權則招致滿族貴族及廣大旗人的不滿。

　　由於慈禧太后在1889年光緒皇帝19歲時已經宣布撤簾歸政，在維新初期，她迫於形勢，只好做出姿態，對光緒帝頒行新政表示任其「自酌」，但在暗地裡部署破壞新政。在《定國是詔》頒行後的第四天，慈禧就強迫光緒帝連下三道諭旨：將光緒帝老師、帝黨魁首翁同龢革職，逐回原籍；二品以上大臣授新職，須到太后面前謝恩；命榮祿署理直隸總督，統率董福祥（甘軍）、聶士成（武毅軍）和袁世凱（新建陸軍）三軍。當懷塔布等6人被革職後，直接觸及了后黨的利益，於是加緊部署政變。

　　光緒聞訊，恐帝位不保，連發兩次「密詔」，命康有為「妥速籌商」。康有為等束手無策，最後寄希望於掌握新建陸軍的袁世凱。9月16日，光緒在頤和園玉瀾堂召見袁世凱，賞侍郎候補銜，責成其專辦練兵事務，企圖利用袁世凱的力量與榮祿抗衡。慣要兩

面派的袁世凱表示感恩。18日晚，譚嗣同到法華寺袁世凱的寓所，勸說其支持帝黨，在光緒和慈禧到天津閱兵時一舉誅殺后黨。袁世凱表面應允，但是他深知沒有實權的光緒帝不會成功，於是在20日趕赴天津向榮祿告密。榮祿於當晚入京，直赴頤和園向慈禧太后報告。9月21日，慈禧回宮，幽禁光緒帝於瀛台，對外宣布皇帝病重，由太后臨朝「訓政」。推行103天的維新就此告終。

政變發生後，慈禧太后下令捕殺維新派首領與維新志士。9月21日，步軍統領崇禮帶領300名禁軍包圍南海會館，但是康有為已於頭天離京，乘輪船轉赴香港。22日，梁啟超乘日輪東渡日本。有人勸「軍機四卿」之一的譚嗣同避難外逃，譚謝絕說：「不有行者，誰圖將來；不有死者，誰鼓士氣自古至今，地球萬國，為民變法，必先流血。中國二百年來，未有為民變法流血者，流血請自譚嗣同始。」9月24日，譚嗣同遭捕。在此前後，楊深秀、林旭、楊銳、劉光第及康有為之弟康廣仁等5人亦被捕。

譚嗣同等6人被關押在刑部監獄，譚在獄中賦詩題壁：「望門投止思張儉，忍死須臾待杜根。我自橫刀向天笑，去留肝膽兩崑崙。」原定9月26日，由軍機大臣會同刑部、都察院官員審訊。實際上，9月28日未經審訊他們就被押赴菜市口刑場處決。臨刑前，6位維新志士大義凜然，譚嗣同吟唱「有心殺賊，無力回天；死得其所，快哉快哉」的絕命詞，康廣仁慷慨而言：「若死而中國能強，死亦何妨。」6位志士為變法維新獻出了生命，史稱「戊戌六君子」。

戊戌維新運動的失敗，清楚地表明在半殖民地半封建的舊中國，依靠君權，通過自上而下的改良，走資本主義道路使中國獨立富強，只不過是一種幻想。然而這次運動由於發生在清朝的政治中心北京，是對封建專制集權統治的一次直接衝擊，又對舊教育進行了批判，這無疑對人們，尤其是對知識份子具有一種啟蒙作用。

## 京師義和團運動

戊戌變法失敗後，帝國主義列強瓜分中國的野心更加囂張。除了軍事上的行動外，自第二次鴉片戰爭以來，尤其打著傳教的名義，進行侵略中國主權的罪惡活動。他們到處建立教堂，網羅地痞、無賴等入教成為「教民」。京師地區的情況也非常嚴重，1886年（光緒十二年）建立的西什庫教堂，是天主教直隸北境的總堂，下屬教民有4萬餘人，所屬住堂29座，其中京城有5座，其他分布在順天府州縣和直隸北部各府，下屬分設會所500餘座及大堂、公堂、小堂若干。外國傳教士依仗種種特權，霸占房屋、山林和田產。教民無賴則橫行鄉里，危害百姓，而地方官府往往「抑民佑教」，於是加深了「民」、「教」之間的矛盾。為了對抗洋教，在華北地區被清廷長期禁止的祕密結社也逐漸復興。

北方民間存在著名目繁多的祕密教門，大部分屬於白蓮教系統，它們披著宗教迷信的外衣進行活動，具有反清性質。北方各地民眾還有習武的傳統，組織有半公開的武術團體，聚眾練習拳棒。這些不同性質和不同形式的組織，相互影響，彼此滲透，成為晚清時期災難深重的下層民眾保衛身家、團結互助的紐帶。源於白蓮教的義和團，又名義和拳、梅花會、大刀會、紅燈會等，利用宗教迷信激發民眾的反帝排外情緒，與列強侵入華北鄉村的各類教會展開積極的鬥爭。到1899年（光緒二十五年），山東義和團逐步壯大，從反清祕密結社發展到以反帝為目標的公開組織。他們以習武練拳、強身保家為口號，吸引了各種鄉間農民組織，勢力範圍由山東向北發展，擴展到直隸的保定、涿州及天津一帶。

早在1899年秋，京城內外就有一些青少年於早晚在僻靜處練習拳棒，動輒數十人，甚至端、莊、瀾等王公府第及虎神營士兵也有練習者。1900年（光緒二十六年）春，直隸義和團的勢力擴展至京師。當時有義和團民潛入北京，凡遇教堂，則遍粘招貼，謂三

月末要與教堂為難云云。宣武門教堂的法國傳教士見後，甚為驚駭，遂諮步軍統領衙門，派兵保護。接著五城到處黏貼告示，表示要嚴拿匪犯。順天府所屬州縣的義和團也非常活躍，通州義和團組織操練，並且聲稱「欲與洋人為難」，總理衙門急忙安頓，派馬隊前往彈壓。儘管如此，義和團勢力仍在北京不斷發展。

四五月間，義和團已布滿京城內外，「惟黃村鎮及龐轂（各）莊等處，尤聚散無常」。其間，傳說在溫泉山煤洞中，掘出前明劉伯溫所書石碑一方，碑文說：「最恨合約誤國殃民，上行下效，民冤不伸。原忍至今，羽翼洋人，趨炎附勢，肆虐同群。」又說：「紅燈下照，民不迷津，義和明教，不約同心」，「待當重九日，翦草自除根。」明顯看出，此時義和團的鬥爭鋒芒已指向外國侵略者，反對簽訂不平等條約。

6月上旬，大批義和團眾由京郊州縣擁入京城，他們三五十人結隊，不分晝夜，魚貫而入，相繼而來，日以千計，至6月中旬就達到萬人之多。義和團在京城遍設壇場，城區非僅一街一壇，甚至一街數壇，至郊區偏遠山地亦設壇場。京城第一個壇場設在于謙祠堂（今東城區西裱褙胡同內）。加入義和團者不但有下層民眾，而且上自王公卿相，下至倡優隸卒，幾乎沒有不參加的，甚至還包括皇宮裡的太監、宮女，連守衛京師的滿漢各營士兵，如神機營、虎神營，董福祥率領的武衛後軍的士兵大多也加入了義和團。

當時，可以說在一定程度上義和團控制了北京的局勢。京城內外各城門、重要交通路口、清政府各衙門、親貴王公大臣的住宅，多數由義和團眾把守監視，日夜盤查形跡可疑之人。

義和團打擊的目標主要是帝國主義侵略勢力。他們圍攻城郊各處教堂，像通州賈家瞳教堂，自6月下旬被三四萬團眾包圍，達40餘日。內外城區不少教堂也被團民焚毀。團民殺外國傳教士，不少為非作歹的教民、奸細也被懲處。義和團還焚毀洋行、洋貨店，像

前門一帶的老德記、屈臣氏等西藥店均被付之一炬，火勢隨風擴展，繁華的前門西側商業區也隨之毀於大火之中。其他如外國人修建的洋樓、墳塋、跑馬場等也被焚毀。還把「御河橋」改為「斷洋橋」，將東交民巷改稱「切洋雞鳴街」。在京城的洋人個個失魂落魄，惶惶不可終日。

對於義和團是「剿」還是「撫」，清廷內部也存在著不同意見。光緒皇帝及某些洋務派人物認為不能與洋人開戰，不能縱容義和團這樣的民間結社發展起來。而慈禧太后、直隸總督裕祿等人幻想利用「扶清滅洋」的義和團打擊列強。慈禧之所以要打擊列強，一個很重要的原因是，1899年10月，她選擇端郡王載漪之子溥為大阿哥，準備在農曆新年取代光緒。

但這個舉動遭到英、美等列強駐京公使的一致抵制，他們拒絕入宮慶賀，不承認這種權力變更。對此慈禧極為不滿，但也不得不改變了即行廢立的決定，等待事態發展。當義和團勢力直逼北京之時，慈禧的態度也是舉棋不定。5月25日，她批准了步軍統領、五城御史和順天府尹聯合發布的《禁拳章程》，又派軍隊「實力剿捕」，以減輕來自西方國家的壓力。但是她又懾於義和團的強大聲勢，也不甘心任列強對其擺布，特別是5月底各國直接派兵入京後，慈禧害怕列強直接干預清廷的廢立皇帝之事。於是決計「招撫」義和團，利用義和團的力量，與西方列強抗衡，以達到與列強討價還價的目的。因而慈禧不斷指令刑部尚書趙舒翹、順天府尹何乃瑩、協辦大學士剛毅等親信大臣對遍及京津的義和團進行勸散或招撫。載漪、載勳、剛毅等人都被慈禧太后任命為統率義和團王大臣，在端王府和莊王府甚至設立了團壇「總部」，收編零散的團民。載勳後來出任京師步軍統領，發布了任意捕殺洋人的獎賞令。

載勳、載漪等人甚至曾帶領團民衝入紫禁城，當面指斥光緒皇帝為「二毛子」，企圖趁亂實現改立皇帝的預謀，後被慈禧制止。

可見，義和團的正義鬥爭被統治集團所利用，納入歧途，預伏著義和團最終被統治階級出賣的危機。

西方列強極端仇視義和團，自5月份以來，各國以保護使館為名，先後有400餘名士兵進京入駐東交民巷，修築防衛工事。強入京城的侵略軍時常向團民和清軍尋釁，無辜槍殺團民，激起義和團的更強烈的反抗，遂發生了擊殺日本書記官杉山彬、德國公使克林德事件。6月17日侵略軍強行在大沽登陸，繼而向津、京進犯。這時義和團風暴席捲北方，以至全國，北京團民發起更大規模的鬥爭。6月15日至8月14日，義和團民1萬餘名圍攻西什庫教堂，後清兵也進行炮擊。

6月20日至8月14日，清軍和團民又對東交民巷使館區發動攻擊。

慈禧太后出於複雜動機，於6月21日對外宣戰。她利用義和團排外行為以宣洩對洋主子的不滿；又借洋人屠刀剿殺義和團以消除「肘腋」之患，同時打擊統治集團內部異己勢力。

由於清朝統治者的出賣和八國聯軍的瘋狂屠殺，京師義和團運動遭到慘重失敗。

在義和團運動高潮期間，北京是運動的中心地區，其鬥爭打擊了帝國主義在華勢力及清朝統治者，阻止了帝國主義瓜分中國的企圖。但是義和團的失敗表明，當時以農民為主體的中國人民反帝鬥爭缺乏科學的理論為指導，憑藉樸素的思想感情和愚昧落後的鬥爭方式，不能最終戰勝帝國主義，改變中國人民被侵略被奴役的地位。

辛丑至辛亥期間的北京

「新政」和「預備立憲」

1901年（光緒二十七年）9月以後，八國聯軍陸續從北京城撤出。光緒皇帝和慈禧太后也從西安回到北京，恢復了清王朝的統治。不久即著手推行新政，企圖維持搖搖欲墜的滿族貴族政權。

清末新政的基本思想和措施與3年前的戊戌維新大同小異，其核心內容是籌餉練兵，提高政府的效率，鞏固清王朝的統治。具體措施包括廢除科舉制度、興辦新學、選派留學生；鼓勵民間發展實業、組織商會；設立鐵路、礦務、農業、工藝各公司，制訂近代工商法規；改造政府官制，消除滿漢畛域等等。體現在北京的作用主要有：改總理各國事務衙門為外務部，切實辦理近代外交；設立練兵處，由袁世凱訓練北洋六鎮新軍；設立巡警部，強化國家和城市統治；設立學部，續辦京師大學堂，建立近代教育體制。新政措施一部分是洋務運動的發展，大部分是戊戌維新的改良設想。新政的一個直接結果就是以袁世凱為首的北洋軍閥集團崛起，對日後民國前期的政局帶來了深刻的影響。

1904年（光緒三十年），在中國東北爆發了日俄戰爭，結果君主立憲制的日本戰勝了專制的俄國。這無疑對專制的中國產生了警示作用，以慈禧太后為首的清廷也感到不能照舊統治下去了，於是宣布「預備立憲」。

首先就是選派載澤、端方、徐世昌、紹英、戴鴻慈等五大臣前往歐美及日本等國家，考察列強的政治體制。1905年（光緒三十一年）9月24日上午，當五大臣及隨員在前門火車站登上專車即將啟程時，遭到革命黨人吳樾的狙擊。吳樾當場犧牲，五大臣中載澤、紹英等人受輕傷，清政府被迫推遲出國日期並更改出國人員。但是暗殺行動並沒有讓朝廷出洋考察的計畫停下來，反而使慈禧等統治者認識到應加快立憲抵制革命，同時在立憲改良派與民主革命派之間也劃清了界限。

1905年12月，戴鴻慈、端方、載澤、尚其亨、李盛鐸等考察

大臣由上海出洋，開始了中國歷史上第一次到其他國家的學習考察。他們出訪半年，主要考察了英國、法國、德國、日本等國的政治制度和社會狀況，會見了一些政治家、學者以至國家元首，收集了大量而廣泛的圖書資料。慈禧太后在聽取了考察大臣的報告，看到一些大臣的奏摺陳述立憲可以「皇位永固」、「外患漸輕」、「內亂可弭」等好處後，也受到觸動。1906年（光緒三十二年）9月1日，清廷正式發布了「仿行憲政」的上諭，論述了中國之落後及列強之富強之後，確定國家從此進入預備立憲時期。在「大權統於朝廷」的原則下，向資本主義君主立憲政體過渡，同時在經濟、教育、財政、軍事、員警、地方自治等等方面做出變革計畫。

1906年9月至1907年7月之間，清廷的預備立憲集中於改革中央和地方的政府機構，釐定各級官制，在教育、司法、地方自治等方面也有所進展。1907年（光緒三十三年）9月1日，經慈禧太后裁定，中央機構包括外務部、吏部、民政部、度支部、禮部、學部、陸軍部、法部、大理院、農工商部、郵傳部、理藩部等12個部院，各部尚書、侍郎之任命不分滿漢，皆參與朝廷政務。說是不分滿漢，但實際上13位內閣成員（包括總理大臣和各部政務大臣）中，滿族7人，漢族4人，蒙古1人，漢軍八旗1人。而蒙古和漢軍八旗一貫是依附於滿族。因此，時人稱這個內閣為「滿族內閣」。

清末籌備立憲的本質當然是維持滿族貴族的最高統治，但在具體措施方面又打開了專制制度的缺口。1907年8月，清廷將原新政時期設立的考察政治館改造為憲政編查館，負責編訂憲法草案，調查和比較西方國家的政治制度。9月20日，上諭籌備類似西方議院之資政院，由貴族溥倫等人具體負責。1908年（光緒三十四年）3月11日，《結社集會律》頒布實行；14日《報律》頒布實行。這些新法律初步打破了專制社會的禁錮，給予人民一定的結社、集會、遊行的權利，然而又未能更多地保障人民的權利和自由。

正當中央和地方、政府與民間加緊立憲步伐的時候，1908年11月14、15日，光緒皇帝和慈禧太后相差不到一天，相繼死去。不滿3歲的溥儀繼承皇位，溥儀的父親、25歲的醇親王載灃攝政監國，成為大清帝國最後的執政者。

1908年12月2日，小皇帝溥儀登基，改元宣統。在百官朝賀的時候，小皇帝卻嚇得啼哭不止。載灃在旁哄勸道：「快完了，快完了」，似乎預示了清王朝的末日來臨。次日，攝政王頒布諭旨，重申慈禧太后訂立的9年立憲計畫，延續了籌備立憲的步伐。隨後，又以袁世凱腳病為由，罷除其全部軍政職務，命其回河南原籍彰德養病。顯示出清朝統治集團內部的重大分裂。

清末立憲實際上是仿照日本明治維新時期的最低層次的君主立憲。這種改變雖然部分地打開了封建專制體制的缺口，承認了部分民權，但與資產階級立憲派的要求存在很大差距。一個突出表現，載灃為了維持滿族貴族對政權的控制，全面推出滿族皇族去擔任政府要職，掌握軍政實權。1908年底，載灃成立由自己統率的禁衛軍，任命弟弟載濤、皇族毓朗等為禁衛軍大臣，在京郊訓練新型軍警隊伍。以後又任命另一弟弟載洵為海軍大臣。1911年（宣統三年）5月，載灃組成新內閣，13名國務大臣中，漢族4人，滿族9人，滿族9人中皇族又占了5人。於是，這屆內閣被稱為「皇族內閣」或「親貴內閣」。這一系列保護皇權、安置親貴的做法自然引起立憲派的不滿，於是民間醞釀和開展了國會請願運動。1910年初，以著名實業家張謇為首鼓動國會請願，到都察院遞交請求速開國會的請願書，遭到拒絕。6月份，進行了第二次國民請願，仍遭拒絕，朝廷堅持9年預備期滿以後再開國會。10月初，進行了第三次國會請願。朝廷雖迫於各方壓力，決定將9年預備立憲縮短為6年，但同時決定立刻解散國會請願組織，民間不得再議縮短立憲之事。以後第四次請願被軍警鎮壓了。於是，立憲改良派對國家政治改革大失所望，他們中的很多人轉而參加革命運動，與維持專制、

虛偽立憲的清廷分道揚鑣。

　　辛亥革命在京師

　　與資產階級立憲派不同，以孫中山為首的革命派則主張通過暴力革命推翻清政府，建立資產階級民主共和國，實行民主立憲。1905年同盟會在日本成立後，孫中山對被派遣回國的同盟會員面示革命方略，強調「慎選革命基地，以發展革命力量」。當談及具體地點時，孫中山認為「北京、武漢、南京、廣州四地」，有的是政治中心，有的是經濟中心，有的為交通樞紐，只看哪裡條件成熟，就可在哪裡下手。同時他也特別指出，北京為首都，如能攻占，可以「登高一呼，萬方回應，是為上策」。但在清末的京師，革命派的力量尚未強大，只能通過暗殺和祕密起義等方式打擊清政府的統治。

　　1905年，吳樾狙擊五大臣後，革命黨人仍把暗殺北京統治集團上層人物作為重要的革命活動，甚至南方革命黨組織也時常派人來京進行暗殺活動。1909年10月至1910年1月，同盟會員黃復生、汪精衛等人相繼到京，在琉璃廠開設守真照相館作為掩護，準備暗殺攝政王載灃。

　　他們在騾馬市鴻泰永鐵鋪鑄造了一個「鐵西瓜」，內裝40～50磅炸藥，埋在載灃進宮途中必經的一座橋下。4月1日夜，當他們埋設炸彈時不幸被當地巡警和暗探察覺，暗殺未遂。4月6日上午，黃復生、汪精衛等先後被捕，餘者逃往香港。清政府懾於革命形勢高漲，決定從輕處理此案，汪、黃等人被處以永遠監禁。辛亥革命爆發後才被釋放。

　　1911年10月10日，武昌首義成功。消息傳到北京後，清廷驚恐異常，攝政王載灃急忙召集御前會議商討對策。迫不得已，只好起用袁世凱收拾殘局。袁世凱再次出山後，殘酷鎮壓了京畿地區革命黨人的一系列起義。

北京起義是在清王朝的政治心臟位置發動的。同盟會員陳雄、李漢傑等從汪精衛那裡領取8000元活動經費，於1911年11月29日組織敢死隊分路攻打皇宮，約定由袁世凱之子袁克定帶兵回應。事發後，袁克定不但未回應敢死隊，敢死隊反遭軍警圍捕。李漢傑等被捕犧牲，陳雄、高新華自殺。原來這次起義是袁世凱與汪精衛商定的一個陰謀，以此向清廷施加壓力。當時正值南北議和前夕，袁世凱企圖利用革命黨人的力量，對清政府形成威懾作用，迫使其接受和談，以便自己從中漁利。而革命黨人成為袁氏竊國的犧牲品。騙局被戳穿後，使一部分革命黨人認識了汪精衛的真實面目。

1911年11月，革命黨人在通州也籌畫發動起義。通州是京東交通樞紐，這一地區資產階級革命黨人的活動中心在華北協和書院，它是一所教會辦的學校。該校師生中有同盟會員，其中有武漢首義元勳之一蔡濟民的弟弟蔡德辰（字振民）。他自湖北奉派來北方從事祕密工作，此時在書院學習，深受進步師生的擁戴。

協和書院與駐通州的義軍平日有交往。革命黨人企圖透過這一管道運動義軍起義，然後直指北京，威逼清帝遜位。駐通州的義軍是軍閥姜桂題的部下，有7個營的兵力，結果被革命黨人爭取過來4個營。本來計畫在11月21日（舊曆十月初一）發動起義，但起義需要大批款項，由於武漢軍政府籌餉困難，發款時間一拖再拖，致使起義日期一推再推。這時有的官兵想退出起義隊伍，竟有人向姜桂題告密。12月6日（十月十六日）夜，姜桂題派兵至張家灣圍剿臨時會議機關，逮捕了蔡德辰等起義領導人，起義軍名冊也被搜去。次日，蔡德辰等人被殺害。

武昌起義後，暗殺依然是北京革命黨人重要的鬥爭手段。京津同盟會專門設立暗殺部，該部有男女同志20餘人，所需武器由上海供應。該部成員經常到京西門頭溝、十三陵等處荒山演習，商定謀刺物件、方法、道路，等待南京的命令而執行。

1912年初，北京又發生兩起影響頗大的暗殺事件。第一件1912年1月16日謀刺袁世凱事件。

　　袁世凱再次出山後，掌握內閣總理大權。他刺殺吳祿貞，收買汪精衛，殘酷鎮壓一系列起義，操縱南北議和，不僅是清政府中最有實權的人物，也是革命派最陰險狡詐的敵人，在京革命黨人將其列為謀刺的主要對象。根據事先安排好的路線、地點、時間，選擇袁世凱入宮上朝必經之地的東華門大街進行謀刺。嚴伯勳、黃芝萌、張先培、楊禹昌等18人分布在三道關口，懷揣炸彈，企圖炸死袁世凱。當日中午11至12點鐘，袁世凱在衛兵保護下從東安門出來。馬車路過三順茶葉店時，嚴伯勳首先從樓上投出炸彈，但因馬車行駛較快，未炸中。車輛走到祥宜坊酒樓前，黃芝萌等又投出炸彈，炸翻了袁世凱的馬車，炸死衛兵數人。剩餘衛兵趕忙將扣在車下的袁世凱拉出來，塞進另一輛車，倉皇逃跑。張先培、黃芝萌、楊禹昌等7人持槍出來射擊，但因寡不敵眾，被衛兵和趕來的巡警捕住，嚴伯勳等乘混亂之際離開現場。次日，張先培、黃芝萌、楊禹昌3位志士被袁世凱下令處死，遺體葬於城北荒塚之中。事件發生後，袁世凱稱「病」不敢再上朝，躲藏在幕後導演了一幕「清帝遜位」的逼宮戲。

　　第二件是彭家珍刺殺良弼事件。良弼是清朝宗室成員、宗社黨頭目。宗社黨是辛亥革命期間，以良弼、溥偉、鐵良等為首的清宗室成員結成的最頑固、最反動的集團，他們反對清帝退位，反對南北議和，也反對袁世凱。革命黨人確定其為刺殺的重要物件。1912年1月26日（陰曆臘月初八），同盟會員彭家珍身著新軍標統制服，冒充「奉天陸軍講武堂監督崇恭」，乘車前往西四北面大紅羅廠的良弼住宅。在良弼外出回歸正要進門之時，彭家珍投出炸彈。良弼的左腿被炸斷，兩天后醫治無效而死亡。彭家珍因彈片擊中頭部當場犧牲。孫中山就任臨時大總統後，追贈彭家珍大將軍銜，在北京西郊萬牲園為彭家珍、張先培、黃芝萌、楊禹昌營建了

烈士墓，供後人憑弔。

　　京師革命黨人醞釀、發動的一系列暗殺、起義雖然多未成功，但因其發生在清王朝統治的心腹之地，直接打擊了清朝統治者，加速了清王朝的覆滅。

　　民國政治風雲

　　宣統退位1912年1月1日，資產階級革命派建立的中華民國臨時政府宣告成立，孫中山在南京就任臨時大總統，出現了資產階級革命政權與反動的封建清王朝南北對峙的局面。

　　但是這種局面維持的時間不長，已完全掌握清廷大權的袁世凱看到時機已經成熟，決定依靠帝國主義的支持，逼迫清帝退位，向他交出最高統治權力。另一方面，他利用北洋軍的強大實力，武力脅迫革命黨人停戰議和。在南北議和期間，袁世凱偽裝擁護共和，並以清帝退位為誘餌，迫使革命黨人把人總統的位子讓給他。他為了使清帝儘早退位，炮製了一個對清帝及皇室的《優待條件》，其主要內容包括：保留大清皇帝的稱號；保證每年由民國政府給予遜清皇室400萬兩津貼；清帝可暫時居住紫禁城中，以後應當移居到頤和園，侍衛人員及內務府等機構照常留用，只是不得再招閹人入宮；清帝的宗廟、陵寢由民國派兵保護；遜清皇帝、滿清貴族直至旗人的私產由民國特別保護；清廷禁衛軍編入民國陸軍編制，保留其額數和俸餉等等。另有清皇族待遇之條件和滿蒙回藏各族待遇之條件，主要包括：王公世爵之位一仍其舊；保護原有之私產等內容。

　　1912年2月6日，南京臨時政府正式通過了《清帝退位優待條件》等檔。2月12日，在紫禁城養心殿舉行了愛新覺羅王朝最後的一次朝見儀式。隆裕太后攜同6歲的小皇帝溥儀接受了內閣大臣首次改用的三鞠躬禮，然後隆裕噙著羞憤的淚水，頒布了《退位詔書》，清王朝從此壽終正寢。在中國存在了2000多年的封建君主

專制制度，至此宣告結束。

然而由於詔書是在袁世凱主持下擬定的，他為了竊取國家最高權力，在詔書中硬加進這樣一句話：「當茲新舊代謝之際，宜有南北統一之方，即由袁世凱以全權組織臨時共和政府」，與南京臨時政府似乎沒有了關係。2月13日，袁世凱通電贊成共和。2月14日，孫中山向南京臨時政府參議院提出辭職。次日，臨時參議院17省代表一致推舉袁世凱為中華民國臨時大總統，黎元洪為副總統。孫中山為了制約袁世凱，特意提出三個條件：一、臨時政府設於南京，不能更改；二、袁世凱親到南京就職；三、新總統必須遵守參議院制訂的《中華民國臨時約法》。隨後，南京臨時政府派蔡元培、宋教仁、汪精衛等為專使前往北京，迎接袁世肯南下就職。

北京兵變

2月27日專使抵京，袁世凱大耍兩面派伎倆，一方面大開北京正陽門，假意迎接專使入京，並且與專使交談之中「始終無不能南行語」；另一方面暗地布置心腹曹錕，在北京製造兵變，為其拒絕南下提供藉口。2月29日晚，曹錕所部北洋第三鎮官兵在北京嘩變。

亂兵發起於朝陽門外東嶽廟，由東向西推進。親歷者葉恭綽後來曾寫《辛亥宣布共和前北京的幾段逸聞》一文，對兵變情景作了如下記載：新春兵變之夕，余在馬大人胡同內閣官舍，同數人方晚膳。忽聞槍聲劈拍，起於所坐窗外，始以為新年爆竹，及空中人聲鼎沸，旋而紅光燭天，知必有變。因同出天井，則衛兵秩序紛亂，出入雜遝。項城（即袁世凱）神色頗荒（慌），屢由電話問西城情形，蓋其時本有禁衛軍欲入城為變之謠也。乃電話旋斷，電燈亦滅，眾益無措。項城乃與餘等退入地窖，旋命將某處解來之餉，賞與衛隊每人數千元。時探報迭至，已知是兵變搶劫，項城色定，言：「他們如此胡鬧，拿我的傢伙來，等我去打他們。」

專使們下榻地點是東城煤渣胡同原清貴冑學堂校址，正處於亂兵必經之地，四面槍聲大起，而且聽上去都是向專使住的貴冑學堂方向開的。專使們衣履不整地紛紛藏匿，並於次日逃往東交民巷六國飯店避難。

兵變給北京造成巨大損失，尤以內城東安門和外城前門一帶為甚。被焚掠的金店、銀號、當鋪和其他商號達4000～5000家，價值近萬兩。眾多無辜者慘遭殺戮；西方列強以保護使館和僑民為名，增兵北京，進一步加強了軍事侵略力量。之後，兵變又蔓延到通州、保定、天津一帶。

這次兵變是以軍中扣餉和反對袁世凱離京為藉口，事實上是根據袁世凱密令辦事。當過袁世凱政府第一屆國務總理的唐紹儀後來曾經洩露了內情，他回憶道：「當時兵變發生，南代表束手無策，促予黎明訪袁。予坐門側，袁則當門而坐。曹錕戎裝革履推門而入，見袁請一安，曰：『報告大總統，昨日奉大總統密令，兵變之事已辦到矣。』側身見予，亦請一安。袁曰：『胡說，滾出去。』予始知大總統下令之謠不誣。」（劉成禺《世載堂雜憶》）然而，當時專使受到蒙蔽，他們一致以為是遜清頑固分子在製造動亂，破壞共和，如果統治中心遷到南京，北京真可能發生復辟事件。他們向南京臨時政府建議，改變初衷，遷都北京，穩定北京的局勢。南京方面不久便同意袁世凱在北京就職，袁世凱陰謀得逞。

3月10日，袁世凱在北京東城鐵獅子胡同原海軍部大樓前宣誓就任臨時大總統。4月2日，南京臨時參議院議決，將臨時政府遷往北京。4月5日，臨時國會參眾兩會議員亦來到北京，籌辦正式國會。4月21日，中華民國國務院在北京成立，辦公地點在東城鐵獅子胡同；臨時國會設在宣武門內的象來街。北京成為北洋軍閥政府的所在地，一直延續到1928年6月。

在此期間，就國體和政體而言，北洋政府名義上仿照西方資本

主義國家的建置，設立了包括國會、總統、內閣、中央司法機關及其所屬機關等中央機構。但是這些機構實際未能正常發揮其職能。因為袁世凱建立的是大地主買辦階級政權，「民主共和」徒有虛名，而且各省軍閥勢力割據紛爭。加之資產階級革命黨人繼續在南方進行活動，使得北洋政權無法在全國範圍內行使職權。

在地方行政方面，民國期間，基本上為省、道、縣三級制。具體到北京，1912年4月遷都北京後，仍稱京師，下設順天府，轄24縣，歸直隸省管轄。1914年10月4日，北洋政府改稱順天府為「京兆地方」，簡稱「京兆」，為特別行政區，直隸中央政府，下轄大興、宛平、通縣、良鄉、固安、永清、安次（東安）、香河、三河、霸縣、涿縣、薊縣、昌平、武清、寶坻、順義、密雲、懷柔、房山、平谷等20縣。北部到長城沿線以內，以外屬察哈爾、熱河特別區。南部達河北北部地方，一直相沿至1928年不改。但在其間，1917年開始，北京還有一個名稱「京都市」，但此名流布不廣。

孫中山北京之行與宋教仁改組同盟會為國民黨

袁世凱就任臨時大總統，中華民國實質上已是大地主買辦階級專政。但他為了鞏固政權，依然打著民主共和的旗號，暫時允許言論、出版、結社的自由。他還假意再三邀請孫中山北上共商國是，孫中山應邀於1912年8月24日抵達北京。袁世凱以極高的禮儀「歡迎」孫中山入京，在前門火車站高搭彩門。當孫中山乘坐的專列入站後，受到以總統府祕書長梁士詒為代表的數千人的迎接。孫中山乘遜清攝政王的高級馬車穿過正陽門前往石大人胡同總統府下榻，此處原為清工部寶源局，清末改造為接待外使的迎賓館。袁世凱初任臨時大總統時在此辦公，這時假意讓給孫中山居住，自己搬到鐵獅子胡同辦公。但孫中山入京後的當天晚上，姜桂題統率的義軍就在通州發生兵變，致使京城九門關閉，交通斷絕。隨之，唐山等地

也傳有兵變發生。儘管對於兵變的原因眾說紛紜，但與孫中山當日入京恐非偶合。

孫中山在京近一個月，其間與袁世凱先後晤談了13次，就有關鐵路、實業、外交、軍事、遷都等問題與袁交換看法，袁佯裝贊同，孫中山以君子之心輕信了袁世凱的假意附和。他認為中國的民族主義、民權主義俱已實現，自願投身鐵路建設和實業建設，實行民生主義。他還號召全國停止黨派爭端，實現南北統一。

另外，孫中山到京的第二天（即8月25日），宋教仁等在同盟會基礎上，聯合統一共和黨、國民共進會、國民公黨、共和實進會4個政團，共同組建為國民黨，在北京虎坊橋湖廣會館召開成立大會。孫中山雖不滿意同盟會改組，但是為了維持人局，出席了國民黨成立大會，並且發表了演說，他強調5黨合併後要「同心合志」，人心鞏固才能使「國本」鞏固；同時重申了同盟會的三民主義主張，著重闡述了民生主義。改組後的國民黨人員更為龐雜，失去了同盟會原有的革命性。但是國民黨作為同袁世凱反動勢力抗衡的政治力量的存在，仍具有進步性。

1912年冬，國民黨在國會選舉中取得392個國會議員的多數席位，宋教仁為來年組織國民黨責任內閣而四處活動。宋教仁的政黨活動成為袁世凱專權的極大障礙，袁曾試圖以50萬元重金收買宋教仁，遭到拒絕。於是袁世凱指使國務總理趙秉鈞派遣刺客於1913年3月20日，在上海火車站檢票處暗殺了宋教仁。暗殺的槍聲打破了革命黨的幻想。3月26日，孫中山從日本回到上海，與黃興等人聯名通電，要求追查兇手。7月發動了討伐袁世凱的二次革命，終因準備不足，被北洋軍擊敗。

由於辛亥革命未能消除君主專制存在的社會基礎，民初，在北京發生了兩次復辟事件。

「洪憲」帝制

袁世凱本有稱帝的野心，但礙於時機不成熟，才選擇先竊權後稱帝的穩妥之策。二次革命失敗後，袁世凱「武力統一」全國，自認為稱帝的客觀條件已經具備，1913～1915年間著手從多方面進行復辟帝制的準備。

　　第一，通過「合法」形式，進一步確立和鞏固其專制獨裁的政治地位。這一過程大致分為三個階段。第一階段：1913年10月，採取收買和威逼手段，利用國會選舉袁世凱為正式大總統。選舉中，袁世凱的親信梁士詒組織數百人的所謂「公民團」，圍困國會會場，聲言「不選袁世凱為大總統，不要想出去」。議員們投票兩輪，袁世凱未能獲得法定當選的票數。一直僵持到午夜，饑困交加的議員們無可奈何，終於以多數票選舉袁世凱為大總統，黎元洪為副總統。公民團才一哄而散。第二階段：解散國會，取消《臨時約法》。另建御用的立法機構「約法會議」，1914年5月，改內閣制為總統制，擴大了總統權力，復舊官制和禮儀。1914年底又公布《修正大總統選舉法》，規定總統任期10年，連任無限；總統繼任人事先由總統推薦核選人3名，書於嘉禾金簡，藏在金匱石室之中，待選舉時取出，照單選舉其一。這意味著大總統成為終身制，子孫可以世襲。第三階段，假借「民意」要求變更國體，為其帝制自為製造藉口。

　　第二，網羅親信、排除異己，鞏固和擴大其政治基礎。1914年5月，根據新炮製的《中華民國約法》規定撤銷國務院，在總統府內設政事堂，「凡一切軍國大事皆由政事堂議決施行」，加強了總統府的權力。袁世凱任命他的把兄弟、前清遺老徐世昌為政事堂國務卿。又設內史監取代總統府祕書廳，掌管大總統切身政務機要。由袁的親信阮忠樞為內史長。新設參政院，名義上是代行立法機關，實際是袁的御用機構，秉承其意旨辦事，由副總統黎元洪兼院長，70名參政均由袁世凱親自選定。至於北洋政府官僚機構則

完全承襲了清廷的積弊，這種腐朽的官僚體制和作風，恰好成為袁氏專權的理想的政治基礎。

第三，直接控制軍權。北洋政府的軍事實權以前是由陸軍部掌握，陸軍總長段祺瑞自鎮壓二次革命以後，擅自在部裡安插親信，擴大派系勢力，這是袁世凱絕對不能容忍的。1914年5月，袁世凱下令成立總統府陸海軍大元帥統率辦事處，集陸、海軍和參謀三部統籌軍事，一切軍事要政由大總統掌管，削弱了陸軍部權力。袁世凱還編練一支效忠於他的「拱衛軍」，又稱作「模範團」。主要調集北洋下級軍官充任，分期訓練，每期半年。袁世凱親任第一期團長，第二期團長由袁世凱的長子袁克定擔任。團部設在清西苑，在西苑內進行訓練。

1914年11月，袁世凱以海陸軍人元帥名義頒發軍令，在軍人訓條中規定軍人應「忠事元首」，又定關公、岳飛為「武聖」，制定祭祀禮制，令全國軍人供奉。當時北京並無關合祀之廟，臨時將地安門外西皇城根的白馬關帝廟修飾一番，供模範團及駐京軍隊祭祀之用。實際上軍人列隊行禮後，宣誓效忠的是袁世凱。

第四，祭天祀孔，思想復古。袁世凱為了恢復帝制，宣揚「天命」，宣傳孔子的綱常名教。

1914年9月28日頒令恢復「祀孔典禮」，親自來到北城的孔廟，仿照皇帝的樣子祭孔。12月23日冬至這天，袁世凱又來到天壇「祭天」，恢復封建時代的祭天制度，借神權以震懾民心。

第五，出賣主權，換取帝國主義國家的支持。早在1912年（民國元年）德國就表示支持袁世凱稱帝，袁世凱還特意派其子袁克定赴德拜見德皇威廉二世商討此事。1914年8月第一次世界大戰爆發後，日本乘歐洲列強無暇東顧之機，企圖獨霸中國。1915年1月18日，日本駐華公使日置益不顧外交慣例，直接向大總統袁世凱提出「二十一條」交涉，旨在把中國置於其附屬國的地位。

日本深知袁世凱有復辟帝制的野心。因此，一方面以向中國出兵對袁施加恫嚇；另一方面以支持袁氏稱帝為誘餌，表示「總統如接受此種要求......日本政府從此時對袁總統亦能遇事相助」。本來，袁世凱更多地傾心於德、英等國，此時竟不惜以國家主權為籌碼與日本進行政治交易。中日雙方代表在北京的日本公使館進行20餘次祕密談判，對條款內容屬枝節性問題進行磋商，毫無結果。最後，日本以強硬態度限定中國於1915年5月9日午後6時止，對「二十一條」除第5號條款「容日後協商外」，其餘各條款做出表態，「只需答覆諾否，不必為長文辯論。」英、美、俄等列強出於各自不同動機，對日本的侵略行徑予以支持。袁世凱不顧全國人民的反對，在5月9日接受了日本企圖滅亡中國的條款。此後，袁世凱專倚日本支持，加快復辟帝制活動。

1915年8月起，袁世凱的帝制活動進入公開推行階段。總統府的外國顧問起了重要作用。首先是總統府政治顧問美國人古德諾發表《共和與民主論》一文，公開鼓吹「民智卑下之國最難建於共和」，中國「多數之人民智識，不甚高尚」，「最善之策，莫如保存君位，而漸引之於立憲政治」。古德諾的論調為袁氏稱帝提供理論依據。接著由楊度發起，於8月23日在石駙馬大街楊度住宅成立籌安會，由楊度任理事長，孫毓筠為副理事長，嚴復、劉師培、李燮和、胡瑛等為理事，世稱籌安「六君子」。該會標榜要「籌一國之治安，研究君主、民主國體二者以何適於中國」。為袁世凱稱帝大造輿論。然而其步伐仍達不到袁世凱的要求，不久梁士詒著手組織「全國請願聯合會」取代了籌安會。一時間，北京出現了形形色色的請願團，包括乞丐、妓女組成的各種請願團，偽造「民意」擁戴袁世凱稱帝。10月，由全國各地國民代表進行國體投票，一致「贊成」君主立憲。清皇族溥倫為國民總代表，呈遞勸進表。

袁世凱到此時才表示「民意」難違，準備即皇帝位。12月12日，宣布廢除共和，恢復帝制。13日在居仁堂接受百官朝賀，大

加封賞。但值得注意的是，袁世凱的嫡系部屬段祺瑞和馮國璋都稱
病不到，表示出對袁氏復辟的不滿。12月19日，袁世凱設立大典
籌備處，著手進行登基的準備工作：包括更新宮殿，「改建筒瓦，
於金黃色外，間用寶藍」；改易舊名，改中華門為新華門，易太
和、保和、中和殿為體元、承運、建極殿；擬定登基朝儀，製作登
基服制。據記載僅由瑞蚨祥製作的龍袍就花費了70萬金。12月31
日，袁世凱下令自1916年元旦起改元「洪憲」。復辟帝制達到了
高潮。

　　然而，正當袁世凱做著登基當皇帝的美夢時，全國也掀起反袁
怒潮。以孫中山為首的革命黨人在日本重新建黨，即中華革命黨。
曾經支持袁世凱的進步黨梁啟超等人也站到了反袁立場，並取得了
反袁鬥爭的領導權。梁啟超的弟子、具有民主思想的愛國將領蔡鍔
將軍祕密出京，取道日本，返回雲南，發動了護國戰爭。袁世凱的
親信部下、地方實力派軍閥紛紛宣布獨立，使袁世凱處於四面楚
歌、眾叛親離的境地。這時英、日等國家感到繼續支持袁氏稱帝已
失去了意義，隨之也拋棄了他。袁世凱內外交困，被迫一再延期登
基，最後無可奈何地在1916年3月22日宣布撤銷帝制，恢復共和體
制，為時83天的皇帝夢徹底破滅。但全國倒袁運動依然不能平
息，袁世凱的部分家人也聲明與其脫離關係。1916年6月6日，袁
世凱在全國人民的嘲諷唾罵聲中於北京病死，終年57歲。

　　張勳復辟

　　清帝溥儀遜位後，社會上各種反動勢力糾合在一起，伺機進行
復辟活動。1917年初，北洋政府總統黎元洪與國務總理段祺瑞在
是否對德宣戰的問題上發生激烈矛盾，形成所謂的「府院之爭」。
清朝遺臣、民國長江巡閱使、定武軍上將軍張勳乘機帶兵入京，擁
溥儀複帝位。

　　擁戴溥儀復辟的勢力主要由三部分人組成。第一部分是以張勳

和升允為代表的封建軍閥。張勳屬於北洋系軍閥，此人歷來效忠清王室，與革命黨人為敵，因而從一個兵弁青雲直上，升至江南提督、巡撫，兼署江南總督、南洋大臣。民國建立後，他拒絕剪掉辮子，繼留髮辮以示懷念舊主。他統率的一支2萬多人的軍隊也人人保留髮辮，被稱為「辮子軍」，主要盤踞在徐州、兗州一帶。1916年6月至1917年5月，張勳糾集各省軍閥代表先後4次在徐州開會，商議清室復辟事宜。會上他被推為13個省「省區聯合會」的盟主，授予他「便宜行事」的大權。張勳從德、日等國購置軍火，擴充軍隊，成為復辟集團的頭子。升允原是清末陝甘總督，陝西革命党人起義時，他頑固抗拒民軍，後逃竄到內蒙古、東北一帶，勾結沙俄與日本，糾集蒙古王公、八旗殘部拼湊一支「勤王軍」。1913年曾與沙俄密謀策劃武裝叛亂，企圖出兵張家口、山海關等地，然後「入衛京都，仍奉宣統皇上復位」。「辮子軍」與「勤王軍」密切聯繫，南北呼應，成為復辟的兩支骨幹力量。

第二部分復辟力量是封建王公貴族。溥儀遜位後，恭親王溥偉逃往青島，乞求德國「相助」，恢復清王室，德皇的弟弟亨利親王親至青島與他會晤，表達德皇「將竭力支持」。另一宗室肅親王善耆跑到大連，投靠日本，在日本陸軍當局支援下，重新組織「宗社黨」。1916年，善耆以東北三省「土地、山林、牧場、礦山、住宅、水利等」為擔保，向日本當局領取100萬日元為活動經費。日本還答應向他提供武器裝備，並幫助其訓練反動武裝。

第三部分復辟勢力即清朝的一批封建官僚和反動文人。他們人數眾多，分布在全國各地，經常以「酒會」、「詩社」等名義「借抒其舊國舊君之感」。一時間，在北京、上海、天津、青島等地，什麼「五角會」、「一元會」、「輪流吃飯會」，以及「逸社」、「淞社」等相繼出現。還組織「孔教會」、「讀經會」，專門宣傳封建禮教，為復辟製造理論根據。並且到處發表演說、著文，發洩對共和制度的刻骨仇恨。保皇黨頭子康有為墮落成「復辟的祖

師」，1913年主編《不忍》雜誌，攻擊共和，鼓吹「存帝制以統五族」。他反對民國以後廢除跪拜禮，竟然提出「中國人不敬天，亦不敬教主，不知其留此膝以傲慢何為也」。前京師大學堂的劉廷琛曾寫《復禮制館書》，國史館修纂宋育仁發表還政於清的演講，一時傳遍各地。在內廷起重大影響的莫過於帝師陳寶琛，他經常給溥儀講「臥薪嚐膽」的故事和「養晦遵時」的道理。在談到時局問題之後，總要說到「人心思清，終必天與人歸」。這些對於尚處少年的溥儀起著潛移默化的作用。

1917年6月14日，張勳以調停府院矛盾為名，率3000餘名辮子軍入京，進京途中，張勳就強迫黎元洪解散國會。與此同時，康有為和清室遺老如沈曾植、陳曾壽等先後入京。7月1日，張勳、康有為分別以「武聖人」和「文聖人」的身份，帶領300餘名遺老遺少進入紫禁城，擁立12歲的溥儀恢復帝位。宣布即日起改中華民國六年為「宣統九年」，接著頒發一系列封官授爵的詔書，張勳自封為議政大臣、直隸總督兼北洋大臣，徐世昌、康有為被任命為弼德院正、副院長。此時，作為張勳復辟的主要支持者德國，從德華銀行借款2000餘萬元，並從天津調運槍炮8000多件，武裝定武辮子軍。張勳更加有恃無恐，在近畿和城區分多處駐防。皇宮及南河沿張勳住宅重點防衛，重要的政府部門和通訊機關均被占領。

復辟當日早晨，北京街頭就有人掛起用黃紙畫上蛇形的「龍旗」。一些封建遺老放下盤在頭頂的髮辮，剪了髮的趕忙戴個假辮子，甚至用馬尾做條假辮子粘在腦後。一些人穿起了清朝的長袍馬褂，前門外估衣鋪的生意大為興隆，隆福寺的靴帽頂翎銷售一空，甚至連戲裝也成了暢銷貨。

宣統復辟，民國政權自然不能再存在下去。張勳遂派人勸黎元洪交權，但遭到黎元洪嚴詞拒絕。黎以民國大總統名義通電全國，要求各地出兵討伐張勳，並特別任命段祺瑞重新總理國事，收拾亂

局，他自己跑到日本使館躲避起來。

張勳、康有為的復辟醜劇根本不得民心，消息傳出後立即遭到全國各階層人民的強烈反對。

北京城裡許多百姓拒絕懸掛龍旗。復辟當天北京十幾家報紙停刊，以示抗議。上海的商界、教育界紛紛集會，並以《普天同憤》為專欄，在報上聲討張勳等人復辟罪行。孫中山得知清帝復辟消息後，立即召集會議，制定興師北伐，「掃穴犁庭」的軍事計畫。

這時，事先暗中表示支持張勳的段祺瑞，見自己的政敵黎元洪已倒，決定利用人民反復辟的聲勢討伐張勳。其間段祺瑞從日本政府得到100萬元的資助，他以討逆軍總司令的身份，發布《討逆告國人書》，於7月3日在馬廠誓師，向北京進軍。各地軍閥看到政治風向已轉，也紛紛聲討張勳。各路共和討逆軍總計有5萬多人，裝備有大炮70餘尊、機關槍80餘挺。

駐馬廠的李長泰部、駐廊坊的馮玉祥部及駐保定的曹錕部等與定武辮子軍交戰，經廊坊、豐台等戰役，定武軍敗退北京。討逆軍進抵北京城下。7月12日3時許，曹錕部第三師由廣安門入城，最先攻擊天壇定武軍，戰鬥由南向北推進。張勳孤軍負固自守，他們斷絕中華門和長安街一帶的交通，在景山、前門架起大炮和機槍，討逆軍死傷嚴重。但終因寡不敵眾，戰鬥至午後4時左右，定武辮子軍潰敗投降。戰鬥結束後，城區到處是辮子軍丟棄的槍支，還有「遍地辮髮，堆積如阜」。「辮帥」張勳被迫逃往中立國荷蘭使館，康有為逃到美國使館。

溥儀僅僅當了12天皇帝，又被趕下了台，短命的復辟鬧劇以失敗告終。

巴黎和會和五四愛國運動

北洋軍閥早在袁世凱統治時期就存在著以段祺瑞（安徽合肥

人）為首的「皖系」和馮國璋（直隸河間人）為首的「直系」。驅逐張勳後，段祺瑞迫使黎元洪下臺，請住在江蘇的副總統馮國璋代理總統。段祺瑞名為國務總理，實際把持著中央政府大權，成為袁世凱之後的實際統治者。

1917年8月14日，在段祺瑞的操縱下，北京政府正式對德宣戰，中止兩國外交關係，廢除中德不平等條約，停止德國在華的一切特權。1918年11月11日，德國戰敗。1919年1月18日，來自美、英、法、義、日、中等20多個戰勝國的代表在巴黎凡爾賽宮和法國外交部會場召開和平會議，史稱「巴黎和會」。作為戰勝國之一的中國，不論是政府還是民間都對巴黎和會充滿幻想，認為可以一洗鴉片戰爭以來的外交恥辱，廢止列強們強加的各種不平等條約。而實際情況卻完全不是那麼一回事。

和平會議由美國總統威爾遜、英國首相喬治、法國總理克里孟梭操縱。北京政府的代表團由外交部長陸徵祥、駐美公使顧維鈞等5人組成。他們向和會提出了7條主張：（1）廢棄列強在華勢力範圍；（2）撤除外國軍警；（3）撤除外國郵局、電報機關；（4）撤銷領事裁判權；（5）歸還租借地；（6）歸還租界；（7）中國關稅自由權。以後，代表團又提出取消中日簽訂的「二十一條」，要求日本歸還各項特權。然而這兩項提案都遭到最高會議的無理拒絕，被認為是不在和會許可權之內，待以後處理。可以討論的只有德屬殖民地問題，其中就包括中國的山東問題。

1月27日，日本代表向和會提出政府宣言書，聲稱膠州灣租借地以及鐵路等德國在山東所有權利都應當無條件轉讓日本。第二天的會議上，中國代表對山東的歷史、地理、政權狀況做出說明，提出青島完全為中國領土，膠州灣及膠州鐵路等利益應當直接交還中國。在隨後的3個月內，中國代表會上會下積極活動，提出若干解決途徑。列強中美國為了抵制日本的擴張，也提出由和會暫時接收

德國在華利益，或者英美等國接收共管等建議，但都被日本一概拒絕。4月29、30日的會議上，列強最終確定關於山東問題的條款，將德國在山東的一切權利及附屬設施，甚至檔案檔等物無條件地由日本取得。

巴黎和會的結果通過電波傳到北京。5月2日，北京政府外交委員會委員、總統府顧問林長民率先在北京《晨報》上全面披露了巴黎和會的條款，立刻在社會各界中引起強烈震動。當日下午，北大國民社的學生聯合各校代表，決定5月3日晚在北大法科禮堂召開大會，籌備發動愛國運動。次日晚上，北京各校學生代表集合於北大二院北河沿禮堂。他們先請外交界、新聞界人士報告了巴黎和會的過程，公開北京政府對日外交內幕。學生們紛紛發表愛國演說，提議5月4日下午到天安門前舉行愛國示威，聲討曹汝霖等人的賣國罪行。

1919年5月4日上午，北大學生隊伍集合在紅樓後面的操場上，學生們手裡的小旗上寫著「保我主權」、「還我青島」、「取消二十一條」等愛國標語。下午1時，在鄧中夏、傅斯年、羅家倫等學生領袖的領導下，學生們突破教育部代表及京師員警的阻攔，與來自北京高等師範學校、工業學校等千餘名學生會集到天安門城樓前。待13所高校3000餘名學生到齊之後，北大的代表宣讀了《北京學生界宣言》，散發了白話文的《北京學界全體宣言》的傳單，表達了愛國學生外爭主權、內除國賊的堅定決心。

天安門前的集會演講之後，學生隊伍向東交民巷使館區進發。在使館區西門，學生們受到中國守衛員警和外國巡捕的攔阻，說沒有總統的命令不得進入外交區域。學生們派出代表把宣言書帶到各國使館，結果除美國使館假言接受外，英國等國公使都拒絕接受。大隊學生不能進入使館區，便由天安門東側的富貴街轉向東長安街，經外交部所在的東堂子胡同，來到賣國賊曹汝霖的住宅趙家

樓。幾個膽大的學生翻牆進入宅院，打開大門，大隊學生一擁而入，在宅院裡尋找曹汝霖。曹汝霖匆忙躲避起來，而正在曹宅的前駐日公使章宗祥被學生找到後痛打一頓。隨後激憤的學生放火引燃了曹宅，火起半小時後，大批員警趕到，逮捕了尚在現場的許德珩等32名學生。曹汝霖、章宗祥等人則在員警保護下逃入六國飯店。

5月5日上午，北京各校學生代表再次集會，決定即日起全體罷課，通電全國各界，要求政府當局對內要釋放被捕學生，罷免曹汝霖、章宗祥、陸宗輿等賣國賊，對外要在山東問題上據理力爭。以蔡元培先生為首，北京14所高校的校長組成的校長團，要求政府立即釋放被捕學生。7日上午，北大19名被捕學生順利返校。學生運動暫時告一段落。

5月15日，教育總長傅增湘因同情蔡元培而被政府解職。此舉打破了短暫的平靜，激起廣大學生和教師的憤慨。北京中等以上學校學生聯合會自19日起全體總罷課，向政府提出在巴黎和會拒絕簽字、懲辦賣國賊、交涉留日學生被捕事宜、收回更換教育總長之成命等六項要求。愛國學生再次走出校門，在北京城裡發表反日講演，開展了抵制日貨活動，運動目標直指日本帝國主義及其走狗。為保障北京工商業界的經濟利益，京師總商會與學聯密切配合，共同開展抵制日貨，提倡國貨的運動。

北京學生、市民和工商業界的行動引起北京政府的恐慌。5月24日，京師員警廳派出大批員警包圍北大，逮捕了數名學生運動積極分子。25日，北京政府發出命令，督促各地嚴厲鎮壓學生運動。同日，教育部通知各地的國立高校，令校長督促學生3日內復課，不然追究校長責任。北京學聯商議了對策，決定自28日起，各校同學收拾行李，自發解散離校。這時已臨近暑假，於是教育部就召集校長會議，順水推舟地決定提前放假，令學生離校。6月1

日，北京政府分別發布文告，繼續為曹汝霖、章宗祥等賣國賊辯護解脫，再次命令取締學生運動，禁止學生和市民「糾眾滋事」，干預國事。賣國有理，愛國反而有罪，這種荒謬的邏輯激起了學生們更大的憤怒，表面平靜了的局勢再度掀起熱潮。6月3日、4日、5日，愛國學生連續上街演講，譴責政府的無理言論，激發市民的愛國熱情。京師軍警日夜出動，連續拘捕數百名學生。監獄不夠用了，警方把北河沿校舍等處清理出來，作為臨時拘留所。幾天下來，遊行學生越捕越多，捕不勝捕。5日上午，北京學生集合2000餘人來到北河沿學生拘留所，要求集體拘留，與員警進行較量。6月10日上午，天津發生大規模罷工罷市，曹汝霖得知後自動提出辭呈，錢能訓內閣立刻接受，將其免職。下午又將陸宗輿免職。6月13日，國務總理錢能訓引咎辭職，由龔心湛出面組織臨時內閣。

從5月4日的大遊行、5月19日的總罷課、6月3日開始的三罷運動到6月10日最終罷免兩名賣國賊，五四愛國運動的第一個目標圓滿實現，而外交問題尚未解決。6月11日北大教授、文學院院長陳獨秀親自撰寫了「北京市民宣言」，由留美博士胡適翻成英文。該宣言向政府提出五項要求，即爭取山東利益，罷免徐樹錚、曹汝霖等6人的全部官職，撤銷前清遺留下鎮壓市民的步軍統領機構，切實保障市民的言論自由。

在愛國運動的壓力下，出席巴黎和會的中國代表對是否承認和約不得不認真考慮。但是北京政府的最後決定卻是在6月17日電令代表們準備簽字，避免引起國際干涉，出現更為不利的後果。新聞媒體立刻披露了這項懼外媚外的決定。山東人民隨即組織起各界人民請願團，來到北京，向政府提出三項要求，即拒絕在和約上簽字，廢除中日之間的高徐、順濟鐵路草約，繼續懲辦賣國賊。6月21日，山東代表面見代理國務總理龔心湛。23日，又面見大總統徐世昌，申訴日本在山東的侵略行徑，嚴正要求政府拒絕巴黎和

約。

　　山東請願行動得到北京、上海、天津以及海外愛國人士的支
持。6月28日是巴黎和會簽字之日，在巴黎的中國工商人士和留學
生圍困了中國專使的住處，迫使其不得赴會簽字。中國代表後來發
布了一份會外宣言，指出《巴黎和約》實在有悖正義公道，中國不
能簽字實出於不得已。美國以後從自身利益出發，也拒絕批准巴黎
和會的對德和約，特別是反對將中國山東權利交與日本一款，反對
日本在中國的勢力膨脹。

　　從5月2日北京學生示威遊行到6月28日中國代表拒簽《巴黎和
約》，五四愛國運動取得了勝利。這場運動標誌著中國資產階級舊
民主主義革命的終結和無產階級新民主主義革命的開始，青年學生
和先進的工人階級開始登上革命的舞臺。

　　同時五四運動又是一場新文化運動。運動的文化目標是引進近
代民主、科學、愛國的思想，向傳統的封建專制文化發出無情的挑
戰。李大釗、陳獨秀是北京地區新文化運動的主要宣導者。

　　1917年1月，資產階級教育家蔡元培任北京大學校長。他提出
「思想自由，相容並包」的辦學方針，為新思想、新文化的傳播創
造了良好的條件。蔡元培到任不滿10天，就聘請《新青年》的創
始人陳獨秀擔任文學院院長，又請李大釗任圖書館主任，後兼任文
學、經濟、法律和政治等系教授。陳獨秀到北大任教後，《新青
年》雜誌也隨之遷京，編輯部就設在北池子箭杆胡同9號陳獨秀的
家裡。《新青年》於1918年起改為國人合辦，在北大任教的李大
釗、胡適、錢玄同、劉半農以及在教育部任職的魯迅等人都參加了
編輯部的工作。儘管這些人的政治觀點和對時局的態度不盡相同，
但是在宣傳無神論、改革文體、提倡白話文等方面的主張是一致
的。並且在《新青年》上展開了「文學革命」的討論。

　　1917年11月7日，俄國爆發了十月社會主義革命。十月革命的

勝利給中國進步的知識份子帶來新的覺醒和新的希望。李大釗最先撰文介紹十月革命的性質和意義，開始用馬克思主義觀點分析世界帝國主義戰爭的起因，指出戰爭結局是「社會主義的勝利」。1918年12月，李大釗和陳獨秀等人又創辦了《每週評論》。陳獨秀的思想也發生了很大的變化，他在《每週評論》上發表了一些政治性、戰鬥性很強的文章。

北京黨、團組織的建立和活動

五四運動後，以李大釗為代表的先進知識份子，更加深入系統地宣傳和介紹馬克思主義學說。1919年5月紀念馬克思誕辰101周年時，《新青年》編輯了「馬克思主義研究」專號。在《晨報》副刊開闢了「馬克思主義研究」專欄。9月，李大釗發表《我的馬克思主義觀》，介紹馬克思主義的三個組成部分。他在北大開設了《唯物史觀研究》課程，不僅闡述了馬克思主義的基本原理，並且開始運用唯物史觀分析中國的社會現狀。

在此期間，知識份子中出現了傳播馬克思主義的熱潮，1920年3月，北大的進步學生19人發起組織了北京大學馬克思學說研究會，鄧中夏、高君宇、黃日葵、何孟雄、朱務善、羅章龍、劉仁靜、黃紹穀等都是研究會的成員。他們自動捐款購置圖書，組建「亢慕義齋」（「亢慕義」是德文共產主義的譯音）圖書室，認真閱讀和研究《共產黨宣言》等馬、恩著作。1920年4月，共產國際遠東局代表維經斯基來到北京，會見了李大釗和鄧中夏、劉仁靜、張國燾等人，雙方討論了建黨問題。之後，李大釗又介紹維經斯基去上海與陳獨秀晤面，研討建黨事宜，並在上海發展了中國共產黨的第一個小組。1920年10月，北京共產主義小組在北大李大釗的辦公室正式成立。最初小組成員共3人，包括李大釗、張申府和張國燾。11月張申府赴法國里昂大學任教。後來又發展了劉仁靜、羅章龍2人。同月，北京社會主義青年團在北京大學學生會辦公室

召開成立大會。鄧中夏、高君宇等40餘人參加，會議公推北大學生會負責人高君宇為青年團書記。青年團的骨幹分子轉為正式黨員。到中共「一大」召開前夕，北京共產主義小組已祕密發展黨員十餘人，目前可以肯定的成員至少有李大釗、張國燾、鄧中夏、羅章龍、劉仁靜、高君宇、范鴻、繆伯英（女）、何孟雄、朱務善、李駿、張太雷等12人。這樣，馬克思主義在中國、在北京生根發芽，成長壯大。

北京共產主義小組建立後，就著手深入開展工人運動，促進馬克思主義與工人運動相結合。

1921年初，張國燾和鄧中夏等人在長辛店鐵路工人中間辦起了勞動補習學校。學員除了學習文化知識外，還學習政治常識，講解馬列主義和無產階級革命理論。共產主義小組成員通過這些途徑在鐵路工人當中進行宣傳和組織活動，培養工運的骨幹，並在長辛店鐵路工人中間發展了最早一批工人黨員，有史文彬、王俊、楊寶昆等人。1922年8月，長辛店鐵路工人為增加工資舉行了有3000多人參加的罷工。工人們斷絕了南北交通，罷工很快取得了勝利。京漢鐵路當局不得不為工人每月增加3元工資。長辛店工人罷工鬥爭取得勝利，大大鼓舞和推動了各路工人的鬥爭，接著京奉、粵漢、京綏、正太、津浦、京漢等線職工和所屬機器製造廠的工人相繼罷工，並取得一定程度的勝利。值得注意的是，在鄧中夏等的直接領導下，工人群眾的覺悟逐漸提高，鐵路罷工潮從改良生活的經濟鬥爭，一躍而到反對軍閥爭取自由的政治鬥爭。這一飛躍的具體表現就是「二七」京漢鐵路大罷工。

1923年初，京漢鐵路工人代表在鄭州集會，於2月1日成立鐵路總工會。對風起雲湧的工人行動，直系軍閥吳佩孚撕下「保護勞工」的假面具，採取武力威脅干涉。2月4日，京漢鐵路總工會決定全線大罷工，在3小時內所有客車、貨車一律停駛。吳佩孚在帝

國主義慫恿下實行武力鎮壓。江岸、武昌等地先後發生林祥謙、施洋等烈士遇難的事件。6日晚，北京軍警搜捕了工人代表史文彬、吳汝銘、陳勵茂、吳幀等11人。7日，3000餘名工人群眾齊集火神廟警察局門口，要求釋放被捕工人，高呼：「還我們工友！還我們自由！」反動軍警向工人開槍，工人糾察隊隊長葛樹貴及辛可紅、楊詩田當場中彈犧牲。劉寶善、趙長潤、劉川田等人因傷勢過重也先後犧牲，重傷者30餘人，輕傷者無數。還有30多人被捕。

這就是震驚全國的「二七慘案」。為了避免更大的損失，黨組織通過總工會決定全體復工，北方工人運動轉入低潮。

1923年6月，中國共產黨第三次全國代表大會召開，確定國共兩黨合作，建立革命統一戰線。1924年11月，孫中山接受馮玉祥將軍的邀請，北上共商國是。他在廣州發表《北上宣言》，重申對外要消滅帝國主義在中國的勢力，維護國家的獨立自由；對內要消滅軍閥勢力，維護共和與民主。提出通過國民會議解決國民生計和廢除不平等條約的問題。孫中山於當年除夕到達北京，他抱病親自擬定國民會議草案，與段祺瑞政府進行針鋒相對的鬥爭。不幸的是，不久孫中山肝病惡化，於1925年3月12日與世長辭。一代英傑在北京走完了他生命的最後歷程。孫中山逝世後，國共兩黨聯合組織悼念活動。北京民眾自發結隊前往鐵獅子胡同行轅與中央公園靈堂弔唁。一周內瞻仰遺容者達74.6萬人。孫中山先生靈柩暫時安厝於西山碧雲寺。

「首都革命」和「三一八」慘案

1925年11月，由國共兩黨決定，在聲援「五卅」運動和關稅自主運動的基礎上掀起群眾運動高潮，計畫在28日召開群眾大會，迫使段祺瑞辭職，組織國民行政委員會。28日這一天，北京學生敢死隊和工人保衛隊首先行動起來，將革命標語和傳單貼遍城內的大街小巷，在許多屋頂上插上了紅旗。下午，數萬民眾在故宮

神武門前集會，由李大釗等共產黨人率領，高呼「打倒軍閥政府」、「建立國民政府」的口號。會後，大批示威群眾沖向鐵獅子胡同的臨時執政府和吉兆胡同的段祺瑞私宅。武裝軍警在段宅四周圍成警戒線，群眾衝擊數次未有結果。第二天，數萬群眾再次集會遊行，衝擊執政府和段宅，要求段祺瑞下臺。當時駐守京城的是鹿鐘麟的部隊，馮玉祥、鹿鐘麟等人本來是傾向革命的，但是為了以後由段祺瑞出面與奉軍調和矛盾，維持自己的勢力，他們在革命來臨時刻遲疑不定，既沒有參加或聲援革命，也沒有同意段祺瑞執政府動用武力鎮壓。國民軍與員警一起保護了重要機關和官員宅邸，使段祺瑞暫時渡過難關。這次被稱為「首都革命」的計畫最終未能成功。

北京反段的群眾示威發生後，在英、日兩國指使下，直、奉軍閥聯合組成反革命陣線，鎮壓人民革命，首先進攻傾向革命的國民軍。1926年3月初，日艦襲擊大沽口炮臺，國民軍被迫還擊。日本無理向北洋政府提出最後通牒，限定國民軍在3月18日前撤除大沽炮臺等地的防衛。愛國民眾抱以極大的義憤，於3月18日在北京舉行抗議示威遊行。當天上午，在中共北方區委領導下，於天安門前召開國民大會。會後組織示威遊行，示威群眾在鐵獅子胡同執政府門前交涉時，慘遭段祺瑞衛隊的屠殺，站在前列的女師大學生劉和珍、楊德群，北大學生張仲超等人當場中彈倒下。執政府門前的屠殺歷時半個小時之久，當場有26人死亡，20人以後因傷勢過重死亡，有200餘人負傷。這一天成為「民國以來最黑暗的一天」，被稱為「三一八」慘案。

「三一八」慘案發生後，李大釗等共產黨人和國民黨左派人士，遭到奉系反動政府的通緝，被迫由翠花胡同8號辦公地點，轉移至東交民巷蘇聯大使館祕密堅持工作。北洋政府與東交民巷公使團勾結串通後，不顧國際公法和國際慣例，於1927年4月6日包圍、查抄蘇聯大使館及附近的遠東銀行、中東鐵路辦事處、庚子賠

款委員會等駐地，逮捕了李大釗及其家屬，同時被捕的還有范鴻、謝伯俞、譚祖堯、楊景山等共產黨員及鄧文輝、張挹蘭等國民黨左派，以及外籍人士，共計50餘人。李大釗被捕關押後，經受了酷刑折磨、威逼利誘，始終堅貞不屈。

李大釗等被捕在社會上引起強烈反響，社會各階層人士紛紛發出通電，抗議反動軍閥反蘇反共的暴行，警告反動當局不得殺害李大釗同志。鐵路工人還準備劫獄營救。這時蔣介石發動了「四一二」反革命叛變，正好假手奉系軍閥殺害共產黨領袖，他在給張作霖的電文中「主張將所捕黨人速行處決，以免後患」。4月28日，奉系軍閥政府設立的軍事法庭判決李大釗等20人絞刑，然後押往西交民巷京師看守所刑場，於下午2時執行判決。李大釗臨危不懼，第一個走上絞刑台，犧牲時年僅38歲。李大釗殉難後，靈柩安放於宣武門外妙光閣浙寺。

1933年4月舉行公祭，安葬在香山的萬安公墓。一塊刻有紅色鐮刀斧頭的石碑，與李大釗遺體一同埋於地下，它標誌著李大釗的革命業績，也表達了無數共產黨員對黨的奠基者的敬意與懷念。1983年建成李大釗烈士陵園。

1927年4月12日，作為國民革命軍總司令的蔣介石在上海發動反革命叛變，奪取國民黨和中華民國政府最高領導權，4月18日在南京成立蔣氏「國民政府」。後決定遷都南京。盤踞北方的北洋軍閥集團的奉系成為國民革命軍進攻的目標。

皖、直、奉三系軍閥紛爭北京

袁世凱死後，北洋軍閥集團失去了總頭目，後任者繼承了袁世凱獨裁、賣國的內政外交政策，卻未能維持一統天下的政局。當時除了西南滇、桂系軍閥擁兵自立外，北洋集團內部也大致分化為皖系、直系、奉系等三大派系，開始了爭權奪利的鬥爭。從1916年起，皖系、直系、奉系曾分別控制了北京政府，時間都在4年左

右。

　　北洋政府的權力更迭頻繁，總統與內閣人選變動均與當時的政治風雲密切相關。根據有關資料的統計，自1912年南京臨時政府讓權以後，至1928年奉系撤離北京止，北洋政府的國家元首共更換10次，名稱亦多有變化，包括臨時大總統、大總統、臨時總執政（1924年段祺瑞）、陸海軍大元帥（1927年張作霖）等。內閣的換屆更像走馬燈一樣，從1912年3月唐紹儀組閣開始，到北洋政府倒台，先後組建過47屆內閣（11屆為臨時內閣），其中1922年11月底，以研究系汪大燮為首的內閣只任職10天，被稱為「短命內閣」。

　　在各派軍閥矛盾難以調和時，進行武力火拼是一種常用的鬥爭手段。北京地區發生的軍閥之間的戰爭，除了上述1917年段祺瑞發動針對張勳的「討逆」戰爭外，還有幾次大規模的兵戈相接。1920年7月，直、皖之戰在涿州、高碑店、琉璃河一帶展開。奉系入關援直，皖系戰敗，段祺瑞通電去職，逃離北京。7月23日，直系、奉系軍隊以勝利者的姿態開進北京城，結束4年的皖系統治，開始直系統治的時代。

　　在共同討伐皖系的時候，直系與奉系達成暫時的聯合。勝利之後分配利益時，直奉之間又發生矛盾。1922年5月，第一次直奉戰爭爆發，兩軍交戰於長辛店、固安和馬廠等地，奉軍大敗，退回關外。直系軍閥獨掌政權。此時直系軍閥掌握實權的是曹錕和吳佩孚，吳佩孚企圖擁立黎元洪為過渡總統，先進行「武力統一」，再徐圖自己掌權。曹錕則排斥黎元洪，認准自己當總統。1923年6月，曹錕指使一批流氓組成「公民團」，在天安門前舉行「國民大會」，要求總統黎元洪「退位」、「讓賢」。又以「北京市民請願團」名義，在東廠胡同黎宅門前示威，斷水斷電，迫使黎辭職，出走天津。為了防止在國會選舉上落選，曹錕竟然以每張選票5000

元至萬餘元的不等價格，收買議員參加選舉。此舉遭到社會輿論的強烈譴責，參加賄選的議員被斥之為「豬仔」議員。

1924年9月，第二次直奉戰爭爆發。雙方軍隊在山海關至熱河一帶展開激戰。當時全國出現反對直系軍閥統治的鬥爭高潮，直系將領馮玉祥於10月23日回師倒戈，發動北京政變，囚禁總統曹錕於團城，導致直系戰敗。曹錕通電退位，4年的直系統治到此結束。馮玉祥所轄部隊改稱國民軍，兵力達8萬人，控制了北京的局勢。

馮玉祥發動政變的目的除了推倒直系曹、吳政權外，另一重要目的是「除去宣統」，「除復辟之禍根」（《馮玉祥日記》民國十三年十一月廿五、廿三日）。1924年11月5日上午9時，國民軍北京警衛司令鹿鐘麟等率員警40余名、軍士20餘名，自神武門入宮，與清室總管內務府大臣紹英、耆齡、寶熙等人交涉，限令溥儀當日出宮。下午4時，溥儀交出歷代帝王傳國寶璽，攜家眷出宮，移居什剎海北岸的醇王府。8日，國務院就溥儀出宮事通電全國。1925年，由執政府內務部主持，神祕的皇宮向民眾開放，改造為收藏歷史文物的故宮博物院。

北京政變後，馮玉祥一方面電請革命領袖孫中山北上北京，共商國是。又在奉系張作霖的壓迫下，共推皖系段祺瑞擔任臨時執政，建立中華民國臨時執政府。奉系勢力因此大為擴張，由關外至關內，又南伸至長江下游。奉、皖勾結，排擠馮玉祥，排斥孫中山。1924年底開始，民國政治實際上進入到4年奉系統治的時代。

1926年7月，國民革命軍在廣州誓師，北伐戰爭開始。張作霖聯合各路軍閥組成安國軍，自任陸海軍大元帥，操控北洋政府大權，與北伐軍對峙。1927年，國民黨新軍閥蔣介石發動反革命政變。次年4月，在美英支持下，由蔣（介石）、馮（玉祥）、閻（錫山）、桂（李宗仁、白崇禧）四系結成軍事聯盟，分路出兵二

次北伐，與張作霖展開爭奪全國統治權的戰爭。四路集團軍於5月28日發起總攻，6月2日張作霖出京，撤回關外，北洋軍閥統治最終結束。

6月8日，國民革命軍進入北京，接管城裡的軍政機關。6月15日，南京國民政府發表宣言，取代安國軍政府成為中華民國合法政府，從此開始行使國家統治權。6月28日，國民政府廢除京兆地方，改北京為北平，設立特別市，直隸南京國民政府行政院。原京兆地方所轄20個縣全部劃歸河北省。北平特別市的轄區僅限於北京內城、外城以及附近郊區，面積僅有716平方公里。1930年6月，北平地位又一次下降，廢特別市建置，改為北平市，隸屬河北省，並一度成為河北省省會。但到11月，又改為行政院直轄市，河北省政府遷往天津。總之，從1928年6月至1937年7月，北平雖不是全國首都，但卻是中國北方重要的政治和軍事中心。

長城、盧溝橋浴血抗戰

長城抗戰1933年1月，日本侵略軍侵占中國東北與華北之間的咽喉要道山海關。

2月，日軍分三路進犯熱河。國民黨熱河主席湯玉麟不戰而逃，僅僅7天全境失守。3月4日起，日寇向長城重要關口發動攻擊。一路由平泉進攻宣化東北70里的喜峰口；另一路由承德進攻密雲縣北的古北口。

國民黨第三軍團二十九軍奉調進駐喜峰口，阻敵前進。軍團總指揮兼二十九軍軍長宋哲元及三十七師師長馮治安、三十八師師長張自忠親臨距喜峰口東南60里的三屯營指揮作戰。三十七師趙登禹旅為先頭部隊占領喜峰口。二十九軍官兵以大刀、手榴彈為武器，抗擊來犯之敵。他們採用夜襲戰術，有力地打擊了敵寇。日軍在喜峰口受阻後，把進攻的矛頭轉向冷口。由中央軍三十二軍防守的冷口被敵人攻占，日軍迂迴包抄喜峰口後路，迫使二十九軍撤離

陣地，4月13日喜峰口失陷。

　　當古北口形勢吃緊時，駐防密雲的原東北軍六十七軍一○七師開赴前線，搶占了古北口外青石樑陣地。日軍用大炮排轟，飛機投彈，以裝甲車掩護步兵向中國守軍陣地衝鋒。一○七師頑強抵抗，堅守七八天，終因傷亡太多，工事被炸毀，難以據守，轉移到古北口南天門一線。

　　接著又有增援的國民黨第九軍團十七軍二十五師、二師投入戰鬥。自3月10日起，在古北口至南天門一線，敵我兩軍展開了十多天的拉鋸式爭奪戰。每天都有幾次血拚肉搏，白刃格鬥，大刀飛舞。有的負傷士兵拉響手榴彈與逼近之敵同歸於盡，有的抱著敵人一同滾下山崖，雙方傷亡都很嚴重。此時，由北京補充的兵力是蔣介石嫡系八十三師，士兵多為青年學生，缺乏戰鬥經驗，軍官舉止高傲，從而使戰鬥力大為削弱，日軍增兵後發動更猛烈攻擊。5月11日，中國守軍被迫撤出陣地，退至懷柔。古城北平的東北門戶喪失。

　　北平形勢危急，第七軍團總指揮兼五十九軍軍長傅作義奉命開赴昌平。當時傅軍只有一個師的兵力抵禦敵寇。5月14日，傅軍由昌平向懷柔出擊，布防在牛欄山一帶。23日，敵主力部隊以步兵、炮兵、飛機轟炸相配合，發起攻擊。五十九軍步兵、炮兵頑強抵禦，他們搶修工事，以反包圍打破敵軍包圍。五十九軍陣亡將士達367人，敵軍死246人，傷500餘人。《朝日新聞》曾評價道：「戰地離北平城只有30多公里，如不是傅作義軍的精銳部隊阻擊我軍，日軍早已進入北平城了。」可是，在戰事緊要關頭，北平軍分會下令傅軍撤至高麗營一帶休整，使中國守軍貽誤戰機。長城各關口被敵軍占領，長城抗戰以中國守軍失敗告終。

　　長城抗戰失敗，主要是由國民黨政府推行不抵抗政策所造成的。當熱河失守後，國內輿論譁然，蔣介石「攘外必先安內」的反

動方針不變。他為了逃避民眾的譴責，狡猾地讓張學良代其受過。北平軍分會主任張學良於1933年3月被迫辭去北平政務委員會和軍事委員會的一切職務，4月攜眷「出國考察」。蔣介石派親信何應欽接替北平軍分會主任職務，何秉承蔣介石「一面抵抗，一面交涉」的旨意，企圖守住長城，但最終失敗。5月30日，北平軍分會參謀本部廳長熊斌作為中方全權代表與日方簽訂《塘沽協定》，將長城沿線以西、以南大片國土劃為「非武裝區」。中國軍隊退至延慶、昌平、順義、通縣、香河、寶坻、林亭鎮、寧河、蘆台防線以西、以南地區。古城北平失去了北方的軍事屏障。

北平各界的抗日救亡運動

早在1931年「九一八」事變發生後，北平各階層民眾就紛紛要求反抗日本帝國主義，反對蔣介石的不抵抗政策。隨著日寇在華北地區的侵略步步加深，北平地區的抗日救亡運動逐日高漲。

北平愛國學生是救亡運動中的一支重要力量，他們起著先鋒作用。當「九一八」事變發生後的第二天，北平各大學陸續成立起抗日救國會。9月20日，中共中央發表《中國共產黨為日本帝國主義強暴占領東三省事件宣言》。中共北平市委印發《反對日本帝國主義吞併滿洲宣傳大綱》，要求各級組織迅速發動群眾，參加抗日鬥爭。同日，北平10餘所學校的學生分別集會，發表通電，抗議日本侵略行徑，呼籲組織民眾，實現武裝抗日。

9月23日，各大、中、小學一律停課，學生們臂纏「反日救國」字樣的黑紗，向群眾進行多種形式的宣傳活動。24日，北平38所大、中學校學生代表在北大三院開會，正式成立北平學生抗日救國聯合會，決定在28日舉行市民大會。屆時，300多個團體，20餘萬人在太和門前集會，通過「停止內戰，一致對外」，「組織抗日義勇軍」等多項決議，會後組織了遊行活動。此後，學生們投入抗日宣傳、查封日貨、募捐、組織義勇軍、救護隊等項活動，

並且先後組織5批南下示威團奔赴南京。學生們的救國行動遇到國民黨政府的阻撓、鎮壓，不少愛國學生遭受逮捕。

國難當頭，一些社會上層和軍界上層人士紛紛投入抗戰的行列。1933年2月，日寇進攻熱河。2月16日，在北平成立東北熱河後援協會，由朱慶瀾、朱啟鈐、胡適、周作民、張伯苓、熊希齡等41人為理事。該會制訂工作計畫大綱，明確宣布本協會工作主要目的有三：集中民眾抗日力量；使民眾力量與抗日軍隊力量相結合；喚起國際的同情與援助。張學良的夫人擔任婦女組主任，該組成員還有朱慶瀾、張繼、寧武的夫人。這一切表明，除了一小部分投降派、親日派反動勢力外，各階層人士都有可能團結在抗日救亡的旗幟下，結成廣泛的抗日民族統一戰線。

然而，1931年以後形成的王明「左」傾路線在北方黨組織中得到貫徹，對北平抗日救亡運動造成直接的影響。1935年1月，中共中央在遵義召開政治局擴大會議，結束了「左」傾路線的統治地位，確立了以毛澤東為代表的中央領導。8月1日，中央發表《為抗日救國告全體同胞書》，號召全國各黨派、各界同胞團結起來，停止內戰，為抗日救國共同奮鬥。

這年冬天，日本帝國主義加緊推行所謂華北地區「自治運動」，提出「華北政權特殊化」的無理要求。11月25日，在通縣成立冀東防共自治委員會（後改為「冀東防共自治政府」）。此舉遭到北平地區人民的強烈反對，平東各縣旅平同鄉會及各界民眾代表聯合發表宣言，堅決反對成立漢奸傀儡政府。昌平、順義、平谷等11縣，先後發表聲明，表示「絕不附逆」。通縣師範學校將校址遷到北平，以示抗議。這時，北平愛國學生深感「華北之大，已經安放不得一張平靜的書桌了」。於是北平大中學校的學生為了保衛華北、保衛平津，掀起了更大規模的抗日怒潮。12月9日和16日，數千名學生走上街頭，舉行示威遊行。同學們不顧軍警用大

刀、水龍的襲擊，高呼「打倒日本帝國主義」、「反對華北自治」、「停止內戰，一致對外」的口號，表達了北平民眾的心聲，愛國學生的行動得到各界民眾的同情和支持。

「一二九」運動是在中國共產黨的領導下，由北平學聯出面組織的，事先進行了周密部署。當軍警出面鎮壓學生愛國行動後，又及時研究下一步鬥爭。北平黨組織根據中央瓦窯堡會議的指示，引導學生到工農中去，與國內廣大民眾的鬥爭相結合。1936年初，平津學聯組織500多名學生參加南下擴大宣傳團，深入河北農村，開展抗日救亡的宣傳活動。2月，北平300多名學生組建中華民族解放先鋒隊，很快發展成全國性的廣泛群眾性的先進青年組織，不少隊員成為後來抗日鬥爭中的骨幹。

總之，「一二九」運動標誌著北平愛國民主運動發展到了一個新的階段。在黨的領導下，抗日救亡鬥爭向縱深發展，推動了抗日民主統一戰線的形成與全面抗戰的爆發。

「七七」盧溝橋事變

1937年5月，北平黨組織獲知情報，日軍正在加緊軍事調查測量和在冀東訓練特務，預示著日軍即將採取新的侵略行動，黨組織及時將此情報通過派往二十九軍做發動抗日工作的同志，轉交二十九軍司令部參謀處。

「七七」事變前，駐盧溝橋地區的日軍日夜進行軍事訓練，中國駐防此地的二十九軍多次提出抗議。據守衛盧溝橋與宛平縣城的二十九軍三十七師一一〇旅二一九團三營營長金振中後來回憶：7月6日午飯後他去偵察敵軍情況，「剛過盧溝橋火車站，遠遠看到日軍隊伍，不顧雨淋和道路泥濘，以盧溝橋為目標，進行攻擊式演習。後面炮兵如臨大敵，緊張地構築工事。再後面隆隆不絕的戰車聲越來越近。」（《盧溝橋抗敵經過》，《文史資料選編》第25輯。）

7月7日夜11時許，日本駐盧溝橋一帶侵略軍以一名演習士兵「失蹤」為由，向地方當局提出交涉，要求進宛平縣城「搜索」。二十九軍副軍長、北平市長秦德純電話指示宛平縣長王冷齋進行切實查詢，「未發現有所謂失蹤日兵的蹤跡」。就在雙方「交涉」期間，日軍在當夜發炮攻擊宛平縣城，第一炮就將專署大廳打垮，這足以證實日軍的攻擊是事先進行周密部署和調查測量的。接著日方從豐台調動300名侵略軍到盧溝橋，強占宛平縣城東北的沙崗。8日清晨，又向宛平縣城發炮轟擊。當日下午日方無理提出晚8時前，中國守軍撤至永定河西岸。並於6時開炮攻城。中國守軍忍無可忍，予以回擊。

8日，日軍占領軍事要地永定河沿岸的回龍廟和鐵路橋。當晚二一九團吉星文團長率部從長辛店向北，何基灃旅長從八寶山率部向南，合攻日軍。營長金振中率領士兵夜襲盧溝橋畔侵略軍。戰士們手持大刀、手榴彈，與敵人展開肉搏戰，終於奪回了回龍廟與鐵路橋。中國守軍連日打退敵軍的進攻，迫使敵軍以「和平談判」為緩兵之計，從各地緊急調遣部隊增援。

7月8日，中共中央發布《為日軍進攻盧溝橋通電》，號召實行全民族抗戰，武裝保衛平津，保衛華北。北平黨組織發動和組織各界群眾擁護地方當局守土抗戰，盧溝橋當地民眾積極配合守軍將士抗敵；長辛店鐵路工人運送鐵軌和枕木修築工事；附近農民抬擔架、運子彈、送食物；宛平縣城的老百姓為部隊運送物資，和官兵一起堵城門，築工事。軍民合力守衛著北平西南門戶。北平各界自願捐款捐物，紅十字會緊急安排救護工作，學聯組織戰地慰勞團，民先隊員組織抗敵後援會、戰地服務團。各團體紛紛發出通電，要求國民黨政府嘉獎二十九軍抗戰將領，撫恤軍民，拒絕日方一切無理要求。愛國學生呼籲「北平全市同胞鎮定團結，抱定城存俱存，城亡俱亡決心」，沉重打擊了日軍的侵略氣焰。

事變發生後，蔣介石政府向日方提出空洞的「抗議」，軍事上未採取任何積極措施。17日，蔣介石發表聲明，強調通過「和平的外交方法」，解決盧溝橋事件。他還乘機借助日軍向宋哲元施加壓力，令其率領部隊撤至保定以南地區，一切談判「統歸中央」。

本來，事變發生前，冀察兩省和平津兩市的二十九軍守軍有4個步兵師，1個騎兵師和1個特務旅，還有兩個保安旅，總兵力有10萬左右。日軍初期只有2萬人。中共北平黨組織透過地下黨員向二十九軍當局提出「以攻為守」的戰略方針，利用有利戰機，擊潰侵略軍。部分二十九軍高級將領也主張「以攻為守」，積極準備抗戰。但軍長宋哲元與蔣介石有矛盾，又沒有抗敵的決心，在軍事上採取「以守為守」方針，中了敵人的緩兵之計，表示接受同日方談判。日方乘機調動了10萬大軍，從東、南、北三面包圍二十九軍，向宋哲元發出最後通牒，27日，宋哲元拒絕接受最後通牒，通電決心抗日。宋下令設北平城防司令部，又催促在保定一帶的孫連仲、萬福麟等部迅速北上，協同作戰，但已難挽回軍事上的被動局面。25日至26日，敵軍強占平津間要地廊坊，並且向北平外城廣安門發動進攻，守城的二十七旅劉汝珍團予以自衛還擊，敵軍潰逃。28日，敵機轟炸南苑，敵步、炮、騎兵聯合發起進攻，南苑失守，二十九軍副軍長佟麟閣、師長趙登禹率軍堅持苦戰，壯烈殉國。當日晚，宋哲元奉令率二十九軍退至保定。

7月29日北平淪陷，這是近代以來，繼第二次鴉片戰爭和八國聯軍戰爭之後，外國軍事力量第三次侵占北京。8月8日，日軍2000餘人從永定門入城，全面接管北平防務，北平開始為期八年的日偽殖民統治時期。

平郊抗日根據地

日軍在占領北平後，扶植了以江朝宗為首的漢奸傀儡政權，先建立「北平地方維持會」，後改建為偽北平政府，江朝宗任市長，

171

1938年改稱北平市公署。1937年12月14日,在日寇華北方面軍司令部的策劃下,以大漢奸王克敏為首,建立起華北地區偽政權——「中華民國臨時政府」。偽臨時政府盜用「中華民國」的國號,以「五色旗」為國旗。

北平名義上成為偽政府的首都,但偽政府的實際轄區僅包括華北晉、冀、魯、豫4省和京、津、青島3市。1938年4月7日,偽臨時政府將北平改稱北京。1940年3月30日,南京以汪精衛為首的偽「國民政府」成立。北京的偽臨時政府改為「華北政務委員會」,王克敏任委員長,名義上隸屬於南京汪偽政權。北京失去偽政府「首都」的地位,成為日偽在華北的統治中心。同年7月1日,汪偽政權在北京設置偽河北省燕京道,轄通縣、大興等15縣,但日偽政權並未完全控制這些縣地。在中國共產黨領導下,平郊四周先後開闢了平西、冀東、平北抗日根據地,建立起抗日民主政權,與日偽政權展開殊死的鬥爭。

平西是指北平以西、平綏路西南、平漢路西北、宣化以南、淶水以北的地區,包括良鄉、房山、宛平、昌平、涿縣、淶水、蔚縣、涿鹿、懷來、宣化、懷安、陽原12個縣。日軍侵占平津後,沿著平綏、平漢、津浦三條鐵路線向華北進犯,平西首當其衝。平西人民不甘屈服,拿起武器進行自衛戰爭。平西山巒疊嶂,地勢險要,適宜對敵開展遊擊戰爭。

北平淪陷後,一部分共產黨員、民先隊員和進步青年,還有一些流散的東北義勇軍、二十九軍戰士,到西山一帶建立起許多小規模的抗日武裝。其中有一支稱作國民抗日軍,是以流散在關內的東北義勇軍殘部和昌平白羊城一帶地方自衛武裝聯合組建的,由趙同任隊長,高鵬為政治部主任。中共北平市委和東北特委先後派遣黨員參加國民抗日軍,在軍中建立了地下黨組織,從而提高了這支隊伍的素質,增強了戰鬥力。1937年8月22日晚,百餘名國民抗日軍

奇襲了北平第二監獄，營救政治犯並釋放普通犯人共501人，這些人大部分都加入了這支隊伍。國民抗日軍由最初的30餘人增加到700多人。同年9月，在地下黨領導下，國民抗日軍在溫泉三星莊進行整頓，接著在黑山扈與日軍接仗，繳獲敵人步槍40餘支，擊落敵機1架。10月，又在妙峰山取得反「掃蕩」鬥爭的勝利，「平西遊擊隊」威名大震。11月，國民抗日軍到阜平進行整編，成為正規部隊，編為晉察冀軍區第五支隊，趙同為司令員，高鵬為副司令員，汪之力為政治部主任，人數達到3000人。不久又改編為主力第三團。這支抗日武裝在1937～1938年間，攻打昌平縣城、奇襲石景山發電廠，在打擊日寇、發動和組織群眾、建立抗日政權的鬥爭中發揮了重要作用。

1938年2月，晉察冀軍區派鄧華支隊由淶源進入平西，先後開闢房山、涿縣、良鄉、昌平、宛平地區，解放人口達10餘萬，相繼建立了房（山）淶（水）涿（縣）、宣（化）涿（鹿）懷（來）、宛平3個縣級抗日民主政府，在中共晉察冀分局和晉察冀邊區行政委員會領導下開展工作。至此，以百花山為中心的平西抗日根據地初步形成。

1938年5月，宋時輪支隊經由雁北開赴平西，與鄧華支隊組成第四縱隊，宋時輪任司令員，鄧華為政治委員。6月，四縱隊開赴冀東。宋時輪、鄧華率領四縱隊東進途中，先後攻克昌平、延慶、四海、居庸關，東渡潮白河，攻入興隆，抵達冀東。

冀東是指平、津以東，山海關以西，北至長城，南臨渤海之間的廣大地區。這裡地處東北與華北之間的咽喉要道，同時也是華北的重要農業區，又有豐富礦藏，自古是兵家必爭之地。

第四縱隊到達冀東以後，7月上旬掀起冀東大暴動，波及20個縣，抗日武裝達到10萬。這是在共產黨的領導下，以工農兵為主體，聯合各抗日階級、階層的武裝起義。起義部隊一度攻克盧龍、

玉田、樂亭、薊縣等縣城，占領大部分村鎮，敵偽政權被摧毀，並使北寧線中斷行車達半月之久。

　　但是，冀東是日偽長期控制的戰略要地，他們決不會輕易放棄對這塊地區的統治。10月，當第四縱隊西撤，僅留3個支隊配合地方武裝堅持遊擊戰爭時，大批日偽軍向冀東抗日武裝展開圍攻，冀東抗日根據地遭受嚴重損失。

　　此後，晉察冀中央分局和軍區根據中央指示與八路軍總部命令，提出鞏固平西、堅持冀東、開闢平北（指北平以北長城內外的廣大地區）、創建冀熱察根據地的目標。1939年初，在晉察冀中央分局和軍區領導下，創建了冀熱察區黨委和挺進軍，由馬輝之、姚依林、蕭克等組成區黨委，蕭克任挺進軍司令員兼政委，統一指揮平西、冀東、平北的三方面武裝鬥爭。到1941年6月以前，平郊根據地有了很大的發展。冀東建立起近200萬人口的大塊根據地；平北也開闢了30萬人口的根據地；平西雖有部分地區化成遊擊區，但尚無根本上的變化。平郊根據地的開闢與發展，再加上冀中根據地10分區屹立在平南，構成了對日偽華北統治中心──「北京」的包圍。

　　其實，「七七事變」後，從1938年10月起，日軍基本上停止了對國民黨戰場的進攻，把主力轉向敵後戰場。在1940年上半年以前，日軍對根據地反覆進行「掃蕩」，妄圖以搶光、燒光、殺光的「三光」政策摧毀根據地。從1940年下半年起，敵人改變了策略手段，以「蠶食」政策為主，對根據地採取分割包圍的戰術。1941～1942年，日軍在華北推行「強化治安」運動，採取「七分政治，三分軍事」的方針，在「總力戰」的口號下進行政治誘降、軍事征討、經濟封鎖、文化奴役，妄圖將華北地區變為日本的殖民地。

　　根據地的軍民在極其艱苦的環境中堅持鬥爭。挺進軍十團白乙

化團長，在開闢豐灤密地區的鬥爭中，英勇善戰，使日偽聞名喪膽，被老百姓譽稱「小白龍」，不幸在1941年2月反掃蕩鬥爭中壯烈犧牲。1942年春，日寇到平西十渡鄉一帶掃蕩，擔任掩護群眾轉移任務的老帽山六戰士，彈藥用盡，跳崖殉國，誓死不投敵。齋堂鄉王家山的村民在1942年12月12日敵寇製造的「雙十二」慘案中，40戶村民寧可被活活燒死，也不向敵人低頭。平谷魚子山村在冀東大暴動中創建了全縣第一支遊擊隊，1940年9月又建立了全縣第一個中國共產黨的支部。日寇曾數十次「圍剿」魚子山，先後殺害村民180多人，燒房2000多間，有10戶無辜百姓家庭被殺絕，但是魚子山村民始終沒有屈服，被譽為「打不破的魚子山」。他們的革命業績將永垂青史。

除了平北、平西和冀東根據地的抗日鬥爭外，北平淪陷區內的地下黨員、民先隊員也在城區堅持地下鬥爭。北平地下黨貫徹執行長期隱蔽、積蓄力量的方針，主要任務是向根據地輸送人員和物資，配合和支持根據地的抗日遊擊戰爭。當時城區地下黨組織向根據地請示、彙報工作，輸送人員和物資都要靠祕密交通站。抗戰時，根據地與北平之間有4條祕密交通線：一是田家莊—妙峰山—北平；二是鎮邊城—北平；三是天津—北平—松林店—張坊—平西；四是北平—二家店—平西。

1941年起，日寇在北平推行強化治安運動。北平城內日偽員警與漢奸、特務遍布，實行清查戶口、夜間偵察、市內搜索、尾行盯梢等手段。在郊區，敵人修築碉堡、開挖封鎖溝，妄圖切斷北平與根據地之間的交通。這些都給地下黨的工作造成極大的困難。他們通過封鎖線，穿過遊擊區到達根據地的途中隨時可能與敵人遭遇，被捕、犧牲的危險很大。

1942年以後，劉仁同志先後主持城市工作委員會與城市工作部的工作。對於北平地下黨進行整訓，選拔一些骨幹加強工作。對

於已被敵人監視或組織被破壞後可能受牽連的同志，組織安全轉移。並且沿平漢鐵路建立了新的祕密交通線，由武裝交通隊護送來往的同志穿越封鎖線。1943年以後，敵人的治安強化運動以失敗而告終，革命形勢大為好轉。

北平淪陷後，國民黨營壘內部除了一小撮充當漢奸，甘為鷹犬外，大都投入抗日民主鬥爭的洪流之中。留在敵後的國民黨軍隊也參加了北平周圍的遊擊戰爭，國民政府在華北敵後組建冀察戰區，以鹿鐘麟為總司令，統一指揮冀察區的國民黨正規軍、遊擊隊、地區團隊約十餘萬人與日軍進行遊擊戰。國民黨系統組織的鋤奸團、暗殺團在北平活動頻繁，恐嚇、刺殺漢奸頭子的事件時有發生。1940年11月29日，在東皇城根發生的狙擊日本天皇特使的事件，使敵偽當局十分震驚，被迫實行全城戒嚴等特殊警備措施。

1945年8月15日，日本天皇向全世界廣播，宣告無條件投降。中國人民經過艱苦卓絕的八年抗戰，終於迎來了歷史性的勝利。10月10日，在故宮太和殿舉行受降儀式。日本華北方面軍司令官根本博中將向第十一戰區司令長官孫連仲將軍遞交了投降書。10月18日，負責北平地區受降的第九十二軍軍長侯鏡如到達北平，20日接管了城內防務。

北平和平解放

北平的愛國民主運動抗戰勝利後，國民黨政府在美國幫助下搶奪抗戰果實。1945年8、9月間，國民黨軍、政接收人員陸續抵達北平。9月，恢復了北平市的名稱，廢除了燕京道的建置。自此直到1949年1月31日北平和平解放止，北平市的轄區較日偽統治前只略有調整，如：把內城6個區劃為7個區（東交民巷使館區劃為內7區）；原來近郊4個區分為8個區（主要位於今北京朝陽、海淀兩區範圍內）。外城仍分為5區；北平市四郊的通縣、大興、宛平、良鄉、房山、昌平、順義、懷柔、密雲、平谷等仍歸河北省。長城

以外的延慶和懷柔北部、密雲西北部山區，則分屬察哈爾省和熱河省的灤平縣。

由於北平是國民黨政府統治華北地區的中心城市，接管後以及後來建立了一系列軍政機構。

1945年9月設立軍事委員會委員長北平行營，國民黨政府任命李宗仁為行營主任。1946年9月改稱國民政府主席北平行轅，至1948年5月撤銷。該機構管轄國民黨軍隊兩個戰區，包括河北、山東、察哈爾、綏遠、熱河5省和平、津、青島3市範圍內的軍政和黨的設施。1946年6月，國民黨政府悍然挑起內戰。1947年底，國民黨為了統一華北軍事系統，成立「華北剿匪總司令部」。12月26日，總部由張家口遷至北平。晉、冀、察、熱、綏5省軍隊均由「剿總」節制，由傅作義擔任總司令。至1948年6月，國民黨政府為了扭轉各條戰線節節敗退的局勢，又建立華北政務委員會，傅作義兼任主任委員，以加強華北地區的軍政統一。

在抗戰之後短短的3年內，北平政治形勢的變化，對於全國革命的進程具有重大的影響。戰後不久，在北平就發生了持續不斷的愛國民主運動，主要有反甄審鬥爭、抗暴運動、反饑餓、反內戰、反迫害運動等等，均以學生運動為主體。

抗戰剛剛結束，國民黨政府對淪陷區的「偽」學生進行甄審。渴望「光復」的北平學生將遭受終身恥辱，並且面臨失學、失業的威脅。他們提出「我們要受教育，我們要讀書」的口號，在「學生自救會」等組織宣導下，開展起反甄審的鬥爭。當時，黨通過解放區的報刊對國民黨當局的甄審加以揭露，指出其目的是在「收復區進行一黨專政」。並且引導學生從國民黨當局「寬大」偽警官學校和軍官學校的學員、收編偽軍為國軍，甚至將日本技術人員無甄別地留用等事實中，認識國民黨當局的反動面目。同時，還組織北平學生到解放區參觀的活動，提高青年學生的政治覺悟。反甄審鬥爭

迅速擴大到整個教育界，堅持長達半年之久，迫使政府實際上放棄了這一措施，鬥爭取得勝利。

以「沈崇事件」為導火線的抗暴鬥爭是運動高潮的起點。戰後，美軍在中國各地濫施暴行。

僅以北平為例，在一年的時間內就曾先後發生了槍擊輔仁附中學生曹桂明事件、軋死律師王振華事件、軋死三輪車夫高齊第事件、槍殺鐵路調車工人王恩第事件、撞死員警三分局局員李路昌事件……其他毆打、侮辱當地市民的事件更是層出不窮，不可勝數。北平的民眾連起碼的人權都得不到保障，從而對美軍的仇恨與日俱增。1946年12月24日晚，美海軍陸戰隊皮爾遜在東單廣場的美軍兵營附近強姦北京大學女生沈崇。消息傳出，立即引起強烈反響，12月30日，北京大學、清華大學、燕京大學等校學生舉行萬人大遊行。這一抗議美軍暴行的正義行動得到全國人民的回應，形成了解放戰爭時期愛國民主運動的第一個高潮。

以1947年「五二〇」遊行和1948年「四月風暴」為標誌的反饑餓、反內戰、反迫害鬥爭是愛國民主運動的高峰。這一鬥爭是以師、生、員、工、警的大團結為基礎的。教授們不僅聯名抗議國民黨當局的反動統治，並且和學生一道參加遊行。他們說：「在課堂上我們是師生，在饑餓線上我們是朋友。」黨的統一戰線工作也有了明顯成效，連北大校長胡適對學生運動也表示出同情。蔣介石國民黨政府完全陷於孤立。

如果說，抗戰後有一部分北平市民抱著「正統」觀念，對國民黨政府還抱有幻想和希望的話。但是在短短的3年內，人們看到的是政治腐敗，經濟崩潰，文化摧殘。從一首打油詩中就可反映出北平民眾對國民黨政府的絕望心情：「想親娘，盼親娘，日本鬼子投了降。想中央，盼中央，中央來了更遭殃。法幣貶，物價漲，肥了大官和奸商。割了野草露出了狼，反動派的日子不會長。」北平廣

大民眾的覺悟不斷提高，不少學生奔向解放區。一些教授學者，認清了國民黨的反動面目，轉向了革命，毅然奔赴解放區。清華大學教授朱自清先生身染重病，他寧可餓死，拒領美國的「救濟糧」。還有的寺廟僧侶祕密閱讀進步書刊以後，竟脫掉袈裟，跑到解放區，走上革命的道路。眾多事實表明，國民黨在北平的統治已無法維持，正如進步教授張奚若在一次講演會上所言：「國民黨這一頁嘛，算是翻過去了！」

北平的愛國民主運動是繼「五四」、「一二九」運動以後，新民主主義革命的又一個高潮。這次運動的內容之一是反對美國殖民統治。在中國民族民主革命中，由親美的傳統思想轉為反美的運動，是具有劃時代意義的轉變。運動的另一個內容是反判蔣介石獨裁統治。這是一次民主勢力與反民主勢力空前規模的大交鋒，配合人民解放戰爭，最終贏得了北平的和平解放。

平津戰役和北平和平解放

自從1946年6月蔣介石發動內戰以來，人民解放軍經過8個月的艱苦作戰，粉碎了國民黨軍隊向解放區的全面進攻，並於1947年7月開始轉入戰略反攻。1948年9月至11月初，人民解放軍發起遼瀋戰役，解放了全東北。接著又發動了淮海與平津戰役。

遼瀋戰役打響之後，華北國民黨守軍驚恐不安，人心渙散。為了對付即將在華北展開的軍事決戰，國民黨將領制定了三種兵力部署方案：一是固守津、塘，保住海口，防守待援；二是固守平、津、塘；三是西退綏遠。華北「剿總」司令部舉棋不定，始終沒有確定明確的方針。至11月，華北60萬國民黨軍隊，除一部分駐守綏遠外，有50餘萬兵力收縮在平、津、塘和唐山至山海關一線。當時部署在北平的是：「剿總」總部，第四、第九兩個兵團，三十五、一〇四、十六、三十一、十三、一〇一等6個軍，一個新編騎兵第四師，一個補給區司令部等。後因三十五軍、一〇四軍和十六

軍一部支持張家口，又將九十二軍、九十四軍和六十二軍各一部調到北平，總共約有20餘萬人守北平。

11月底，東北野戰軍從古北口、喜峰口和山海關迅速隱蔽入關。12月5日，他們與華北野戰軍聯合發動平津戰役。人民解放軍總的作戰方針是切斷逃路、分割包圍、合圍夾擊、全殲守敵於華北。12月中旬，相繼將國民黨軍分割包圍在北平、天津、新保安、塘沽和張家口5個孤立的據點。

從12月上旬起，人民解放軍先後攻克了密雲、懷柔、順義、昌平、通縣、石景山、門頭溝、大興等縣城和地區，中旬完成了對北平城區的包圍。北平城內傅作義嫡系部隊僅有三十五軍一個師、一〇一軍兩個師及一個騎兵師。其他絕大部分屬於中央軍。國民黨守軍企圖作最後掙扎，他們沿城牆及關廂民房構築工事，在市內也駐兵布防。由於南苑機場已被解放軍占領，國民黨守軍在東單和天壇開闢兩個簡易飛機降落場。實際上蔣介石的嫡系人員，早已把家屬送走，本人也伺機南逃。北平解放已指日可待了。

北平是一座文化古城，有眾多的歷史文物，還有密集的200萬市區人口。為了保護古城的歷史文化遺產和人民的生命財產，根據中共中央的指示精神，解放北平立足於軍事進攻的勝利，但是盡可能地爭取用和平的方式解決。1948年12月13日，中共中央華北局發出《對平津地下黨在接管城市中應做工作的指示》，強調「我們必須足夠地認識平津等大城市和工業區的重要性和複雜性，因此，必須在各方面有充分準備，不但要能夠完整地接管，而且要能夠順利地發展與建設這些城市或工業區，使之成為全國最好的政治、經濟與文化的中心之一」（《北京和平解放前後》）。為了實現這一任務，北平的中共地下黨員，一面配合解放軍的軍事進攻，發動和組織群眾準備進行護廠、護校等項工作；一面開展統一戰線工作，爭取社會上層人士和國民黨將領，尤其是爭取傅作義將軍，為實現

和平解放北平而奮鬥。

　　事實上，當時爭取北平和平解放也具有極大的可能性。

　　第一，從總的鬥爭形勢看，軍事上，國民黨軍隊已被迫採取重點防禦的戰略方針，北平已被置於人民解放軍的強大包圍之中。政治上，國統區掀起聲勢浩大的反蔣怒潮，國民黨政權出現了嚴重的統治危機。經濟上也面臨著崩潰局面。

　　第二，北平地下黨正確執行了中央制定的國統區工作方針與政策，提高了民眾的覺悟，當時在群眾中希望和平解放的呼聲很高。同時又爭取了一部分國民黨高級將領，如傅作義的老師、契友、少將參議劉厚同，傅的同鄉、盟兄弟、華北「剿總」副司令鄧寶珊，傅的親戚、《平明日報》社長崔載之，華北「剿總」聯絡處少將處長李騰九等，他們為促進北平和平解放做了不少工作。

　　第三，以軍事壓力與政治爭取相結合，促使傅作義的思想轉變。解放軍包圍北京後，做了攻城的準備工作，甚至在城區的地下黨員測算了內外城牆的厚度，為攻城爆破提供資料。

　　中共地下黨對敵人展開政治攻勢，瓦解敵軍，爭取國民黨高級將領起義，例如十七兵團司令員侯鏡如、九十二軍軍長黃翔都暗中回應起義。崇文門和西直門的守軍保證在解放軍攻城時開城接應。

　　當時重點是爭取傅作義起義。中共中央對傅作義進行了全面分析：他是抗戰時期的愛國將領，對於蔣介石的獨裁賣國不滿。1948年華北當局鎮壓學生運動製造「七五」血案後，傅作義曾為此提出引咎辭職。傅作義非蔣介石嫡系，他被蔣介石任命為華北「剿總」司令，綁在蔣的戰車上為其賣命，又派親信陳繼承任華北「剿總」副司令兼北平警備司令，對傅作義進行監視和牽制，引起傅作義強烈不滿。傅作義既有愛國思想基礎，又與蔣介石存在矛盾，若能明曉和平解放北平之大義，是可以轉變立場的。因此，中

共地下黨通過傅的老師、親戚、同鄉、同學等關係做爭取工作，甚至傅的女兒、共產黨員傅冬菊（後改名傅冬）自天津調至北平做其父工作。但是也要看到，傅作義身為國民黨高級將領，內戰期間和人民武裝打過仗，心存疑忌，若非到萬不得已時，他也是不會接受和談的。

事態發展正是如此。當華北形勢吃緊時，蔣介石先是任命傅作義為華東南軍政長官，並以福建作為安排傅軍幹部、家屬的基地，企圖以此籠絡、控制傅作義，利用傅的兵力保住江南半壁江山。但傅作義未能從命，在解放軍分割包圍華北國民黨軍之後，蔣介石又命令傅作義「固守待援，不成功，便成仁」。傅作義此時欲守不能，欲逃不成，只好被迫求和。

第一次談判：傅作義一面在市區布防，一面派代表和談。12月15日，由崔載之、李炳泉（《平明日報》採訪主任、李騰九之堂弟、中共地下黨員）代表赴薊縣城南八里莊，先後同解放軍平津前線司令部代表蘇靜（作戰處長）、劉亞樓（參謀長）會商。傅方代表提出在保全自己實力的前提下和平解決北平問題，並建立華北聯合政府。解放軍代表根據軍委指示，明確表示和平解決北平問題的基本原則是以國民黨軍隊放下武器，解除武裝為前提。這次會談未達成協議。

12月21日起，解放軍攻取新保安，殲滅傅作義的王牌軍三十五軍和一〇四軍、十六軍的兵力，又收復張家口，傅的嫡系部隊被殲，西逃的打算徹底破滅。解放軍的先頭部隊到達西郊，華北「剿總」總部辦公地點被迫由西郊撤入城中。四郊解放軍各部對北平城區採取「圍而不攻」方針，敦促城內守敵投降。傅作義趕忙於23日致電毛澤東，希望解放軍「稍向後撤」，「細節問題請指派人員在平商談解決」，「盼勿以繳械方式責餘為難」，以此為緩兵之計。

27日中央軍委再次重申「應依靠強攻」，但在傅作義一切絕望時，「仍有繳械投降的可能」。為了戳穿國民黨和談騙局，為了澄清中間派的混亂思想，中共權威人士發言，宣布頭等戰犯43名，傅列其中，但指出若「命令全軍繳械投誠」，可以減輕懲處。這樣穩固並加強了傅在蔣方的地位，再通過地下黨員進一步交涉起義問題。

　　第二次談判：1949年1月6日，傅作義派華北「剿總」少將民事處長、原山西大學教授周北峰和民盟副主席、燕京大學教授張東蓀前往薊縣與解放軍再次會談。這次談判由林彪、羅榮桓、聶榮臻、劉亞樓等解放軍主要將領參加。談判的中心內容是圍繞和平解決的前提條件問題進行的。傅作義方面提出談判範圍包括以平、津、塘、綏為中心的所有他的統轄區。解放軍代表提出在「所有軍隊一律解放軍化，所有地方一律解放區化」的前提條件下對傅部的起義人員一律既往不咎；所有張家口、新保安、懷來戰役被俘的軍官一律釋放；傅的總部及他的高級幹部，一律予以適當安排，對於傅作義本人不但不作戰犯看待，還要在政治上給他一定的地位。根據談判內容草擬一個「紀要」，雙方代表在「紀要」上簽字，並決定1月14日午夜前，傅作義對「紀要」作明確的答覆。傅作義對草簽的「紀要」採取拖延辦法，並提出就有些條款再次派代表磋商。

　　第三次談判：1月14日，傅作義派周北峰、鄧寶珊等一行4人赴通縣，與解放軍代表進行談判。下午抵達談判地點，解放軍一方依然由林彪、羅榮桓、聶榮臻等主要將領參加。解放軍代表明確表示，當時距14日午夜最後答覆期限僅剩幾個小時，已下達了攻擊天津的命令，談判不再包括天津了。15日清晨，天津宣告解放，城防司令陳長捷被俘。上午談判開始，解放軍代表指明形勢對國民黨軍不利，死守北平是不可能的。但為了保障北平居民及城市不受損害，仍希望和平解決，不可再拖時間。雙方談判的主要內容包括傅部軍隊的改編原則和具體辦法（專指北平部分），對傅的華北總

部和部隊中團級以上的人員安排以及北平市各行政單位的接收辦法，整理歸納出具體條款，雙方簽署了北平和平解放的初步協議。根據中共中央指示，若北平獲得和平解放，綏遠將用一種更和緩的方式解決，留待以後再談。

1月17日，鄧寶珊和其餘2人陪同解放軍平津前線司令部作戰處處長蘇靜進城，周北峰留在通縣進行聯絡。傅作義親往東交民巷傅的聯絡處（原日本大使館）蘇靜下榻處看望。同日，由蔣介石的特務安放在前北平市長何思源家中的定時炸彈爆炸，何的小女兒被炸死。次日，強忍悲傷的何思源作為由11人組成的「華北人民和平促進會」首席代表出城到西郊解放軍前線司令部洽談，對傅的轉變起了促進作用。19日，蘇靜同傅作義代表王克俊、崔載之、閻又文等草擬和平解放北平的協定，協議書內容規定：1月22日上午10時起雙方休戰；雙方派員成立聯合辦事機構，處理有關軍政事宜；城內部隊開到指定駐地實行整編，解放軍入城接管等項安排。

為了消除國民黨部隊與機關人員心理上的疑慮，之前還特定《入城紀律守則》十四條，由中共中央軍委批准發布。隨後由解放軍一方葉劍英（主任）、陶鑄、戎子和、徐冰和傅作義一方3人組成聯合辦事機構。1月22日，華北「剿總」司令傅作義將軍最終在《關於和平解決北平問題的協議書》上簽字，這標誌著雙方和平解決北平問題的談判畫上了圓滿的句號。隨後駐北平的國民黨軍華北「剿匪」總部2個步兵團，8個軍部，25個師，連同其他國民黨部隊共約20餘萬人接受和平條件，出城改編為人民解放軍。1949年1月31日，北平宣告和平解放，這座馳名中外的文化古城完整無損地回到了人民的手中。


新中國的首都

留春令

五朝帝都，今日新生，雲水歡顏。薊北長城更崔巍，江山翠、如畫裡。金鑾疊樓仍漫倚，卻為家國計。故人烈士不朽矣，若有知、當喜泣。

1949年初，北平獲得解放。這意味著古都遭受帝國主義、封建主義和官僚資本主義奴役的黑暗時代已經一去不復返了，北平回到了人民的懷抱。

古都的新生

在迎接北平和平解放的日子裡，1948年12月中旬，中共中央任命了北平黨、政領導機構的人選，由彭真擔任北平市委書記，葉劍英、李保華分任第一、二副書記。葉劍英兼任軍事管制委員會主任和市長職務。譚政為軍管會副主任，徐冰為副市長（不久生病，改由張友漁接任）。開始著手進行接管的各項準備工作。

1949年1月31日，中國人民解放軍東北野戰軍擔任城防警備任務的部隊分別從西直門、德勝門、復興門開進城區，古都北平正式宣告解放。2月2日，市府工作人員移入城內辦公。

2月3日，平津前線指揮部舉行中國人民解放軍入城式。當日上午10時，葉劍英、林彪、羅榮桓、聶榮臻、彭真等領導登上前門箭樓檢閱，入城式由劉亞樓將軍主持。受檢閱的部隊由永定門、西直門分列入城。從永定門入城的受閱部隊，以軍樂隊為前導，裝甲、坦克、騎兵、步兵等各兵種列隊行進。威武雄壯的隊伍從前門大街向東轉入東交民巷，中國人民解放軍踏入這塊本屬中國的領土，從此結束了半個世紀來帝國主義霸占東交民巷的屈辱歷史。軍隊行進的沿途有成千上萬的群眾，大家高唱《解放區的天是明朗的天》《團結就是力量》等革命歌曲，高呼「中國共產黨萬歲！」「毛主席萬歲！」「中國人民解放軍萬歲！」等口號。一些青年學

生自發地爬上坦克和裝甲車，向解放軍表示親切慰問。

2月12日，北平各界群眾在天安門廣場舉行盛大集會，慶祝北平解放。北平市軍事管制委員會主任、北平市市長葉劍英在大會上宣布北平市人民政府成立。3月25日，中共中央、人民解放軍總部由河北省西柏坡遷到北平。當日下午，在西郊飛機場舉行莊嚴的閱兵式，受閱部隊接受了毛澤東、朱德等領導同志的檢閱。中共中央機關移駐香山和玉泉山。毛澤東同志住在香山雙清別墅，他與其他領導同志，在此共商大計，指揮渡江戰役，發表了《論人民民主專政》等重要文章，並且進行籌建中華人民共和國的各項準備工作。新中國成立後，黨中央和國務院遷入中南海辦公。

1949年9月21日至30日，中國人民政治協商會議第一屆全體會議在北平召開。毛澤東同志致開幕詞，他說：「我們的工作將寫在人類的歷史上，它將表明：占人類總數四分之一的中國人從此站立起來了。」會議通過了《共同綱領》，選舉了國家領導機構，並且決定定都北平，改北平為北京。從此，北京成為中華人民共和國的首都。

10月1日，在北京天安門廣場舉行開國大典。黨和國家領導人登上了天安門城樓，毛主席莊嚴地向全世界宣告：中華人民共和國成立了。並且親自按動電鈕，升起了第一面五星紅旗。接著舉行了由數萬名官兵參加的閱兵式，北京各界民眾30萬人參加了盛典。當晚舉行了提燈遊行的慶祝活動。

為了建設人民民主的新北京，必須從政治上、經濟上、文化上繼續做極大的努力。早在1949年初，中共北平市委和軍管會著手進行如下三方面的工作。

第一，政權建設。接管北平後，首要任務是摧毀一切反動殘餘勢力，建立強有力的人民民主專政。當時，國內還處於戰爭狀態，國民黨政府企圖憑藉長江天險，控制江南半壁河山。殘存在北平的

反動分子或公開進行武裝反抗，或潛伏下來，伺機進行破壞活動。在北平解放後的兩三個月內就曾發生過敵特分子燒毀電車、暗殺革命幹部的事件。

為了確保北平治安，保障革命秩序，2月2日成立了北平警備司令部，任命程子華為司令員兼政治委員，在軍管會領導下執行任務。2月3日開始，軍管會主持接管舊的權力機構和企業、事業機構。接收公共物資財產，沒收官僚資本。粉碎舊的保甲制度，建立街、鄉人民政府。對於原國民黨機關人員進行甄別，分別予以處理和安置。對於敵特和反動黨團分子，採取「首惡者必辦，脅從者不問，立功者受獎」的寬大與鎮壓相結合的方針。1950年冬至1951年春，在集中進行的鎮壓反革命運動中，依法處決了一批罪大惡極的反革命分子、反動會道門頭子和惡霸慣匪，為民除害，鞏固了革命的社會秩序，保障了人民生命財產的安全。

然而，帝國主義和外國敵對勢力不甘心在中國的失敗。1950年6月25日，美國悍然出兵侵略朝鮮，妄圖最終扼殺新生的中華人民共和國。同時又想盡一切辦法，在中國大陸搞顛覆和破壞活動。1950年在北京破獲了一起「炮轟天安門案件」。這一案件是由美軍駐日本最高司令部情報處策劃的，企圖在中國國慶一周年慶典時，用迫擊炮轟擊天安門城樓，加害中國家領導人。主犯義大利人李安東和日本人山口隆一後被我公安機關捕獲，並於1951年8月17日，由軍管會軍法處依法判處死刑。

第二，土地改革。北平解放後，中共北平市委成立了郊區工作委員會，柴澤民同志任書記，著手對市郊農村土地占有情況、生產情況及農民居住與生活情況等進行調查。在市委祕書長鄧拓同志主持下制定了一個較為完整的檔，即《關於本市轄區農業土地問題的決定》，於1949年5月31日，以北平市軍管會名義正式公布。《決定》中充分體現了市郊土地政策，在消滅封建土地制度的原則下，

保護農村商品經濟和先進生產力。根據老區土改的經驗和教訓，以及當時面臨的全國勝利的形勢，根據北平未來城市建設發展的要求，規定了一些與老區土改不同的具體政策。將沒收地主的土地和徵收富農出租的土地歸國家所有，然後由政府分配（並非平均分配）給無地和少地的農民使用。依據這個原則對農業耕作區的土地提出12條具體的處理辦法。

6月中旬在市郊開始土改試點工作。針對貧、雇農對土地的要求，又作了若干「補充規定」。一些特殊的土地問題，如軍田、公地、廟產、旗地，以及有關民族、涉外方面的土地問題分別進行研究，妥善加以解決。北京郊區全面土改工作從1949年10月中旬開始，至1950年3月勝利結束，共分三批進行。主要透過農民自己的群眾性組織——農會進行的。評定階級成分均經過三榜定案。把沒收的土地，採取自報公議的辦法，以人口為單位，分配給無地和少地的農民使用。有20多萬名無地和少地的貧、雇農分得了近2.67萬公頃國有土地。

京郊的土改工作是大城市郊區實行土地改革的一次初步嘗試。此項工作的順利完成推動了土改運動在全國新解放區的開展。

第三，安定民生，恢復生產。北平解放前經濟處於凋敝狀態。在全市200萬人口中，在業人員的比重只占百分之十幾，失業問題嚴重。北平解放之初，為了確保社會經濟的穩定和人民生活的安定，採取了一系列重要措施。

一是在金融市場方面，禁用偽幣和銀元，建立人民幣的單一貨幣市場。集中肅清金圓券，限期按比例兌換。凡工人、學生、獨立勞動者、工廠職員、學校教職員、城市貧民實行按規定辦法與優待比價，限額兌換。

二是安定人民生活。軍管會關心下層民眾的生活困難，例如，採取措施解決三輪車、人力車工人生意蕭條的問題。對於接管的企

業部門員工，在過渡時期保持原職原薪。透過外地調撥、穩定物價等措施，保證城市居民急需的糧食和煤炭。防止商人囤積居奇，並依法處置了「糧老虎」等不法奸商。在廠礦企業內部，則職工入股成立工人消費合作社，銷售日用生活必需品，使職工免受投機商的中間剝削。透過這一系列措施，使民眾的生活有了保障，並且得到一定程度的改善，使抱以疑慮觀望態度的一些民眾越來越相信共產黨、依靠共產黨。

三是恢復、改造與發展生產。在1949年北平市制定的《關於北平市目前中心工作的決定》中明確指出：為了切實有效地恢復、改造與發展北平的生產，我們必須「根據已有條件迅速訂出指導本市公私生產與貿易之大體的計畫」。「在恢復與發展生產的重點上，首先應是恢復與發展一切可以向農村輸出和供給市民的，有益國民生計的工業、運輸業和有利生產恢復與發展的商業」。並且強調「工人是我們恢復與發展工業的主力和最基本的依靠」。在一切公、私營企業和手工業，均按產業系統成立工會，組建工人階級自己的組織。

北平解放前夕，由國民黨政府控制的大型工礦企業不僅數量少、產量低、品質差，而且由於國民黨政府企圖將這些工礦的重要機器拆遷南運，生產處於停頓、癱瘓狀態。但是各廠礦的職工在地下黨的組織下進行了護廠、護礦的鬥爭。軍管會接管後，改為公營企業，很快組建起領導機構。在市政工委的領導下進行訴苦反霸鬥爭，取消包工櫃。建立黨、團組織和工會，加強民主管理，在企業中普遍建立工廠管理委員會和召開職工代表大會，使工人成為廠礦的主人。廣大工人群眾發揮了積極性和創造性，提出大量合理化建議，制定生產計畫，班組間展開勞動競賽，從而在一年內使北京工業生產得以恢復，並有了較大幅度的發展。如石景山鋼鐵廠1950年生產生鐵9.4萬噸，比1949年的4.9萬噸提高91％；琉璃河水泥廠1950年生產水泥11.07萬噸，比1949年的3344噸提高226％；

長辛店機車車輛廠在1950年大修各種車輛2913輛，比1949年的1482輛增加96％；清河制呢廠1950年生產呢子55.8455萬公斤，比1949年33.9964萬公斤增加64％（《北京的黎明》）。

在恢復和發展生產中，必須切實貫徹「發展生產、繁榮經濟，兼顧勞資兩利」的政策。在當時北平的具體情況下，對於恢復有益國計民生的私營工商業必須予以重視，而關鍵在於正確處理勞資糾紛、調整與穩定勞資關係，以提高勞資雙方的生產積極性。為此，市勞動局專門成立調解科，負責處理私營企業勞資爭議問題。軍管會還制定了處理勞資爭議的辦法。依據「公私兼顧、勞資兩利」的原則進行解決。但是對於少數資方打罵虐待工人、學徒的行為予以批評，以至依法處理。在調解勞資爭議的同時，雙方又進一步簽訂合約或協議，確立了新的勞資關係。當私營工商業遇到暫時困難時，勞資雙方互相協力解決。政府並採取發放貸款、提供原料、委託加工等辦法予以扶植。達到了發展生產，繁榮經濟的目的。

除此之外，北京還有相當數量的城鄉手工業行業，它們在滿足鄉村生活和發展對外貿易方面是不可缺少的。因此，政府部門依據原料銷路與全市生產與貿易情況，對手工業作坊及獨立手工業者予以生產方向的指導，幫助他們購買原料和推銷成品。並且有計劃、有步驟、有重點地說明獨立手工業者，組織生產供銷合作社。在生產技術的改進與革新上予以支持和幫助。

經過很短的一個時期，舊有的官僚資本企業被改造成社會主義國營企業。一些重要的與國計民生息息相關的工商行業得以恢復和發展。已經瀕於藝絕人亡的特種工藝行業得以恢復和發展。到1952年，北京市已完成了初步恢復與改造的任務，各項事業開始步入正軌。自1953年開始，根據黨在過渡時期總路線的要求，北京市的工作重點轉向有計劃的經濟建設和對生產資料所有制的社會主義改造軌道上來。

50年的輝煌歷程

經過50年的艱苦而曲折的歷程，北京的社會主義建設取得了偉大成就，發生了翻天覆地的變化。

工業建設

根據中國發展國民經濟總任務的要求，1953～1957年第一個五年計劃期間，北京工業戰線的基本任務是：在優先發展重工業的基礎上，有計劃地建立新廠和充分發揮原有企業潛力，並逐步完成對資本主義工業和個體手工業的社會主義改造，以建立首都工業化的初步基礎。5年內，中央和地方工業部門在北京的工業基建投資達9149億元，建設了一批項目，其中包括新建廠41個，改建和擴建工廠329個。與此同期，在各級黨組織領導下，提前完成了社會主義改造任務。在1956年初，全部私營工業企業實現了公私合營，個體手工業全部實現了合作化。

在國營、公私合營廠礦企業職工和組織起來的手工業者的共同努力下，經過5年的辛勤勞動。到1957年全市工業總產值達到23.1億元，比1952年增長1.77倍，其中重工業增長2.08倍，輕工業增長1.58倍，初步奠定了北京工業發展的基礎（《今日北京》第六章）。

1958～1978年，北京工業經濟是在困難和曲折的道路上發展過來的。這一時期，中國先後制訂了第二至第五個發展國民經濟的五年計劃，有關部門制訂北京工業發展計畫時，忽略考慮了北京城市的性質和特點。再加上國際發生反華、排華事件，國內遭受特大的自然災害，黨在領導社會主義革命和建設事業中出現嚴重失誤。這些都給北京工業建設帶來重大的影響。1958年大躍進期間，在「變消費城市為生產城市」的思想指導下，加大了北京重工業的投資。這一年工業基建投資為5.9億元，比1957年增長2.58倍，新建

和擴建企業800多個，包括限額以上的43個，使重工業產值達到工業總產值的51.1%。1958年，全市工業總產值46億元，為1949年的27.15倍，使北京工業總產值在全國工業總產值的比重，由1949年的1.2%，上升到3.9%（《今日北京》第六章）。

在文化大革命期間，北京上馬了一些國家重點項目，如東方紅煉油廠等新建、擴建工程。直到70年代末，北京工業基本呈發展態勢。60年代以發展原料工業為主，70年代時則以電子工業和加工工業為主。到70年代末和80年代初，全市工業年總產值已達234.3億元。在20年內，總產值翻了兩番。這時，在北京逐漸形成了一些各具特色的工業區，有門頭溝、石景山煤鐵工業區；房山、燕山石油化工工業區；酒仙橋電子工業區；東南郊化工區；東郊棉紡區與清河、昌平毛紡區。北京已建成中國新興的工業基地，形成了包括鋼鐵、石油化工、機械、汽車、電子、紡織、食品、建材等149個門類大中小型企業相結合的工業體系。但是，也要看到這一時期工業發展帶有一定的盲目性。在工業結構和布局等方面存在著一些問題，而且有些重工業耗能大，嚴重汙染環境，為後來北京的城市規劃和建設帶來困難和矛盾。

80年代初，中央對北京的建設工作做出「四項指示」：（一）在社會治安、社會秩序和道德風尚方面，北京要成為全國的模範，在全世界也應該是最好的；（二）改造北京市的環境，做好綠化、衛生，利用有山有水有文物古蹟的條件，把它建設成為優美、清潔、具有第一流水平的現代化城市；（三）要使我們的首都成為全國文化科學技術最發達、教育程度最高的城市；（四）經濟要不斷繁榮，人民生活要安定方便。根據指示精神，在「六五」計畫期間，北京工業進行產業結構的調整，把直接關係人民生活的食品、輕工、紡織等工業放在發展的首位，並且抓優勢產品，如電子、儀錶等行業的產品。在地區布局方面也初步進行了調整，並開始注意治理「三廢」的汙染等問題，使北京的工業朝著符合城市性

質與特點的方向發展。在對外開放的方針指導下，1979年開始利用外資引進技術，實行對企業的技術改造，並建立一些新的技術項目。

1985年，也就是實現「六五」計畫最後的一年，工業建設取得了新中國成立以來最好的經濟效益。

全市工業總產值完成307億元，輕、重工業產值增長幅度分別為10.6％和10.2％。1985年完成各種工業重點技術引進、改造專案100項，一年新增產值10億元，創利1億元。產品品質在不斷提高，這一年創國家優秀產品45種，各部級優質產品111種，市優質產品363種。

1986～1990年是中國民經濟發展的第十個五年計劃時期，市委、市政府提出：北京工業「以提高經濟效益為中心，把突出產品品質放在十分突出的地位，大力加強新產品的研究和開發，正確處埋好效益和速度、品質和數量的關係」。要保持工業生產的持續穩定增長，必須在已有基礎上，進行技術改造和改建擴建，走內涵為主擴大再生產的路子。當時抓了一批可以增強後勁的基本建設和技術改造項目。在原石景山發電廠基礎上，進行技術改造，建設北京最大的熱電聯產能源基地就是一例，該專案完工後，每年可為首都提供35億度電，相當於全市原用電的三分之一，還可供1000座1萬平方公尺的樓房全部採暖所需的熱量。在東方紅煉油廠基礎上發展起來的燕山石油化工公司，自1969年9月建廠到80年代末，累計20年內加工原油超過1億噸，產品品種由5種發展到60種，其中有10種產品遠銷國外。

北京在「七五」期間，「進一步調整工業結構，著重發展適合首都特點並具有一定優勢的工業，繼續把食品、電子、建材、汽車、家用電器、印刷和服裝加工等放在優先位置」。本著這一原則對北京基本建設規模作了壓縮，凡不必要和不急需的項目，暫緩開

工。在工業系統集中力量抓一批專案。自80年代初開始利用外資引進技術，北京工業系統組建的第一家中外合資企業是1983年成立的中美合資北京吉普車汽車有限公司，躋身全國十大最佳合資企業之一。它所生產的切諾基吉普車等產品，填補了國內空白，品質達到國際先進水準。

在這一時期，進一步調整了工業布局，一些不適應在市區的工廠，按照規劃逐步遷往遠郊區。並且進一步採取橫向聯合，工農聯合辦區縣鄉鎮企業。到80年代末，這樣的企業已發展到1.44萬個，年工業產值達130億元，相當於1949年全北京工業總產值的130倍，占全市工業的38%。其中像北京保溫瓶工業公司、北京燕京啤酒廠等一批區縣、鄉鎮工業企業的規模、設備水準和產品品質，已達到國內先進水準，產品遠銷50多個國家和地區。

北京工業經過50年的艱苦奮鬥，發生了巨大的變化，尤其是改革開放20年中取得突出的成就。1978～1997年間，北京工業總產值增長11.6倍，1997年達到1963.8億元；年出口額在1000萬美元的企業達14家；1997年底，成立外商投資工業企業10085家，實際利用外資額58.5億美元。50年的發展，北京工業已經擁有冶金、石化、電力、鐵路、汽車、電子、機械、儀錶、化工、輕紡、建材、醫藥、煤炭、工藝、印刷、農機等行業，成為全市經濟的重要支柱（《輝煌50年北京》，以下相關數字多根據此書，不再一一注明）。

農業建設

1952～1957年間，京郊實現了農業生產合作化，對小農經濟進行社會主義改造，全郊區高級社發展到2300多個，入社農戶占農戶總數的99.6%。組織起來的農民，積極開展農田水利建設，到1957年灌溉面積發展到3.87萬公頃，比1949年增加1.7倍。同時改進耕作制度，到第一個五年計劃末期，農業總產值增長29.7%，糧

食總產量增長6.9%，農民人均年純收入136元。

1958年大躍進時，京郊在短時間內實現人民公社化，這一「左」的錯誤，挫傷了廣大農民的生產積極性，再加上自然災害的影響，到1960年糧食總產量比1957年下降29.6%。經過調整以後，1963年起開始恢復，1965年農業總產量增長79.5%，糧食總產量增長52%，平均畝產達到420斤，農村糧食可以達到自給。文化大革命時期，廣大農村黨員和群眾，排除干擾，堅持抓農業生產，到1976年，糧食總產量達到34億斤，比1965年增長43%。

中共十一屆三中全會制定的各項農村政策，極大地調動了農民生產的積極性。京郊實行不同形式的聯產承包責任制，並且實行黨、政、企分開，由原來269個公社改建成358個鄉。發展多種經營，加速農村經濟商品化和農業現代化。在「服務首都，富裕農民，建設社會主義新農村」的方針指導下，京郊農村逐步建設成為北京的副食品生產基地。依據不同地區的自然資源和生產條件，合理布局，大體劃分為四類地區：在朝陽、海淀、豐台、石景山緊靠城區的地區，以蔬菜生產為主，兼營其他；大興、通縣、昌平等離城區較近的產糧區和近郊4個其他產糧區，以飼養奶牛為主，兼營其他；通縣、順義、大興、房山、平谷以及其他遠郊區縣平原產糧地區，以飼養豬、雞為主，兼營其他；昌平、延慶、門頭溝、平谷、密雲、懷柔、房山等區縣的丘陵和淺山區，以生產蘋果、柿子、梨和核桃、栗子等乾鮮果品為主，兼營其他。另外，有草山、草坡、荒灘等地區，大力種植牧草，發展牛、羊、兔等草食家禽；在有水面的地方，大力發展淡水養魚。

從「七五」計畫開始，北京農村經濟有了全面的增長。由於堅持改革開放，進一步健全鄉、村合作經濟組織，鞏固和不斷壯大集體經濟的實力。農村實現了產業結構的調整，在農村經濟中，二、三產業的比重有了很大的提高，解決了大批勞動力就業問題，使農

村經濟在勞力和收入結構上發生了巨大變化，農村經濟通過產業結構合理調整在協調增長，京郊農村經濟出現了農、林、牧、副、漁、工、商、建、運、服十業並舉發展的大好局面。據統計：「七五」期間京郊農業經濟每年平均以23.1%的速度遞增。到1987年，農村社會總產值達到128.4億元，農業總產值為21.6億元。到1998年，京郊農村國內生產總值達477億元，比1949年的1.4億元增長了339倍。非農產業產值占農村社會總產值的比重達80%。鄉鎮企業崛起成為郊區經濟的重要支柱，其他像旅遊業、交通運輸業、商業、房地產業等也得到迅速發展。

50年來，京郊農民生活經歷了走出貧困、解決溫飽、步入小康三個階段。1997年，京郊農民人均純收入3762元，恩格爾係數44.7%，人均居住面積27.4平方公尺，每百戶農民有彩電85台、洗衣機84台、冰箱72台。各項指標均超過「小康標準」。

商業服務業、對外貿易

北京解放以後，黨和政府提出「發展生產、繁榮經濟」的口號。在沒收官僚資本的商業機構與企業的基礎上，採取多種形式，有步驟地建立起社會主義的國營商業。對於穩定物價，控制市場，保證人們的正常生產和生活，起了關鍵性的作用。又著手對資本主義工商業實行利用、限制和改造的政策，1957年基本完成了這項任務。「一五」計畫完成時，全市商業職工發展到10萬多人，比解放初增加19.6倍。

1958年以後，商業工作同樣受到「左」傾錯誤的干擾。在所有制、商品流通、市場銷售和經營管理方面實行單一化，服務品質降低，使商業工作在促進生產，繁榮經濟，滿足人民生活方面應起的作用，受到極大的影響。

但是廣大商業系統的基層幹部和職工，堅持黨的全心全意為人民服務的宗旨，遵守職業道德，做出了相當大的成績。1956年曾

經出現了天橋百貨商場的先進典型，推動著整個北京商業服務業的工作。60年代出現了「背簍商店」，為廣大山區農民服務的先進事例。70年代，商業戰線職工在「抗震救災」中，發揮了極大作用。

黨的十一屆三中全會以來，北京商業工作走上正軌，出現了空前活躍、空前發展的局面。從1978年到1984年間，全市商業服務網點由1萬多個增長到61753個。從業人員由19.8萬人增加到42.5881萬人。商業零售額由44.2億元，增長到101.7億元。

商業發展的根本原因在於實行改革開放的政策，同時開展商業體制改革。改變舊有的管理體制、購銷政策、分配政策，以及流通方式、經銷形式等；在經濟類型方面，允許全民的、集體的、個體的並存，有國營、集體、農商聯營、外地聯營、自營等多種類型。經營規模既有大、中型，也有小型的。經銷內容既有本地商品，也有外省市和地區的進京商品，還有來自世界許多國家和地區的進口商品。經銷形式有批發、零售，還有代購、代銷等多種形式。其結果，在商業戰線引進了競爭機制，打破了國營「官商」的「鐵飯碗」，調動了企業職工的社會主義勞動積極性，而且也活躍了商品市場，豐富並改善了城鄉人民的生活。到1998年，全市社會商品總銷售額達到2125.5億元，比1949年3.87億元增加了548倍。總購進額從1949年的2.87億元增長到1998年的2047億元，增長了712倍。有力地促進了全市經濟的發展。

50年來，北京商業發生了巨大的變化。在古老的、傳統的商業基礎上，規模大大擴展了，內容也有極大的更新。市一級的商業中心，在原有的王府井大街、前門大街和西單大街3處的基礎上，又規劃建設了朝陽門外大街、公主墳、馬甸、木樨園、海淀鎮5處。在城區和郊區還有70餘條繁華商業街道，屬於區級商業中心。此外還有一些獨具特色的商業街道，主要有恢復傳統風貌的琉

璃廠文化街，集高科技、生產、銷售、服務於一體的中關村電子一條街等。

北京是全國政治中心、對外交往中心，又是具有上千萬人口的特大城市，發展飲食業、服務業具有特殊的重要性。在「六五」期間，商辦食品工業產值占全市食品工業總產值的66％。北京的飯店、餐館比比皆是，老字型大小店鋪恢復了傳統食品，還創製了新品種。通過與外省市聯營合作，引進了全國各地6000多種風味菜點。還透過合資引進了外國風味食品。北京在50年代僅有幾家大型賓館。為了適應旅遊業發展的需要，以國家投資、中外合資、城鄉企業投資或集資，修建了一批高、中、低檔的賓館、飯店，1998年底，全市旅遊定點管理的涉外飯店有308家，客房7萬間。其他服務業也都有了較大幅度的發展。

在「對外開放」方針指引下，對外貿易有了大幅度的提高。北京從1950～70年代，外貿出口商品主要是工藝美術品和土特產品，種類少，創匯低，1979年以後，傳統出口商品在提高品質，增加新品種方面下工夫。與此同時，擴大出口商品種類，加大工業製品的比重。北京有一批名優工業產品打入國際市場，包括機電產品、電視機、電子打字機和紡織品、服裝等。京郊農村積極發展外向型經濟。僅1988年初，全市有472家鄉鎮企業產品走向國際市場，外貿出口金額達3.8億元，比上一年增長33％，創歷史最高水準。到1998年，全市進出口貿易總額為65.05億元，其中出口額28.29億元。北京市的出口市場也由1978年的80多個國家和地區，擴展到1998年的160多個。北京市已形成了全方位、多層次、寬領域的對外貿易開放格局。

教育建設

解放初，人民政府從帝國主義和國民黨政府手中接管了教育系統，對原有的學校進行改造。1952年對於接管的北大、清華等高

等院校進行院系調整和擴建，並且從這年開始按國家規定，高校實行統一招收新生和分配畢業生制度。另一方面，又著手新建一批學校。為了培養新中國經濟建設需要的高級人才，1950年10月成立了中國人民大學。這所學校是在陝北公學基礎上建立的新中國第一所新型大學，設有十多個專業，還有專修科和預科。

日後培養出一批批德才兼備的專業人才。1951年6月，中央民族學院在京成立，它是專門培養各少數民族高、中級幹部及一部分從事少數民族工作的漢族幹部的學院，烏蘭夫任第一任院長。當時，共和國成立不久，百業待興，而國家資金有限。周恩來總理代表黨和政府明確指示：在京的中央各部門暫時不蓋辦公大樓，把國家資金用於學校投資。不久，在第一個五年計劃實施期間，北京西郊的「八大學院」應運而生了。並且還建立了市屬的北京工業大學、北京師範學院等院校，直接為北京市培養各類人才。到1956年，在京的中央直屬與市屬的高等院校已發展到31所，在校學生7.7112萬人，專任教師1.1425萬人。中等專業學校也有31所，在校生3.1035萬人，教師2386人。這時已基本形成了社會主義的高等教育體系。

1957年，毛澤東同志又明確指出：「我們的教育方針，應該使受教育者在德育、智育、體育幾方面都得到發展，成為有社會主義覺悟的有文化的勞動者。」但隨後在1958年「大躍進」時期，「左」傾錯誤對教育事業造成了很大損失。十年「文革」期間，對教育事業的危害更是嚴重，高等學校又是其中的「重災區」。直到粉碎「四人幫」以後，撥亂反正，尤其是黨的十一屆三中全會以後，才使教育事業重獲新生。1977年高校恢復統一招生制度，北京的教育逐漸步入正軌。

經過20年的調整、改革、充實、提高，到「九五」期間，北京的教育事業已有了極大的發展。高等院校由解放初的13所，發

展為65所，在校學生達21萬餘人；普通中學達到752所，在校學生達61萬餘人；小學達到2511所，在校學生91.95萬人。1998年，北京小學畢業生全部實行免試就近升入中學。而早在1993年，北京市就已經在全國率先實現了九年義務教育。

科技

北京是中國重要的科學研究基地之一，這裡有國家最高學術機關——中國科學院。該院成立於1949年11月，是全國自然科學學術領導和重點學術研究的中心。除此之外，還有在北京的各高等院校、國務院各部委、市屬各科研機構，以及各種學會、研究會等，形成一個龐大的高水準的科研體系與網路。

早在1950年代，為了發展中國科技事業，趕超世界先進水準，1956年黨中央和國務院邀請各學科專家制定了《全國科學技術發展十二年長遠規劃》，掀起「向科學進軍」的高潮，取得了很大的成績。但是由於十年動亂，喪失了發展科技的大好時機，直到黨的十一屆三中全會以後，才又步入正軌。

北京地區的廣大科技工作者，經過長期不懈的努力，在基礎研究方面取得了一系列重大成果，如生命科學領域內，在中國首先實現的牛胰島素人工合成、酵母丙氨酸轉移核糖核酸全分子合成；數學領域的哥德巴赫猜想論證等研究成果，填補一批科學領域的空白，在世界處於領先地位。著名的歷史地理學家侯仁之教授，將歷史地理學運用於城市考察的新的領域，揭示和論證了北京城的起源和變遷，推進了城市史的研究與北京城市的建設。

經過50年的發展，北京的科技事業已經實現了科技、智力、資訊、技術裝備四大資源的初步集成，形成了具有首都特色的科技優勢。截至1998年底，北京地區專業技術人員已達114萬人，占全國的3.7%；有中科院院士327人，占全國的56%；有工程院院士162人，占全國的52%；81個單位共有143個博士後流動站，占全

國1/3。

文藝

文學藝術創作是社會生活集中而典型的再現，最能反映時代的脈搏。50年來，文藝事業在北京有兩個大發展時期：第一個發展時期是建國以後直到1966年。建國之初，文學和藝術界相繼成立了一些機構，團結、聯合大批文學家和藝術家從事社會主義文學和藝術創作。1956年黨制定了「百花齊放、百家爭鳴」的方針，調動了廣大文藝工作者的積極性。一大批知名的作家、戲劇家、詩人、藝術家以極大的創作激情，深入社會，瞭解大眾，增添了創作源泉。這一時期湧現出大批優秀作品，包括小說、散文、詩歌、劇本、戲劇、音樂、美術等。楊沫的長篇小說《青春之歌》、梁斌的《紅旗譜》、魏巍的報告文學《誰是最可愛的人》、賀敬之的詩歌《雷鋒之歌》等作品反映了不同時代的生活，塑造了不同時期工農兵和知識份子的生動形象。這些作品既給人們藝術的享受，又對人生以啟迪。

新中國建立之初，著名雕塑家劉開渠和幾位藝術家合作，完成了歷史與時代的巨作——人民英雄紀念碑浮雕。名畫家齊白石為亞洲及太平洋區域和平會議創作的《百花與和平》《和平頌》等畫榮獲1955年度國際和平獎。

在話劇、音樂、戲曲舞臺上也出現了一大批新作品，有田漢的《關漢卿》《文成公主》；曹禺的《膽劍篇》；郭沫若的《蔡文姬》《武則天》《鄭成功》等。還編排了大型音樂舞蹈史詩《東方紅》《中國革命之歌》。這些創作無論是思想性還是藝術性都達到了相當高的境地，並且做到雅俗共賞，深得民眾喜愛。

1966年「文化大革命」是以批判吳晗新編歷史劇《海瑞罷官》與聲討「三家村反黨集團」而最先發難的。大批造詣頗深的學者、文學家、藝術家蒙受不白之冤，甚至不少人含冤於九泉之下，

對中國和首都的文藝事業是極殘酷的扼殺。在一個時期內，文藝舞臺上只有8個「樣板戲」，文藝事業一片蕭條。

黨的十一屆三中全會召開，標誌著第二個文藝界百花盛開的春天的來臨。老作家、老藝術家們再次煥發了藝術的青春，以完成他們未竟的事業。一批中青年作家、藝術家展示出各自的才華。如李國文的《冬天裡的春天》、魏巍的《東方》和姚雪垠的《李自成》（第二卷）等長篇小說，1982年獲得首屆「茅盾文學獎」。

50年來，還產生了一批以北京為創作背景的文學和藝術作品。在50至60年代，老舍創作了話劇《茶館》《龍鬚溝》等劇本，長篇小說《正紅旗下》。1952年，北京人民藝術劇院創立，著名劇作家曹禺任院長，著名戲劇家焦菊隱任副院長兼總導演。該院擁有一批造詣頗深的表演藝術家，排演的老舍劇本，再現了不同時期北京的市井風情，塑造了栩栩如生的舞臺人物形象，達到爐火純青的程度。1980年《茶館》在聯邦德國演出，引起強烈反響。老舍先生的長篇小說《四世同堂》，描述了日偽時期北京人民的苦難生活與不屈不撓的鬥爭精神，由北京電視藝術製作中心將其改編成電視連續劇，使北京的電視藝術提高到一個新的水準。

70至80年代，是「京味文化」發展最紅火的時期。鄧友梅的小說《那五》《煙壺》問世後，引起讀者極大的興趣。劉紹棠、浩然的作品也充滿了北京文化的鄉土氣息，深受北京人的喜愛。前門老舍茶館，吸引著北京和海內外顧客。傳統的相聲、大鼓書等曲藝表演在這裡和「老北京」重新見面。

1985年以來，北京市逐漸形成了包括演出市場、電影市場、娛樂市場、中外文化交流市場等帶有文化產業性質的文化娛樂業。截至1997年底，全市共有文化娛樂經營單位2814家，包括劇場、電影院、歌舞廳、卡拉OK廳等。北京市制定了《北京市文化娛樂市場管理條例》《北京市營業性電影發行放映管理實施辦法》《北

京市歌舞娛樂場所管理實施辦法》等一系列法規，保證了北京文化市場健康、有序的發展。

文博

北京有眾多的地上文物與地下文物。解放以後，文物部門於1950年代和80年代進行過兩次大規模的文物普查工作，確定全市共有文物古蹟1309項，並且公布了四批重點文物保護單位。北京市級以上重點文物保護單位189處，其中有24處被列入國家重點文物保護單位，包括北京大學紅樓、盧溝橋、天安門、人民英雄紀念碑、雲居寺塔及石經、妙應寺及白塔、真覺寺金剛寶塔（五塔寺塔）、居庸關及雲台、故宮、八達嶺長城、天壇、北海及團城、智化寺、國子監、雍和宮、頤和園、周口店遺址、明十三陵、宋慶齡故居、皇史、古觀象臺、北京城東南角樓、恭王府及花園、郭沫若故居。此外還有大量的區、縣級文保單位。文物內容有宮殿、城坊設施、皇家園林、私人宅第、會館、衙署、倉廩、寺觀、紀念建築物、古塔、名人故居、碑碣等，從眾多方面反映了北京的悠久的歷史和光輝燦爛的文化。

1979年11月，北京市文物事業管理局成立，各區縣隨後也成立了文物管理所和文化文物局，負責各區縣境內的文物保護工作。1981年，北京市還成立了由有關領導、專家參加的市文物保護委員會和市、區（縣）兩級文物保護協會，形成了比較完善的文物保護網路。同時，北京市把文物保護納入整個城市建設規劃之中，1987年制定了《北京市文物保護管理條例》《北京市文物保護單位保護範圍及建設控制地帶管理規定》等法規，加強對地上地下文物的保護。至「九五」期間，北京境內擁有文物古蹟7000余項，其中「故宮」、「周口店北京猿人遺址」、「天壇」、「頤和園」、「長城」5項被列入聯合國教科文組織公布的「世界文化遺產名錄」。

北京的博物館與圖書館事業在解放以後有很大的發展。新建或擴建的博物館、展覽館和陳列館30餘處。中國歷史博物館與中國革命博物館屬於國家級博物館。歷史博物館珍藏著30萬件文物和大量文獻資料，革命博物館的藏品也有近萬件。另有專題性博物館，包括記錄了中國共產黨領導的人民解放軍軍事鬥爭歷史的中國革命軍事博物館。還有專業性的博物館與陳列館，其中自然科學方面有自然博物館、天文館、古觀象臺、地質博物館、農業展覽館等。

歷史文物方面有周口店北京猿人博物館、故宮博物院、定陵博物館等。地方性質的博物館有首都博物館、大鐘寺古鐘博物館、五塔寺石刻博物館、白塔寺、德勝門文物保管所等。藝術類有中國工藝美術館、中國美術館等。宗教方面有中國佛教圖書文物館、雍和宮等。民族方面有民族文化宮。

改革開放以後，坐落在文津街的北京圖書館（今國家圖書館），無論是規模還是設備，都不能滿足需要了。經國家批准，1983年開始在西郊文化區另建新館，1987年11月竣工，交付使用。

新館建成後，北圖新舊兩館面積為17萬多平方公尺，藏書近1400萬冊。新館設有30多個閱覽室，3000多個座位，每天可接待7000至8000位讀者。書庫可藏書2000萬冊，並且有現代化的管理與保護設施。北京圖書館是全國和亞洲最大的圖書館，是世界五大圖書館之一，其館舍面積居世界第二，藏書量為世界第五。

首都圖書館是市屬綜合性大型公共圖書館，館中珍藏很多北京地方文獻資料，已形成了一個獨立、完整的採訪與專藏體系。「九五」期間，首都圖書館新館建設工程正式開工，2000年10月竣工，2001年5月開館，成為了具有首都特色的集「文化、知識、資訊服務」為一體的文獻資訊服務機構。

文物與博物館、圖書館事業是文明發展程度的重要標誌，是進行愛國主義、革命傳統教育、社會主義教育的重要陣地。

城市的改造和建設

解放後不久，北京市人民政府就提出了「服務於人民大眾，服務於生產，服務於中央人民政府」的北京城市建設方針。1949年5月，成立了北平都市計畫委員會，市長葉劍英兼委員會主任，張友漁、梁思成、薛子正為副主任，著手研究北平的城市規劃與建設問題，請專家們提出意見。同時，在資金緊缺的情況下，組織人力進行測繪工作，為即將開展的大規模建設工作做準備。

1950年代至60年代，北京的城市改造和建設工作取得很大的成績，基本上形成了今天城市發展的格局，但是在文革期間，無政府主義氾濫，城市建設極為混亂。從80年代以後，城市建設又走上正軌，並以前所未有的速度，取得驚人的成就。縱觀50年來北京城建的成就，主要體現在以下三個方面：

形成了北京城市發展的新格局

在1949年9月召開的北京城市規劃與建設問題的會議上，存有不同的主張。梁思成提出北京古城有極高的歷史價值和藝術價值，應妥善保存。可另在西郊，即公主墳以東、禮士路與西便門大街以西規劃建設新區，作為國家的行政中心。還有一種意見認為在當時國家財力有限的情況下，放棄舊城，另建新區，難以實現。況且舊城隨著國家建設的發展，必須進行改建，原封不動地保留舊城是不可能的。梁思成的意見未被採納，但是他提出保留古城的設想是有積極意義的。1958年中央政治局原則上肯定了「從歷史形成的城市基礎出發進行改建和擴建的方針」。

經過50年的努力，在北京原有基礎上形成了新的格局。舊城作為規劃市區的中心區，將解放前存留下的倉庫、監獄、屠宰場等

設施和一些易燃易爆、汙染環境的工廠陸續遷出，集中設置中央和市級黨、政辦公機關，建造一些文化設施，對原有一些商業服務中心加以改建。一些極富傳統文化特色的街道，像琉璃廠、文津街、國子監街與什剎海風景區予以保留，使古城更好地發揮政治中心與文化中心的功能，又不失文化古都的歷史風貌。

在改造和建設舊城區時，特別重視保護和建設城市的中軸線，它是改建、擴建、新建北京城的重要內容。其中對天安門廣場的改建是調整北京城市功能和在文化古都進行現代化城市建設的典範。1949年籌備開國大典時，將封閉廣場的宮牆和長安左右門拆除，並修建了天安門的觀禮台。1958年5月，人民英雄紀念碑在廣場落成。是年8月，黨中央決定擴建天安門廣場，由原來的11公頃擴大到54公頃，可容納50萬人集會活動。廣場西側建有人民大會堂，東側建有中國歷史博物館與中國革命博物館（現兩館改建後，統稱為中國國家博物館）。1977年又在廣場南面建成毛主席紀念堂，它與人民英雄紀念碑南北呼應，都位於全城的中軸線上。這些建築顯示了北京是人民共和國的首都。在迎接建國十周年之前，還改建了東、西長安街。將其南北拓寬，由原來十多公尺寬擴展至110～120公尺。東西延伸，由3.8公里增至40公里。從而使城區增加一條東西向的橫軸線，與南北中軸線相交於天安門廣場。原紫禁城退居中心點以北，打破了舊城原以紫禁城為中心的格局。紫禁城作為故宮，供人們遊覽、參觀。

舊城區外緣至三環路附近地區，均屬規劃市區範圍，主要安排中央黨政機關和大型公共建築，部分走讀大學、外事和旅遊設施，已建成釣魚臺國賓館、三里河國家部委辦公區、東郊使館區、外交公寓、國際會議中心和國際俱樂部，以及賓館、飯店等。

在規劃市區，建起了一大批造型各異的大型建築。1950年代，在迎接建國十周年之際，社會主義建設剛剛起步，人力、財力

都有限，但是全國人民大合作、大會戰，在首都建起了人民大會堂、歷史博物館、軍事博物館、全國農業展覽館、民族文化宮、民族飯店、工人體育場、北京火車站、華僑大廈和釣魚臺迎賓館等十大建築。這些建築是首都發展急需的、必不可少的工程項目，不僅反映出中國設計工作者和建築工人的高超水準，更為突出地顯示了中國人民建設社會主義的堅強信心和偉大力量。在改革開放的80年代，北京一年竣工的各類房屋建築達1000萬平方公尺，其速度居世界大城市之首。在眾多的精美建築中經過數十萬人投票，評選出北京圖書館新館、中國國際展覽中心、中國彩電中心、首都機場候機室、國際飯店、大觀園、長城飯店、中國劇院、中國抗日戰爭紀念館和東四十條地鐵站等80年代十大建築。90年代以來，又建成了亞運村、京廣大廈、中央電視發射塔、北京火車站西站、新東安市場、北京圖書大廈、國際金融大廈等現代建築。這些建築體現了民族精神與時代風貌的結合，形象地展示了黨的十一屆三中全會以後，首都社會主義建設的輝煌成就。

市區居民住宅建設，關係千家萬戶生活條件的改善。50年來，北京市委、市政府投入大量資金進行住宅建設。前40年中，共建成7500多萬平方公尺住宅，相當於解放初期全市住宅總面積的5.4倍。在市區人口大幅度增長的情況下，人均居住面積由1949年的4.75平方公尺提高到7.17平方公尺。尤其是改革開放以來，市政府更加大了改造危舊房屋的進度，先後動工改造危房社區136片，拆除危舊房屋415萬平方公尺，竣工危改社區40餘片，建設安居住宅243萬平方公尺，為3.4萬戶解決了住房難的問題。到1998年，北京市居民人均使用面積達到14.86平方公尺。

在老城區內危舊房屋改造中，經過多方徵求意見，逐漸形成了「成街聯片、成龍配套、全面規劃、綜合改建」的新方案，找到了北京舊城改造的一條新途徑。

舊城的近郊屬於規劃新市區，已建成不少工業區和工作單位，還建設了住宅社區。有配套的各類生活服務設施與文教設施。區域之間以綠色開闊地帶間隔，並且在適當的地方修建區域性的商業服務業和文化娛樂等設施，形成綜合服務中心。遠郊區縣發展起一批衛星城鎮，首先建設十個縣城和十多個有基礎的城鎮。第一批重點建設黃村、昌平、通縣、燕山四個衛星城。從1982～1984年底，市有關部門還對北京郊區3900多個村莊、200個集鎮進行了初步規劃，重點抓了31個新村建設試點，新農村發展很快。通縣梨園鄉大稿村，為全村413戶農民蓋起了寬敞舒適的居民樓，集體開辦了公共服務設施，成為「農村的城市」。此外遠郊區縣還建造了一批新的風景區，開闢旅遊景點，像懷柔慕田峪長城、平谷金海湖公園、延慶龍慶峽和松山森林公園等。

市政基礎設施的建設發展迅速

舊北京的城市基礎設施是很落後的。人們常用「電燈不明、馬路不平」，「無風三尺土，有雨一街泥」來形容北京解放以前的面貌。不改變這種狀況就會影響首都功能的發揮，無法改善廣大北京人民的生活。

前40年來，國家用於北京基礎設施建設的投資180億元，是以往任何時期所無法比擬的。其中路橋建設極為突出。40年中，全市新建、擴建公路1萬多公里，其中城市道路2900多公里，相當於解放前夕的14倍。城區3300多條胡同有90%以上鋪上柏油路面。郊區公路總長已超過8000公里，遠郊縣的3700個村鎮都通了公路。改革開放以來，為了適應首都國際化大都市的要求，北京相繼建成了二環和三環兩條城市快速路、東四環、京通快速路、京石高速路北京段（自西三環六裡橋至琉璃河）、京津塘高速公路、白頤路等一批重點工程項目。到1997年底，北京市共修築城區道路總長度3637公里，其中高級、次高級路面占85%；修建城市橋樑

693座,其中大型立交橋140座,並建成人行過街天橋114座,地下人行通道162座。到1999年,還建成近54公里長的地下鐵道。投放地鐵運行的機車436輛。北京市區交通由公路、立交橋、人行天橋、地下過道、地下鐵道構成立體化交通網,形成環狀與放射狀相結合的城市道路系統。

解放以來,北京市政府採取大量措施增強城市供水能力。1951年10月開始治理永定河。1954年在永定河上游建成官廳水庫,總容量為20多億立方公尺。1957年又完成永定河引水工程,引渠從三家店開始向東南方向經石景山高井電廠、模式口、玉淵潭,接西便門護城河,使永定河成為城市重要水源。1960年修建密雲水庫,總庫容量44億立方公尺,居華北水庫之首。

隨後又修建京密引水渠,將潮白河水經懷柔、昌平、海淀溫泉、昆明湖、長河,至玉淵潭西羅道莊,與永定河引水渠匯合。懷柔水庫攔蓄懷柔境內潮白河水系各水,為京密引水渠中間的重要的調節樞紐。兩大引水渠溝通,起著相互調劑作用,保證了首都生產、生活用水。其他如十三陵水庫、平谷海子水庫、延慶白河堡水庫等對於北京農田灌溉,美化環境,調劑工業和居民生活用水都起到一定的作用。

北京市從1998年開始進行城市水系的綜合治理,對城中心區的河湖實施清淤、截汙、護岸、綠化等工程,治理水土流失4000平方公里,改善水面360萬平方公尺,增加綠地150萬平方公尺,實現「水清、流暢、岸綠、通航」的目標。

50年來,北京的自來水廠由解放初期的1座發展到14座,日供水能力比解放初增長了50倍。1985年,第一座以地面水為水源的西郊田村山水廠開始供水。「七五」期間又開工修建水源九廠,建成後日供水量為百萬噸。1989年開始進行京西第二水源工程和強迫京密引水渠向城區輸水工程,以緩解首都生活與生產用水緊缺的

問題。北京是一座缺水的城市，開源與節流並重是今後解決缺水矛盾的根本出路。

北京解放初期僅有發電廠2座，裝機容量5.8萬千瓦，年售電量8368萬千瓦時。50年來，北京的電力工業有了飛速發展。到1998年底，北京地區裝機總容量達到403萬千瓦，年售電量262億千瓦時，分別是1949年的69倍和333倍。北京電力工業進入了大電網、大機組、高電壓、高度自動化的發展新時期。

北京城市供熱長期以煤炭為能源。1955年開始建立北京煤氣熱力公司，1957年石景山古城地區有522戶居民用上了民用煤氣，開北京市民使用清潔、方便燃料的先河。到80年代末，北京城鎮居民燃氣率已達90%，並逐漸實現管道化。1997年底，北京使用管道煤氣的家庭已達73.1萬戶；使用液化石油氣的家庭達到115.2萬戶。北京燃氣氣源主要有焦化煤氣和液化石油氣。1995年，華北油田的天然氣引入北京，開創了北京使用天然氣的歷史。1997年，北京天然氣家庭用戶發展到54.7萬戶。

城鄉綠化、美化和環境保護取得明顯成效

剛解放時，北京城區髒亂不堪。據估算，市內積存的垃圾總數有60多萬噸。在軍管會領導下，依靠工人階級和廣大民眾整頓市容，改善環境。1949年3月，由各界組成清運委員會，經過91天，共運除垃圾21.9280萬立方，折合為20.1638萬噸。1950年5月開始對龍鬚溝的治理工程，把明溝改為暗溝。1952年在大石橋、夕照街、太平街一帶建設排水系統，使南城的8條臭水溝得到治理。到1952年為止，全市共清挖整修下水道266.6公里，使全部下水道恢復了應有的排水能力。又修建了109公里的新下水道，到1956年城區明溝全部改造完畢。大大改善了市民居住區的衛生條件。

到80年代，市政府組織力量疏通了亮馬河、小月河、土城河、萬泉河、通縣玉帶河等河道，又進行汙水截流工程，淨化河

水。此外，還實現了垃圾、糞便清運的機械化、封閉化。治理汙染也很有成效。新建的環境監測網路，對大氣、水體、雜訊汙染隨時進行監測。這些措施大大改善了城市環境，保障了人民的健康。

改革開放20年來，市政府投資160多億元用於與環境密切相關的城市基礎設施建設，使城市氣化率達到95%，集中供熱率達到35%，城市汙水處理率達到22.4%，垃圾處理率達到49%，城市綠化覆蓋率達到34.9%。還投資40億元治理工業汙染，完成了700多個治理項目，瀝青混凝土廠、首鋼特鋼南廠煉鋼車間等近400個汙染擾民嚴重的工廠、車間或停產或搬遷。同時，以防治大氣汙染和保護飲用水源為重點，開展環境綜合治理，使北京的城市環境明顯改觀。

世紀之交北京的一組喜人數字

進入21世紀，北京市國民經濟再次進入快速發展軌道。國民經濟在保持快速發展的同時，經濟增長波動明顯減弱。2001年，全市國內生產總值達到2817.6億元，按可比價格計算，比上年增長11%，人均國內生產總值達到2.53萬元，比上年增長10.2%。綜合經濟實力保持在全國前列，是全國重要的綜合性產業城市。第一產業實現增加值93億元，比上年增長4.5%；第二產業實現增加值1063.7億元，比上年增長12.8%；第三產業實現增加值1660.9億元，比上年增長10.2%。第三產業在全市經濟中居於主體地位，同時，高新技術產業崛起，北京經濟形成了二、三產業並駕齊驅之勢。

農業

全市有農村人口346.8萬人，耕地面積32.9萬公頃。2000年，蔬菜總產量489.1萬噸，肉類總產量56.3萬噸，農業總產值中養殖業比重達到50.6%，湧現了以「錦繡大地」為代表的一批聞名全國

的現代農業示範基地。

## 工業

全市有工業企業近2萬家，高新技術產業成為帶動工業增長的龍頭。形成了包括電子、機械、化工、輕工、紡織、印刷等行業，門類齊全、較為完整的工業體系，整體實力和競爭力明顯增強。2000年工業實現增加值690.5億元，利稅總額232.7億元，其中，重工業完成增加值521.5億元，輕工業完成169億元，高新技術產業迅速成長，實現增加值213.5億元，占全市國內生產總的比重為8.6%，占工業增加的比重為28.9%，對全市工業增長貢獻率達到60%。

## 建築業

北京市建築業規模不斷擴大，為城市建設和經濟發展做出了突出貢獻。2000年，全市建築業實現增加值198.8億元，比上年增長2.1%。建築業逐步發展成為經濟類型多樣、專業齊全、實力雄厚的支柱產業。四級及四級以上建築施工企業已達到1771個，技術裝備率和動力裝備率分別達到8233元/人和6千瓦/人。

## 財政、金融、保險業

2000年地方財政收入完成342.4億元，地方財政支出441.2億元。

北京是中國人民銀行和全國各大金融及保險機構總部所在地，是全國的金融決策中心。2000年全市金融機構存款餘額9705.0億元，比年初增加1434.7億元，新增額比上年增長0.4%；全市貸款餘額5944.6億元，比年初增加1116.1億元，新增額增長99.5%。國際金融業發展迅猛，到2000年末外國金融機構和組織在京的代表機構達118家（為非營業機構），占全國的50.6%。18家外資銀行在京設立了分行。2000年完成國內外保險業務收入88億元，比

上年增長1.8%。全年保險理賠總額18.7億元，比上年增長
41.5%；綜合賠付率21.3%。

　　旅遊業

　　北京具有豐富的旅遊資源，對外開放的旅遊景點達200多處，
有世界上最大的皇宮紫禁城、祭天神廟天壇、皇家花園北海、皇家
園林頤和園、八達嶺、慕田峪、司馬台長城以及世界上最大的四合
院恭王府等名勝古跡。全市共有文物古跡7309項，其中國家文物
單位42個，市級文物保護單位222個。北京現有旅遊定點飯店456
座，其中星級飯店407座，客房8.4萬間，旅行社456家，有21個主
要語種的導遊人員5000多人，形成了業務遍及全球市場的良好局
面。2000年接待海外遊客282.1萬人次，旅遊創匯27.7億美元。北
京市被國家旅遊局評為「中國優秀旅遊城市」。

　　對外經濟貿易

　　2000年，北京地區外貿進出口總值496.2億美元，其中出口總
值119.7億美元。到2000年末，全市累計批准外商投資企業15882
家，協定外資金額342.3億美元，外商直接投資321.3億美元，累
計實際利用外資211.6億美元。全球最大500家跨國公司已有158家
來京投資。全市累計簽訂對外承包工程和勞務合作合同總金額26.5
億美元，營業額21.48億美元。北京市共有30個開發區和工業社
區，累計入區企業已達13288家，投產企業累計達11281家。

　　商業、飲食業

　　北京市商業總體布局和商業設施按照國際化、現代化大都市的
要求發展，形成多處有較大規模、有良好購物環境和文化氛圍的商
業文化中心。全年實現社會消費品零售額1443.3億元，比上年實
際增長11.1%。今天的北京，堪稱是集全國之美味的薈萃之地，人
們幾乎可以品嘗到中國任何一種菜系和世界各地的美味佳餚。

# 主要參考書目

春秋左傳集解.北京：人民出版社，1977

戰國策.上海：上海古籍出版社，1985

徐夢莘撰.三朝北盟會編.上海：上海古籍出版社，1987

文懋昭撰.大金國志.北京：中華書局，1986

陳邦瞻撰.宋史紀事本末.上海：上海古籍出版社，1994

劉侗，于奕正撰.帝京景物略.北京：北京古籍出版社，1983

於敏中等撰.日下舊聞考.北京：北京古籍出版社，1981

劉成禺撰.世載堂雜憶.北京：中華書局，1962

翦伯贊等編.戊戌變法資料叢刊.上海：上海人民出版社，1957

翦伯贊等編.義和團資料叢刊.上海：上海人民出版社，1957

榮孟源等編.辛亥革命資料叢刊.上海：上海人民出版社，1957

侯仁之主編.北京歷史地圖集.北京：北京出版社，1988

北京文物研究所編.北京考古四十年.北京：北京燕山出版社，1990

曹子西主編.北京通史.北京：中國書店出版社，1994

李淑蘭撰.北京史稿.北京：學苑出版社，1994

北大歷史系編.北京史（增訂本）.北京：北京出版社，1999

陳平撰.燕史紀事編年會按.北京：北京大學出版社，1995

武弘麟撰.北京文明的曙光.北京：北京出版社，2000

餘念慈撰.幽燕都會.北京：北京出版社，2000

王崗撰.通往首都的歷程.北京：北京出版社，2000

王均撰.清末民初北京的政治風雲.北京：北京出版社，2000

於德源撰.北京歷代城坊、宮殿、園囿.北京：首都師範大學出版社，1997

尹均科撰.北京歷代建置沿革.北京：北京出版社，1994

陳開俊等譯.馬可波羅遊記.福州：福建科學技術出版社，1982

北京市檔案館編.北京和平解放前後.北京：北京出版社，1988

輝煌50年北京編委會編.輝煌50年北京.北京：北京科學技術出版社，1999

# 後記

　　本書之編撰，除吸收必要的北京史研究最新成果外，主要是在我這幾年講授「北京史」的講稿基礎之上完成的，其中一至四部分作了全面改寫，五、六部分多依講稿，第七部分的內容下延至2001年。需要特別說明的是，1998年我開始講授「北京史」時，我的老師李淑蘭先生給予了悉心指導，教案內容也多參據她所著的教材《北京史稿》一書。本書完成後，我曾呈請李老師指正，得到她的肯定和鼓勵，她還善意地回絕了我的共同署名的請求。在此唯有對老師的獎掖之情表示深深的感謝。若書中出現錯誤之處，其責任當然應由我承擔。

　　另外，在本書撰寫過程中，歷史系北京史方向研究生彭鳳明同學也付出了辛勤的勞動，一併致以誠摯的謝意。

　　郗志群

國家圖書館出版品預行編目(CIP)資料

---

歷史北京 / 郗志群 著. -- 第一版. -- 臺北市：崧燁文化，2018.11

面；　公分

ISBN 978-957-681-646-8(平裝)

1.雜文 2.北京市

671.098　　　107018573

---

書　　名：歷史北京

作　　者：郗志群　著

發行人：黃振庭

出版者：崧燁文化事業有限公司

發行者：崧燁文化事業有限公司

E-mail：sonbookservice@gmail.com

粉絲頁　　　　　　網　　址：

地　　址：台北市中正區重慶南路一段六十一號八樓 815 室

8F.-815, No.61, Sec. 1, Chongqing S. Rd., Zhongzheng

Dist., Taipei City 100, Taiwan (R.O.C.)

電　話：(02)2370-3310 傳　真：(02) 2370-3210

總經銷：紅螞蟻圖書有限公司

地　　址：台北市內湖區舊宗路二段 121 巷 19 號

電　話：02-2795-3656　　傳　真：02-2795-4100　網址：

印　刷：京峯彩色印刷有限公司（京峰數位）

　　　　本書版權為旅遊教育出版社所有授權崧博出版事業股份有限公司獨家發行電子書繁體字版。若有其他相關權利及授權需求請與本公司聯繫。

定價：400 元

發行日期：2018 年 11月第一版

◎ 本書以POD印製發行